„Schön ist es aber zu sehen, was die Philosophie in den Köpfen gereift und dann im Staate zustande gebracht hat. [...] Also ist es doch der sicherste Weg, die Menschen über ihre Rechte aufzuklären; dann gibt sich das übrige wie von selbst."

Georg Forster aus Mainz am 30. Juli 1789 in einem Brief an Christian Gottlob Heyne

Jörg Schweigard

Die Liebe zur Freiheit ruft uns an den Rhein

Aufklärung, Reform und Revolution in Mainz

Casimir Katz Verlag

Inhalt

„Um diese Zeit näherte sich eine wichtige Epoche, welche auf mich einen mächtigeren Einfluss bekam, als alles (andere), was sich in der ganzen Geschichte meiner Jugend zutrug. Es erscholl nämlich der Ruf, die Franzosen hätten einen Schatz gefunden, den schon so viele Nationen vergeblich gesucht hätten. Dieses Glück meiner Nebenmenschen verursachte mir eine herzliche Freude, die noch vermehrt wurde, als General Custine mit diesem Schatz und mit einer Armee vor die Tore meiner Vaterstadt kam. "

Der Mainzer Student Andreas Wasserburg
über das Jahr 1792.

1. Annäherung an eine Zeit im Umbruch

Gerade 17 Jahre alt ist Andreas Wasserburg am 23. Oktober 1792 beim Einzug der Franzosen in Mainz, dem Beginn der Mainzer Republik. Er freut sich über das Nahen eines „Schatzes" und meint damit die politische Freiheit. Mit den schlichten Worten umschreibt er rückblickend, was ihn und viele andere seit Beginn der Revolution, seit dem Pariser Bastillesturm vom 14. Juli 1789 umtrieb: Das Bewusstsein, dass die theoretischen Gedanken der Aufklärung nun aus der Sphäre des Utopischen in ein konkretes Stadium ihrer Verwirklichung traten.

Die Ereignisse vor und während der Mainzer Republik sind nur zu verstehen, wenn man auch die davor liegenden Jahre in seine Betrachtung miteinschließt. Diese Jahre waren geprägt von den Reformbemühungen des alten kurfürstlichen Regimes und dem aufgeklärten Geist, der sich vor allem im Umfeld der Universität bemerkbar machte. Die Kräfte der Aufklärung und der Demokratie schufen sich Raum und rangen mit den bewahrenden, konservativen und orthodoxen Kräften innerhalb der Geistlichkeit und der alten Herrschaftsschicht. Kaum ein Zeitgenosse blieb von den epochalen Veränderungen dieser Zeit unberührt oder konnte sich distanziert einer Parteinahme entziehen, denn zu groß waren die neuen Ideen, die Politiker und Philosophen verbreitet hatten, zu sehr griffen sie in althergebrachte Zustände ein, als dass man sie ignorieren konnte. – Es gärte quer durch alle Bevölkerungsschichten, das alte System des Heiligen Römischen Reichs war erschüttert, als die Morgenröte der Demokratie am Horizont erschien und die eigentliche Neuzeit anbrach.

Die Begriffe „Aufklärung, Reform und Revolution" im Untertitel dieses Buches charakterisieren eine Epoche, die sich in einem grundlegenden sozialen und politischen Wandel befand. Die „Aufklärung" war die maßgebende Grundhaltung, welche jegliche weltanschauliche Betrachtung bestimmte. Die Begriffe „Reform" und „Revolution" sind keine unterschiedlichen, sondern verwandte Strategien zur Veränderung der gesellschaftlichen Verhältnisse: Die Reformer wandelten sich erst dann zu Revolutionären, als die Fürsten nicht auf ihre Vorstellungen eingingen, sie zensierten oder Reformen zurücknahmen. Ebenso setzten sich die Fürsten einer Revolution aus, wenn sie notwendige Reformen verzögerten. Viele der revolutionsbegeisterten Deutschen waren zu Beginn Reformer mit der Überzeugung, dass sich die Gesellschaft durch die Volksaufklärung und schrittweise gesellschaftliche Verbesserungen wandeln könne. Erst die Enttäuschung, die Einsicht in die Reformunfähigkeit, führte schließlich zur Radikalisierung.

Die Jahre vor und nach dem Ausbruch der Französischen Revolution waren nicht nur für Frankreich eine Umbruchzeit, sondern auch für dessen Nachbarn und hierbei besonders für das „Heilige Römische Reich deutscher Nation" unter dessen Namen sich über 300 deutsche Staaten, von der Großmacht Österreich bis zur kleinsten Herrschaft, versammelten.

In Deutschland stand insbesondere die Universitäts- und Residenzstadt Mainz im Zentrum des Interesses, als sich hier 1792/93 die erste, wenn auch kurze Republik auf deutschem Boden gründete, die vom Prinzip der Volkssouveränität ausging. In den Jahren vor der Revolution zeichnete sich Mainz durch ein reges kulturelles Leben aus, das nicht zuletzt durch die 1784 frisch aus der Taufe gehobene, reformierte Universität und neu angeworbene Gelehrte, Schriftsteller und Wissenschaftler bereichert wurde. Mainz war ein politisches Zentrum in Deutschland, denn hier residierte der Mainzer Kurfürst, das war zu dieser Zeit Friedrich Karl von Erthal, der Erzkanzler des Reiches und Reichsprimas der katholischen Kirche, der bei der Kaiserwahl die ausschlaggebende Stimme hatte. Die Stadt war somit ein wichtiger „Centralort" des Reiches bis zum Jahr 1798, als sie für anderthalb Jahrzehnte an Frankreich fiel. Mit der Säkularisierung und dem Erlöschen des Kurfürstentums verlor Mainz für lange Zeit an überregionaler Bedeutung, bereits als Hauptstadt des französischen Departements Donnersberg (bis 1814) und erst recht danach, als Provinzhauptstadt des Großherzogtums Hessen.

Die Jahre 1784 bis 1793 waren eine bewegte Zeit für die Stadt. Die achtziger Jahre kennzeichnete noch der aufgeklärte Absolutismus, doch schon vor dem Revolutionsjahr 1789 zeichnete sich ab, dass die Reformierbarkeit des alten Systems Grenzen hatte. Die Mainzer Ereignisse faszinierten bereits die Zeitgenossen, da sich hier wie an keinem anderen deutschen Ort in besonderem Maße eine Entwicklung abzeichnete, wie sie im Großen in Frankreich stattfand. In Mainz spiegelten sich die aktuellen geistigen und weltanschaulichen Strömungen der Zeit wider, die Anhänger und die Gegner von Aufklärung und Demokratie stießen hier aufeinander. Für die Öffentlichkeit im übrigen Deutschland war es geradezu eine Sensation, dass sich Deutsche von einem jahrhundertealten absolutistischen System lossagten und ihre Geschicke in die eigenen Hände nahmen, weil sie aus der – in Anlehnung an Kants 1783 gegebene Definition des Begriffs „Aufklärung" – selbst verschuldeten Unmündigkeit gelangen und sich ihres Verstandes ohne die Leitung anderer bedienen wollten.

In der Mainzer Republik von 1792/93 wurde zum ersten Mal in Deutschland der Versuch unternommen, eine demokratische Ordnung zu konstituieren. An diesem Vorhaben war maßgeblich der Mainzer Jakobinerklub, die „Gesellschaft der Freunde der Freiheit und Gleichheit" beteiligt, unter dessen Mitgliedern sich vor allem die Gelehrten und Studenten durch ihr Engagement auszeichneten. Die Mainzer Republik wurde erst durch die französische Besatzung ermöglicht. Es war aber bereits früher das Bestreben nach grundlegenden gesellschaftlichen Veränderungen vorhanden, nur das erklärt die sofortige Bereitschaft zu einer politischen Umgestaltung der bestehenden Verhältnisse. Die Mainzer Bildungselite sah im aufgeklärten Absolutismus keine politische Alternative. Sie orientierte sich deshalb konsequent weg vom „aufgeklärten Absolutismus" und seinen Reformvorhaben – hin zu den neuen demokratischen Prinzipien.

Die Jahre 1784 bis 1793 sind der zeitliche Rahmen dieser Darstellung – von der großen Universitätsreform 1784 bis zum

Ende der Mainzer Republik. Als die Franzosen im Juli 1793 aus der von preußischen Kanonenkugeln zerstörten Stadt abziehen, geht eine Blütezeit zu Ende: Die Universität zerfällt, die Gelehrten fliehen oder geraten in Haft. Doch die Ereignisse in Mainz haben Geschichte gemacht. Noch jahrelang nehmen demokratisch gesinnte Deutsche das Mainzer Beispiel zum Vorbild und sehnen sich eine zweite Chance auf einen politischen Wandel herbei. 1795 ruft der ehemalige Mainzer Student Joseph Emerich alle jungen Deutschen auf, sind in Mainz zu sammeln, um gemeinsam mit den französischen Truppen die Demokratie zurückzuerobern: „Auf denn nach Mainz! Es fehlt uns ja nicht an Gefühl für Freiheit". Und jeder, der das Flugblatt liest, weiß, was der Autor meint, denn längst ist Mainz und die Mainzer Republik zum Symbol für Freiheit und Demokratie in Deutschland geworden. Und auch die Reaktionäre dachten mit Unbehagen an den Ort demokratischen Aufbegehrens. Für den österreichischen Staatskanzler Metternich war Mainz noch im Jahr 1833 ein „fürchterliches Jakobinernest". Der Schock saß tief bei dem Feind der Demokratie, denn er selbst hatte als Student an der Universität Mainz miterlebt, welcher politische Geist in den Hörsälen herrschte.

Es ist bezeichnend, dass die Geschichte der Mainzer Republik und auch ihre „Vorgeschichte" erst in den Jahren nach der Gründung der Bundesrepublik aufgearbeitet und gewürdigt werden durfte. Allzu lange diskreditierte man die Bemühungen der Mainzer Aufklärer und Jakobiner, verharmloste sie oder schwieg sie tot. Sie waren politisch unerwünscht, außerdem hatten die Jakobiner mit dem „Erzfeind" paktiert.

Die Jakobiner stehen heute in der Tradition der deutschen Demokraten. Auf den frühen Versuch, die Demokratie auszuprobieren, können die Deutschen stolz sein.

Die Mainzer Professoren und Studenten waren am damaligen Prozess der Meinungsbildung besonders stark beteiligt. Daher liegt ein Schwerpunkt dieser Darstellung auf der katholischen Hochschule Mainz. Aber auch das höfische und städtische Umfeld hat eine besondere Rolle an diesem Teil der

Mainzer Geschichte. Lange Zeit ging man davon aus, dass nennenswertes politisches Engagement der Professoren und Studenten erst mit den Befreiungskriegen, der Gründung der Burschenschaften beziehungsweise der Restaurations- und Vormärzepoche einsetzte. Man nahm an, dass sich Professoren und Studenten wie viele der bekannten „Dichter und Denker" und die gelehrte öffentliche Meinung verhalten hätten, nämlich erst mit den anfänglichen konstitutionellen Idealen der Französischen Revolution zu sympathisieren und sich dann während der Radikalisierung, spätestens aber nach der Hinrichtung Ludwigs XVI. im Januar 1793, von ihr abzuwenden. Heute weiß man es besser: Die neuere Forschung weist eine starke Politisierung vor allem der Studenten auch noch während der radikalen, „jakobinischen" Phase der Revolution nach.

Da die Begriffe „Aufklärung" und „Politisierung" in dieser Arbeit zentral sind, ist es nötig, kurz auf sie einzugehen. Trotz aller Verständnisvielfalt war „Aufklärung" frühzeitig Synonym für neue, „progressive" geistige Strömungen. Ein „Aufklärer" sah sich dem Fortschritt verpflichtet und grenzte sich gegen Vertreter des Alten im theologischen wie im philosophisch-weltanschaulichen Bereich ab. Seit Mitte der 1780er Jahre war es üblich, von „Freunden und Feinden der Aufklärung" zu sprechen. Mit Ausbruch der Französischen Revolution tauchte der Begriff „Aufklärung" endgültig in die politische Sphäre ein, indem man ihr einen ideologischen Anteil an der Französischen Revolution zuschrieb. Begriffsgeschichtlich war das Wort „Aufklärung" trotzdem kein eindeutiger Kampfbegriff, sondern blieb weiterhin mehrdeutig. Der Übergang von einem „Aufklärer", der sich aufgrund seiner fortschrittlichen wissenschaftlichen Haltung so nannte, und einem, der seine politisch-weltanschauliche Einstellung damit meinte, war fließend. Nach Ausbruch der Französischen Revolution nutzte die orthodoxe und konservative Seite dies, um alle „Aufklärer" bei Regierungen und Fürsten politisch zu verdammen. Obwohl die „wissenschaftlichen Aufklärer" sich deutlich von politischen Forderungen distanzierten, um die Aufklärung als geistig „progressive" und moderne Haltung an der Universität bewahren zu können, war schon unter den Zeitgenossen unumstritten, dass zwischen der aufgekommenen Politisierung und der Aufklärung ein Zusammenhang bestand. Gleich zu Beginn der Revolution stuften deutsche Zeitzeugen wie der Schriftsteller Joachim Heinrich Campe die Pariser Revolutionsereignisse als Politisierung der Kultur und Aufklärung ein. In Deutschland verstärkten die Revolution und die restaurativen Maßnahmen mancher deutscher Fürsten einen Meinungsdifferenzierungsprozess bei denjenigen Aufklärern, die bislang den Reformweg beschritten hatten. Einige entwickelten sich zu oppositionellen radikalen Demokraten, andere zogen sich von ursprünglichen Reformvorhaben zurück und passten sich den Gegebenheiten an, und eine weitere Gruppe rechnete mit einem noch längeren Reform- und Lernprozess auf dem Weg des Fortschritts und der Verbesserung gesellschaftlicher und politischer Verhältnisse.

2. Universitätsmilieu: Gelehrte und Studenten im 18. Jahrhundert

Universitäten: Bildungsanstalten im Umbruch

So vielfältig Deutschland im Absolutismus an Territorien war, so zahlreich war es auch mit Hochschulen der beiden großen Konfessionen gesegnet. Die Qualität und Größe der Universitäten unterschied sich in der zweiten Hälfte des 18. Jahrhunderts sehr. Neben den rund 30 traditionellen Hochschulen existierten einige Bildungsinstitute, die entweder ebenfalls kurzfristig den Universitätsrang erhalten hatten wie etwa die Stuttgarter Hohe Carlsschule (1781) oder die Universität Bonn (1786). Andere wiederum hatten einen universitätsähnlichen Charakter. So etwa das 1745 gegründete Braunschweiger Collegium Carolinum oder die Hohe Kameral-Schule in Kaiserslautern, die 1774 aus der Taufe gehoben wurde.

Die Studentenzahl an den Universitäten ging zurück. Von wenigen Hochschulen abgesehen, waren die meisten reformbedürftig. Wissenschaft und Forschung fanden teilweise außerhalb der Universitäten, etwa in den wissenschaftlichen Akademien, statt. Das Universitätswesen befand sich am Ende des 18. Jahrhunderts in einer Krise, was sich unter anderem in sinkenden Immatrikulationszahlen ausdrückte. Am Vorabend der Französischen Revolution studierten an 30 Universitäten etwa 7500 Studenten, ein Drittel weniger als noch 1740. Verantwortlich für den Rückgang der Studienzahlen waren die Schwierigkeiten für Akademiker, ein Unterkommen in Staatsdiensten zu finden, die Konkurrenz durch Akademien und der Ausbau des mittleren Schulwesens und der Gymnasien, wodurch die philosophische Fakultät ihre Bedeutung als allgemeine Bildungseinrichtung verlor.

Der allgemeine Studentenschwund betraf nicht alle Universitäten gleichermaßen. Die vier bei weitem größten Universitäten waren protestantisch: Halle (1042 Studenten), Göttingen

(816), Jena (783) und Leipzig (670). Die beiden größten, Halle und Göttingen, waren Neugründungen und bestanden erst seit 1694 beziehungsweise 1737. Sie konnten ihre Studentenzahlen seit den 1770er Jahren halten oder geringfügig vermehren. Auch die ebenfalls als aufgeklärt und reformfreudig geltende Universität Jena zog seit den 1770er Jahren mehr Studenten an und war zwischen 1791 und 1795 vorübergehend die größte Universität Deutschlands. Die Bereitschaft der Landesherren zu Reformen war demnach ein probates Mittel, um den Rückgang der Studentenzahlen zu verhindern und sich nebenbei auch noch als aufgeklärter, moderner Landesvater zu inszenieren.

Die größeren katholischen Universitäten wie Mainz, Heidelberg oder Würzburg hatten an Studentenzahlen gemessen eher eine mittlere Größe (300 bis 500 Studenten). Die kleineren und kleinsten Universitäten ähnelten mit unter hundert Studenten eher einem Gymnasium, hatten oft keinen besonders guten Ruf und kaum eine Funktionstüchtigkeit. Dazu zählten etwa die protestantischen Universitäten in Herborn, Greifswald, Duisburg, Altdorf oder Erfurt beziehungsweise die katholischen in Paderborn, Fulda oder Dillingen.

Die katholischen Staaten des Deutschen Reichs galten am Vorabend der Französischen Revolution in zeitgenössischen Urteilen häufig als politisch rückständig. Auch die katholischen Universitäten stufte man gegenüber den protestantischen Universitäten als aufklärungsfeindliche und in wissenschaftlicher Hinsicht unterlegene Institutionen ein. Solche Einschätzungen stammten von protestantischer Seite und waren selten Ausdruck differenzierter und nüchterner Beurteilung, dafür umso mehr konfessionspolitischer oder territorialer Abneigungen. So hält etwa Friedrich Carl von Moser in seiner Schrift „Über die Regierung der geistlichen Staaten in Deutschland" (1787) Aufklärung und Fortschritt (am Beispiel des katholischen Zensurwesens) für eine rein protestantische Angelegenheit und kommt zu dem pauschalen Urteil, die Katholiken hielten mit den Protestanten im Forschen und Wachstum an Wahrheit nicht gleichen Schritt und ständen in dieser Hinsicht noch im 16.

Jahrhundert. Differenzierter fiel das Urteil Friedrich Gedikes aus, der im Auftrag des preußischen Königs Friedrich Wilhelms II. im Jahr 1789 mehrere Universitäten besuchte, darunter auch die beiden katholischen Universitäten Mainz und Heidelberg:

> „Ich kann es wohl als ausgemacht voraussetzen, dass die katholischen Universitäten Deutschlands im Ganzen in Ansehung ihrer Einrichtung und ihres Geistes weit hinter den protestantischen stehen. Indessen hat man in neueren Zeiten auf mehreren katholischen Universitäten das Zurückbleiben selbst gefühlt und daher mit Ernst an Verbesserungen gedacht."

Im Zusatz würdigte Gedike die Reformbemühungen katholischer Landesherren am Beispiel der Mainzer Universität. Diese war nur eine von mehreren katholischen Universitäten, die sich im letzten Drittel des 18. Jahrhunderts der Aufklärung geöffnet hatten, was zunehmend auch die protestantische Seite anerkannte. Unterstützung erhielt die katholische Aufklärung besonders von zwei Organen, dem Fuldaer „Journal von und für Deutschland" und stärker noch durch die Salzburger „Oberdeutsche allgemeine Litteraturzeitung", welche die katholischen Aufklärer bedingungslos bei ihrer Auseinandersetzung mit orthodoxen und restaurativen Kräften unterstützte.

Die Aufklärung wirkte sich an den katholischen Universitäten auch auf das Studium aus, selbst die Theologie erneuerte sich, indem energischer das Quellenstudium betont und eine zweckmäßigere Methodik eingeführt wurde. An mehreren der großen katholischen Universitäten wie Würzburg, Bonn oder Mainz entwickelten die Landesherren einen beachtlichen Reformeifer, wobei man sich am Vorbild der protestantischen Universitäten und dabei besonders an der führenden in Göttingen orientierte. Die Aufklärung in katholischen und protestantischen Territorien und Universitäten im Reich hatte eine vereinheitlichende Wirkung über konfessionelle und territoriale Grenzen hinweg: Aufgeklärte Hochschulpolitik, Verwaltung und Rechtsprechung glichen sich in den Territorien aneinander an. Diese Entwicklung erleichterte nach dem Zusammenbruch des Heiligen Römischen Reichs die Durchsetzung des Nationalstaatsgedankens.

Die wissenschaftliche Qualität und das geistige Klima einer Universität hingen von der Hochschulpolitik der Landesfürsten ab. Diese waren in den süd- und westdeutschen katholischen Kleinstaaten meist weltliches und geistliches Oberhaupt, Fürst und Bischof in einer Person. Die Kirche übte in den geistlichen Staaten einen starken Einfluss aus und zensierte oder verhinderte die Ausbreitung ihr zuwiderlaufender Strömungen. Die Geistlichen waren an der Regierung beteiligt und bestimmten beispielsweise in Zensurfragen mit. In den protestantischen Staaten war die Kirche abhängig von der Staatsmacht, was sich in der Bildung eines territorialen Staatskirchenrechts niederschlug.

Eine bedeutende Zäsur für die Aufnahme aufgeklärter Gedanken und die Reformen an Universitäten war die Aufhebung des Jesuitenordens durch Papst Clemens XIV. im Jahr 1773. Dadurch war der Weg für Reformen frei, da mit den Jesuiten auch die Vertreter alter scholastischer Methoden an den Hochschulen verschwanden oder an Einfluss verloren und gleichzeitig durch die Aufhebung des Ordens bedeutende Mittel frei wurden. Auch die Fürsten der katholischen Staaten waren überzeugt, dass der romtreue Orden, der das Bildungsmonopol besessen hatte, nicht die Ausbildung im Sinne des jeweiligen Staates gewährleistet und die absolutistische Zielsetzung der Unterordnung der Kirche unter den Staat verhindert hatte.

Noch in den 1780er Jahren wurden Reformen an katholischen Hochschulen wie in Mainz eingeleitet und mit Bonn gar eine aufgeklärte Neugründung verwirklicht. Der Kurfürst von Köln gründete 1786 eigens die aufgeklärte Universität Bonn und verpflichtete seine Landeskinder zum ausschließlichen Studium an der Landesuniversität. Er wollte damit vermeiden, dass seine späteren Staatsdiener an der orthodoxen Universität der Reichsstadt Köln ihre Ausbildung erhielten. Die geistlichen Fürsten erhofften sich von diesen Reformen eine Neugestaltung ihres Staates im Sinne des aufgeklärten Absolutismus. Bezeichnend für den neuen Kurs war, dass man sich die überaus angesehene protestantische Universität Göttingen zum Vorbild nahm, teilweise sogar die Professoren von dort berief. Das war besonders in Mainz nach der Reform der Universität von 1784 der Fall. So haben die Mainzer Professoren Wedekind, Metternich oder Ackermann zumindest einen Teil ihrer Ausbildung in Göttingen absolviert.

Diese von den Landesherrn geförderte Entwicklung zu aufgeklärteren und toleranteren Verhältnissen hatte weniger ideelle als vielmehr pragmatische Gründe. Zum einen wollte man die zeitgemäße Ausbildung zukünftiger Geistlicher und Beamter gewährleisten, denn diese trugen zur Herrschaftssicherung bei. Wollte ein Landeskind später ein Amt im Staat erhalten, so musste es zumindest ein Teil des Studiums an der Landesuniversität absolvieren. Zum anderen spornten auch merkantilistische Aspekte den Reformeifer der Fürsten an. Man wollte vermeiden, dass dem Land durch ein auswärtiges Studium der Landeskinder Einnahmen entgingen. Gleichzeitig sollten durch die gesteigerte Attraktivität der Universität auswärtige Studenten und damit fremdes Geld angezogen werden.

Die deutschen Universitäten hatten damals bereits eine ähnliche Struktur wie heute. Der wichtigste Unterschied war wohl, dass an ihrer Spitze als Rektor der jeweilige Landesfürst stand. Dieser bestimmte mit einem von ihm zusammengesetzten Verwaltungsorgan die grundsätzlichen Entscheidungen, wie Anstellung von Professoren, Bewilligung von Geldern und Beilegung von Streitigkeiten. Der aus den Reihen der Professoren jeweils gewählte oder vom Landesherrn ernannte oberste Beamte der Universität war der Prorektor. Seine Amtszeit betrug ein Jahr. Die Wahl war jedoch in den meisten Fällen keine echte, denn der Prorektor wurde nach einer Art Rotationsprinzip von den einzelnen Fakultäten bestimmt. Seine Aufgaben umfassten neben der Repräsentation der Universität die allgemeine Aufsicht über die Hochschule, wie die Dienstführung der Professoren oder die Aufnahme der neu ankommenden Studenten, aber auch die Gewährleistung von Ruhe und Ordnung unter ihnen.

Als oberstes akademisches Gremium fungierte eine Versammlung der ordentlichen Professoren, Konzil oder Senat genannt. Die Universität war in Fakultäten eingeteilt, zu denen alle Lehrenden eines Fachbereichs gehörten und an deren Spitze ein Ordinarius als Dekan stand.

Nicht jede Universität konnte ihren Studenten auch eine gute Bibliothek zur Verfügung stellen. Göttingen zum Beispiel verdankte nach Gedike seinen Ruf als „vorzüglichste" Universität Deutschlands vor allem seiner Bibliothek. Nicht nur wegen der Anzahl ihrer Bücher, sondern auch wegen der Anschaffungspolitik, Öffnungszeiten, Ausleihmodalitäten und Kataloge war die Göttinger Universitätsbibliothek im 18. Jahrhundert Vorbild: Sie besaß Ende des 18. Jahrhunderts über 80.000 Bände (andere Quellen sprechen von 150.000 Bänden), die Bücher waren nach einem alphabetischen Katalog erschlossen, sie hatte täglich geöffnet und die Studenten durften Bücher ausleihen. Die Studenten hatten in Göttingen folglich gute Gründe, die prächtige Bibliothek zum Studieren aufzusuchen. Anderswo besaßen die Studenten keinen oder nur eingeschränkten Zugang zu Bibliotheken und lernten stattdessen aus ihren Vorlesungs-Mitschrieben. Zum Vergleich: Die Mainzer Universitätsbibliothek hatte gerade einmal 15.000 Bände, die ungenügend katalogisiert waren. Die gesamte Bibliothek befand sich in einem schlechten Zustand, was die Studenten wenig dazu verlockte, hier Bücher auszuleihen.

Am Ende des 18. Jahrhunderts bestand die Universität üblicherweise noch aus den klassischen vier Fakultäten: Philosophie, Theologie, Recht und Medizin. Die Kameralwissenschaften hatten schon an den Universitäten Einzug gehalten, stellten aber meist noch keine eigene Fakultät. In Heidelberg etwa waren sie der philosophischen Fakultät angegliedert.

Die Philosophie nahm dabei eine Sonderstellung ein. Sie war meist Voraussetzung für das Studium an anderen Fakultäten und bildete als eine Art Grundstudium, die so genannten philosophischen Klassen, die gemeinsame Grundlage aller Studenten. Eine Veränderung der philosophischen Inhalte und Lehrmethoden stellte deshalb eine bedeutende Einflussnahme auf die geistige Haltung aller Studenten dar. Ein großer Einflussfaktor war die Akzeptanz oder Ablehnung der Aufklärungsphilosophie, vor allem der kritischen Philosophie Kants an den Universitäten. Am Vorabend der Französischen Revolution akzeptierte man Kant an fast allen großen katholischen Universitäten als Autorität oder rezipierte ihn bereits in den Vorlesungen. Die Haltung für oder gegen die Kantische Philosophie unterschied meist auch die Anhänger von den Gegnern der Aufklärung. Letztere sahen in Kants Philosophie eine Gefahr für den Bestand der Religion. Zudem verbreitete sich an den meisten Universitäten eine radikal-rationalistische Haltung unter den Professoren, die zur Kritik an religiösen und gesellschaftlichen Verhältnissen führte. Zum Beispiel wurden im Bereich der Bibelexegese nur noch Glaubenssätze akzeptiert, die rational zu begreifen waren. Die aufklärerische Trennung zwischen Vernunft und Offenbarung, zwischen Glauben und Wissen, wurde von der teilweise orthodoxen Bevölkerung und den Gegnern der Aufklärung als anstößig und unvereinbar mit der katholischen Religion empfunden.

In der theologischen und juristischen Fakultät wurden Priester, Beamte und Lehrer für den Staat ausgebildet. Auch in diesen Studiendisziplinen gab es Professoren, die an Grundlagen der absolutistischen Rechtszustände rüttelten. Die katholischen Fürsten griffen vor 1789 in diese Entwicklung kaum ein, obwohl teilweise die kirchliche Hierarchie hinterfragt wurde und damit indirekt auch die meist weltlich-geistliche Doppelherrschaft.

Bis 1789 hatte sich an den meisten katholischen Universitäten die Aufklärung durchgesetzt. Führend waren die Universitäten Bonn, Mainz und Würzburg, als weiterhin orthodox galten beispielsweise die reichsstädtische Kölner Universität und das pfälzische Heidelberg. In einem zeitgenössischen Universitätsführer wird zum Beispiel die schlechte Ausbildungssituation für die Kölner Studenten sowie die strenge Zensur als „Feind aller Gelehrsamkeit" kritisiert. Der anonyme Autor konstatiert in seinem Bericht: „Denk- und Pressefreiheit kennen wir nur dem Namen nach, die wohltätigen Wirkungen derselben werden wir aber sobald nicht empfinden können." Mit dem Ausbruch der Revolution änderte sich die Haltung der katholischen Landesfürsten. Größtenteils rückten sie nun ängstlich von den Reformen ab, schenkten den orthodoxen Kräften wieder mehr Gehör und unterdrückten kritische Stimmen zu Religion und Staat. Das trifft in besonderem Maße für die drei geistlichen rheinischen Kurfürstentümer Trier, Mainz und Köln zu. Die Obrigkeit fürchtete, dass die Ausbildungsstätte für loyale Staatsdiener nun auch noch vom politischen Virus infiziert werden könne. Die Orthodoxen sahen die Gelegenheit gekommen, die Aufklärer im Zug restaurativer Maßnahmen zu schwächen, indem sie die Aufklärung mit der Revolution in Verbindung brachten und für Deutschland Ähnliches prophezeiten. Einige Landesherren reagierten auf die Ereignisse in Frankreich mit restaurativen Maßnahmen, worunter in erster Linie die Aufklärer litten. Das wiederum hatte zur Folge, dass viele Aufklärer nicht mehr mit den Landesfürsten den Reformweg zur Verbesserung der sozialen oder rechtlichen Verhältnisse beschritten, sondern nach neuen Möglichkeiten zu politischen Veränderungen suchten. Dass die Radikalen eine Minderheit an den Universitäten waren, versteht sich von selbst. Wie bei allen Staatsbediensteten wirkte sich auch bei den Professoren die materielle Abhängigkeit hemmend auf die Formulierung einer aggressiven Gesellschaftskritik aus, da diese unmittelbar den Brotgeber betraf.

Professoren: Gelehrte im Dienste der Fürsten

In der zweiten Hälfte des 18. Jahrhunderts besaßen die Professoren als Berufsgruppe und auch als Gelehrte noch nicht die gesellschaftliche Bedeutung und den Rang, den sie im 19. Jahrhundert einnahmen.

Doch innerhalb der Gruppe der Professoren existierten deutliche Unterschiede im Ansehen und in der Besoldung. So war es von erheblicher Bedeutung, an welcher Universität der Professor lehrte und welchen Wert ihm der Landesherr dort beimaß. So lag die Gehälterspanne für die Professoren an der Universität Mainz im Jahr 1791 zwischen 150 und 1.645 Gulden, an der Universität Bonn Ende 1790 zwischen 100 und 1.333 Reichstaler.

Auch das Sozialprestige unterschied sich stark und war davon abhängig, an welcher Universität man Professor war. Gerade die Göttinger Gelehrtenelite hatte wesentlichen Anteil an dem Ansehenszuwachs der Hochschullehrer. An der neu geschaffenen Universität distanzierte man sich von der traditionellen Weitergabe gesicherten Wissens zugunsten einer „universitären Lehre auf der Grundlage systematischer Wissenschaft". Es war daher ein großer Unterschied, ob man eine Professur an der angesehenen Universität Göttingen oder an einer der kleinen unbedeutenden Universitäten innehatte. Einige Professoren waren gezwungen, sich etwas zu ihrem kargen Gehalt hinzuzuverdienen. Nebenerwerbsmöglichkeiten waren etwa Tätigkeiten in geistlicher, juristischer oder medizinischer Praxis, Privatunterricht oder die Aufnahme von Pensionären im Haus. Da Hörergebühren Bestandteil der Einnahmen waren, lasen manche Professoren mehr als 20 Stunden wöchentlich. Die soziale Stellung der Professoren definierte sich auch aus der Standeszugehörigkeit der Zuhörerschaft, die etwa in Göttingen einen besonders hohen Anteil von Studenten aus adligem und bürgerlich-patrizischem Haus aufwies. Die Bedeutung der Universität war in großem Maß davon abhängig, welche Rolle ihr der Landesherr zugedacht hatte. Versuchte dieser etwa, die Universität den modernen, aufgeklärten Strömungen zu öffnen und sie durch Reformen und erheblichen Aufwand von Mitteln zu modernisieren und bekannte Gelehrte zu gewinnen, hatte dies erhebliche Rückwirkungen auf den Ruf der Universität, die durch wissenschaftliche Zeitschriften und Reiseberichte regelmäßigen Beurteilungen unterworfen war. Selbst die Fakultäten unterschieden sich hinsichtlich ihres Status'. Die juristische Fakultät galt aufgrund ihres hohen Anteils an adligen Studenten als die vornehmste, wogegen die philosophische und die theologische Fakultät niedere Schichten auf den Kirchen- oder Schuldienst vorbereiteten. Insgesamt gesehen zählte nicht jeder Professor allein durch seine Anstellung an der Universität zu den höheren gesellschaftlichen Schichten. Dennoch besaßen die Professoren die Möglichkeit, durch die Mitgliedschaft in den Lesegesellschaften oder Freimaurerlogen in Kontakt mit den höheren Beamten oder dem aufgeklärten Adel zu treten. Zudem hatten sie als Juristen, Mediziner oder Theologen die Möglichkeit, zu Regierungs- oder Verwaltungstätigkeiten hinzugezogen zu werden und zum geistlichen oder weltlichen Rat aufzusteigen, was nicht wenige Professoren aus finanziellen Gründen, aber auch wegen des Prestigegewinns anstrebten. Die im 18. Jahrhundert aufgekommene Sitte, verdiente Professoren mit staatlichen Titeln auszustatten, kam einer „Aristokratisierung" der Universitäten gleich, womit sich die Universität an Sitten und Ideale der höfischen Gesellschaft anpasste.

Im Gegensatz zu den ständischen Korporationen wie Zünften und Gilden bot die Universität zumindest theoretisch neben den Bürgerlichen auch jenen aus bescheideneren Verhältnissen die Möglichkeit einer Hochschullaufbahn. Im 18. Jahrhundert studierten vereinzelt Kinder aus handwerklichen oder bäuerlichen Familien Theologie oder Philosophie. Bei den katholischen Universitäten war es üblich, besonders theologische und philosophische Lehrstühle auch mit gelehrten Ordensgeistlichen zu besetzen, die in der Regel den mittleren oder unteren Schichten entstammten. Es kann aber keine Rede davon sein, dass die Universitäten des 18. Jahrhunderts „Schleusenwerke" des sozialen Aufstiegs waren. Nach wie vor war der Zugang zu höheren Verwaltungs- und Justizstellen, die ein juristisches Studium voraussetzten, vom Adel dominiert.

Geheimnis und Opposition: Orden, Logen, Lesegesellschaften

Die aufgeklärten Gesellschaften waren wichtige emanzipatorische Einrichtungen für das gebildete Bürgertum. Den Professoren bot sich bei einer Mitgliedschaft die Gelegenheit, außerhalb der Universität mit gleichgesinnten Aufklärern aus der Beamtenschaft, dem städtischen Bürgertum und den aufgeklärten Adligen und Geistlichen zusammenzutreffen und sich über Wissenschaft, Literatur und Politik auszutauschen. Durch diese Kontakte erweiterte sich der Horizont jedes Mitglieds über den eigenen Berufstand hinaus. Die demokratischen Regeln, die durch schriftlich fixierte Gesetze garantiert waren, stellten für die Mitglieder der Sozietäten eine wichtige neue Erfahrung dar, die den hierarchischen Strukturen von Kirche und Staat kontrastiv entgegenstanden. Das gilt auch für die Annäherung von adligen und bürgerlichen Mitgliedern, die innerhalb der Sozietäten zustande brachten, was außerhalb noch nicht möglich war – eine Gesellschaft, die nach vernünftigen, gleichberechtigten und freiheitlichen Prinzipien lebte.

Die wichtigsten und verbreitetsten dieser Gesellschaften waren die Freimaurer, die Illuminaten und die Lesegesellschaften, die am Vorabend der Französischen Revolution in fast jeder größeren deutschen Stadt vertreten waren. Sie sollen im Folgenden etwas näher charakterisiert werden.

Die Freimaurerei hat als gesellschaftliche Organisationsform seit der Gründung der ersten Freimaurerloge in Hamburg im Jahr 1737 die Aufklärung entscheidend mitgeprägt. Bis zum Ausbruch der Französischen Revolution bestanden in Deutschland 250 Freimaurerlogen mit etwa 6.000 Mitgliedern.

Die Logen waren in erster Linie Treffpunkte und Kommunikationszentren der Gelehrten, des Großbürgertums und auch des Adels, um aufklärerische Schriften und Ideen auszutauschen. Sie ermöglichten jedem Mitglied, seine engen Konfessions-, Standes- und Landesgrenzen zu überschreiten und sich als Teil einer Weltbruderschaft zu begreifen. Für sie galt das freimaurerische Postulat der Gleichheit aller Menschen, innerhalb der Logen waren die Standesunterschiede aufgehoben. Formuliert wurden auch allgemeine humanitäre Ziele, denen das Bestreben zugrunde lag, unter den Menschen Toleranz, Aufklärung, Freiheit im Denken und Menschenliebe zu fördern. Die demokratischen Ansätze standen im Gegensatz zu den realen gesellschaftlichen und politischen Verhältnissen. Die Freimaurer versuchten aber nicht, aufgrund dieser Prämisse außerhalb der Logen die gesellschaftlichen Zustände konkret zu ändern. Ihnen genügte es, innerhalb der Loge eine neue Ordnung herzustellen, die von der „Außenwelt" getrennt war. Die Geheimhaltung der Freimaurerlogen und ihrer Mitglieder sollte eine Schutzfunktion vor Kirche und Staat gewährleisten, gleichzeitig wurde die Eigenschaft der Verschwiegenheit als ein Ideal des aufgeklärten Menschen gesehen.

Die Freimaurerei musste zu Ende des 18. Jahrhunderts verschiedene Abspaltungen verkraften. Die Gold- und Rosenkreuzer etwa wiesen mystisch-antiaufklärerische Züge auf. Entgegengesetzt dazu orientierte sich der radikalaufklärerische Geheimbund der Illuminaten, der politische Ziele verfolgte. Teilweise etablierten sich mehrere, unterschiedlich orientierte Logen innerhalb einer Stadt. In dem Differenzierungs- und Polarisierungsprozess innerhalb der Freimaurerei manifestierte sich die Spaltung der Aufklärung in die auch später bestimmenden „politischen Strömungen", zu denen Demokraten, Liberale und Konservative zu rechnen sind.

Der Illuminatenorden wurde 1776 von dem Ingolstädter Professor Adam Weishaupt gegründet. Nach 1780 entstanden auf Betreiben des Freiherrn Adolph von Knigge in ganz Deutschland Illuminatenlogen. Exakt 1.394 Mitglieder der Illuminaten aus den Jahren 1776 bis 1793 sind inzwischen identifiziert. Ein Großteil von ihnen waren Hof- und Staatsbeamte, Handel- und Gewerbetreibende und Geistliche. Aus dem Bildungssektor kamen davon 130 Lehrer, 97 Professoren sowie 77 Studenten oder Praktikanten. Der Anteil der sonst in den Sozietäten kaum vertretenen Studenten erklärt sich damit, dass eine der Zielsetzungen der Illuminaten die Ausbildung junger Leute war, die dann im späteren Berufsleben in ihrem Sinne tätig werden sollten.

Die Illuminaten versuchten wie die Freimaurer durch Decknamen, eigene Zeitrechnung und teilweiser Geheimhaltung der Mitglieder untereinander die Identität der Loge und vor allem die der Mitglieder vor der Öffentlichkeit zu verbergen. Der Unterschied zu den Freimaurern lag vor allem in ihrer aktiven politischen Programmatik, die sie für die Obrigkeit zu einer Gefahr werden ließ. Politisches Ziel der Illuminaten war es, eine Weltordnung ohne Staaten, ohne Fürsten und ohne Stände zu errichten. Nach Weishaupts Vorstellungen sollte die Moral gewaltlose Veränderungen herbeiführen: Die „Moral ist die Kunst, welche Menschen lehrt, volljährig zu werden, der Vormundschaft los zu werden, in ihr männliches Alter zu treten und die Fürsten zu entbehren". Weishaupt lehnte Kirche und Staat ab, weil sie nicht die Vervollkommnung der Menschen anstrebten. Alle bürgerlichen Sozietäten, kirchliche und staatliche Einrichtungen sollten mit Illuminaten besetzt werden, um sie zum Besten der Vernunft zu lenken. Tatsächlich hatten die Illuminaten Mitglieder im Bereich der Staatsverwaltung und auf Regierungsebene, im Reichskammergericht, dem Bildungsbereich und unter dem Klerus. So kamen sie zumindest bezüglich ihrer Mitgliederstruktur der Weishauptschen Idealvorstellung nahe, um die Fürsten ein Netz von Illuminaten zu legen, so dass sie nicht anders als im Geiste des Illuminatismus regieren konnten.

Die Spekulationen über die Gefahr, die von den Illuminaten für den Absolutismus und die Kirche ausgehen sollten, gipfelten nach Ausbruch der Französischen Revolution in einer Verschwörungstheorie über den Anteil der Illuminaten an der Ausbreitung revolutionären Gedankenguts in Deutschland. Diese Theorie stammte von dem französischen Jesuiten und Emigranten Abbé Augustin Barruel, der die Französische Revolution als Endstadium einer dreistufigen Entwicklung sah: In einer ersten Phase hätten demnach die Aufklärer das

Christentum bekämpft, in der zweiten Phase sich die Freimaurer zusätzlich gegen die Monarchie gewandt und in der dritten Phase dann die Illuminaten jede Art von Religion, Regierung und gesellschaftlicher Ordnung angegriffen. Barruel griff Gedanken auf, die bereits vor der Französischen Revolution existierten. Seit 1784 veröffentlichten unter anderem Augsburger Exjesuiten Schriften, die sich mit den angeblichen Umsturzabsichten von Geheimgesellschaften befassten: Demnach begnügten sich diese nicht mit dem Sturz der christlichen Lehre und Religion: „Es muss noch den Thronen gelten, die sie stürzen: sie werden den der Könige und Fürsten umstoßen."

Solche Verschwörungstheorien bewirkten bereits 1785 ein Verbot der Illuminaten, und noch nach Ausbruch der Revolution wurden ehemalige Illuminaten überwacht und verfolgt. Auch wenn sich die einzelnen Logen auflösten, war das Netz von Beziehungen nicht zerstört und gab Gegnern und Regierungen Anlass zur Spekulation über weiterhin vorhandene Strukturen. Die Verschwörungstheoretiker erkannten nach dem Ausbruch der Französischen Revolution Ähnlichkeiten zwischen den Zielen der Illuminaten und der Jakobiner. Daher wurden die Illuminaten trotz ihrer offiziellen Auflösung noch im Nachhinein verfolgt. Auch wenn es keinen Beweis dafür gibt, dass der ganze Illuminatenorden gezielt Anteil an der Verbreitung revolutionärer Grundsätze hatte, so waren doch aufgrund ihrer ohnehin oppositionellen Haltung konsequenterweise viele Illuminaten nach 1789 Anhänger der Französischen Revolution.

Bezeichnend für das Zeitalter der Aufklärung war auch das Aufkommen der Lesegesellschaften. Sie erfüllten in Deutschland in der zweiten Hälfte des 18. Jahrhunderts eine überaus wichtige Aufgabe für die Emanzipation des Bürgertums: Zum einen ermöglichten sie ihren Mitgliedern, preisgünstig an einer großen Bandbreite periodischer Schriften und Neuerscheinungen teilzuhaben, zum anderen bestand durch die gemeinsame Mitgliedschaft von Adel und Bürgertum die seltene Möglichkeit, sich über die Standesunterschiede hinweg in Gesprächen auszutauschen. Daher unterhielten die Lesegesellschaften häufig neben der Bibliothek weitere Räume, in denen sich die Mitglieder zu Gesprächen treffen konnten. In Universitätsstädten befand sich immer auch ein Teil der Professoren unter den Mitgliedern. Den Studenten hingegen war der Zutritt meist verwehrt.

Die meisten Lesegesellschaften entstanden in Deutschland von den 1770er Jahren des 18. Jahrhunderts an. Gegen Ende des 18. Jahrhunderts gab es 500 bis 1.000 solcher Lesegesellschaften. Da die katholischen Staaten erst verzögert mit der Aufklärung in Kontakt kamen, entstanden die Lesegesellschaften hier etwas später als in den protestantischen Staaten.

Mit Ausbruch der Französischen Revolution kontrollierte die Obrigkeit die Lesegesellschaften stärker, teilweise griff sie zum Mittel des Verbots. Bereits im Zuge der Illuminatenverfolgung zwang sie die Lesegesellschaften in Bayern (1787) und Bamberg (1786) zur Auflösung. Während der Revolution verbot man in folgenden Städten Gesellschaften oder stellte sie unter behördliche Aufsicht: Köln (1792), Trier und Koblenz (1793), Hannover (1793), Düsseldorf (1794), Erfurt (1795). Die Landesherrn fürchteten den Einfluss politischer Propaganda von französischen Zeitungen und das Aufkommen politischer Diskussionen und demokratischer Gesinnungen. Doch in der Regel gaben ihnen die meisten Mitglieder der Lesegesellschaften wenig Anlass zur Sorge.

Privileg und Freiheit: Studentenalltag im Absolutismus

Universitäten waren eine reine Männersache. Frauen durften nicht studieren. An diesem Zustand sollte sich bis zum Ende des 19. Jahrhunderts nichts ändern. Im 18. Jahrhundert gab es in Deutschland lediglich zwei Ausnahmen von dieser Regel. Im Jahr 1741 erhielt Dorothea Christiane Leporin die Genehmigung Friedrichs II. von Preußen, in Halle Medizin studieren zu dürfen. Sie legte 1754 eine Dissertation vor und bestand als erste Frau in Deutschland ein Universitätsexamen. Im Jahre

1787 promovierte in Göttingen Dorothea Schlözer zum Doktor der Philosophie. Aber auch sie hatte nicht regelrecht studiert, sondern erhielt von ihrem Vater Unterricht, der sie zum Examen qualifizierte.

Wenn die Studenten eine Universität bezogen, waren ihre Bildungsvoraussetzungen wesentlich uneinheitlicher als heute. Das höhere Schulwesen hatte sich seit der humanistischen Schulreform des 16. Jahrhunderts kaum verändert. Alle größeren, aber auch eine Reihe kleinerer Städte besaßen eine Lateinschule, ein Gymnasium illustre oder eine Gelehrtenschule. Das Abitur als Abschlussprüfung führte Preußen im Jahre 1788 ein. Doch nur die unbemittelten Schüler benötigten dieses als Abschlusszeugnis. Es sollte noch bis ins 19. Jahrhundert dauern, ehe das Abitur auch die Hochschulreife bescheinigte.

Das durchschnittliche Alter der Studenten bei Studienbeginn lag zwischen 16 und 22 Jahren. Studiert wurde in der Regel zwei bis drei Jahre. Der sozialen Herkunft nach zerfiel die Studentenschaft im 18. Jahrhundert vor allem in eine kleine adlige und eine große bürgerliche Gruppe. Der Anteil adliger Studenten beziffert sich in der letzten Dekade des 18. Jahrhunderts im katholischen Heidelberg (im Zeitraum 1790-1802) auf etwa zwölf Prozent, im katholischen Ingolstadt (im Zeitraum 1796-1800) gar auf 17 Prozent und ist damit weit über dem Durchschnitt, der deutlich unter zehn Prozent lag.

An katholischen Universitäten stammten etwa 40 Prozent der Studenten aus dem Kleinbürgertum gegenüber einem Drittel an protestantischen Universitäten. Etwa die Hälfte aller Studenten kam aus dem Bürgertum. An der katholischen Universität Heidelberg beispielsweise dominierten im 18. Jahrhundert die Söhne der in Staat und Kirche angestellten Bevölkerungsteile. Der Anteil der aus ärmeren Schichten stammenden Studenten, der so genannten „pauperes", war gering und gegen Ende des Jahrhunderts eher rückläufig. Dennoch sahen sich Staaten genötigt, verschärfte Studienbeschränkungen für die niederen Stände einzuführen (Hessen-Kassel 1774, Württemberg 1780/88, Preußen 1792/94).

Die freie Wahl des Studienorts war für die damalien Studenten vergleichsweise groß, hing aber auch vom Geldbeutel ab. Weniger wohlhabende Studenten mussten eher an einer einheimischen Universität studieren, denn sie waren auf eine Stelle im Land angewiesen. Um diese erlangen zu können, waren in der Regel zwei Jahre Studium an der Landesuniversität vorgeschrieben. Die reichen Studenten und der Adel hingegen konnten hingehen, wohin es ihnen beliebte, denn Beziehungen und ausreichendes Vermögen garantierten ihr Auskommen.

Während seiner Studienzeit lebte der Student relativ ungebunden in einem freien Raum, losgelöst von ständischen, kirchlichen, sozialen und nationalen Beschränkungen. Das Studentendasein kennzeichneten bestimmte studentische Lebensformen und Mentalitäten wie das Duellwesen, Trink- und andere Genussfreuden, einen korporativen Zusammenhalt nach innen und Distanzierung nach außen, die nicht selten Zusammenstöße mit anderen Gleichaltrigen wie Handwerkergesellen oder der Obrigkeit und dem Militär zur Folge hatten.

Im Gegensatz zu anderen Gleichaltrigen waren die Studenten privilegiert, mit der Immatrikulation erhielten sie das akademische Bürgerrecht, das ihnen unter anderem das Recht auf eine eigene universitäre Gerichtsbarkeit gab, die sie obrigkeitlicher Strafverfolgung weitgehend entzog. Als Hauptstrafen sah sie den Aufenthalt im Karzer oder den Verweis von der Universität (Consilium abeundi, Relegation) vor. Eine Relegation bedeutete den Abschied von der Universität auf alle Zeiten. Das Consilium abeundi war ebenfalls mit dem Verlust der Studierberechtigung verbunden, jedoch nicht für alle Zeiten. Das „Consilium zu unterschreiben" bedeutete lediglich, dass der Ausschluss beim nächsten Vergehen gegen die akademischen Gesetze erfolgen werde.

Die Möglichkeit der freien Zeiteinteilung, die universitäre Wissensvermittlung, die Bildung und die Zugriffsmöglichkeit auf Literatur unterschied die Studenten ebenfalls von vielen ihrer Altersgenossen und gaben ihnen auch hinsichtlich ihrer politischen Informationsmöglichkeiten eine Sonderstellung.

Die Studenten zeichneten sich wie die etablierten Gelehrten bereits durch Studienortwechsel und Reisen während des Studiums und damit durch eine für damalige Verhältnisse ungewöhnlich hohe Mobilität aus, die es ihnen ermöglichte, die kleinstaatliche und konfessionelle Enge zu überwinden. Üblich war lange Zeit vor allem unter den Adligen eine so genannte „Kavalierstour", bei der während der Studienzeit mehrere Universitäten besucht wurden und somit viel gereist werden konnte. Der Student sah etwas von der Welt, bevor er sich anschickte, selbst zum „Philister" zu werden und ein bürgerliches Erwerbsleben zu beginnen oder ein Ämtchen bei Hofe anzutreten. Obwohl die Studentenzahlen im 18. Jahrhundert rückläufig waren, fiel es doch den meisten Studenten schwer, nach dem Studium ein Amt im Staat oder bei der Kirche zu erhalten, das ihrer Qualifikation entsprach. Nicht wenige fristeten zum Beispiel ein entwürdigendes Dasein als Hofmeister und mussten die verwöhnten Kinder der Reichen unterrichten. Manch einer ging in seiner Not auch zum Militär. Besonders Studenten aus kleinbürgerlichem Milieu, deren Studium durch Stipendien ermöglicht wurde, fanden oft später keine adäquate Anstellung, wenn sie nicht überdurchschnittlich begabt waren oder einen einflussreichen Förderer hatten, der die notwendigen Türen öffnete.

Die unsichere Arbeitsmarktsituation für die Studenten war ein „revolutionäres Ferment". Auch die in den Studentenorden entstandenen Freundschaftskulte förderten die demokratische Grundhaltung der Studenten. Besonders die im Freundschaftsbund aufgehobenen Standesschranken und das damit einhergehende Phänomen der sinkenden Autorität des Vaters und auch des Landesherrn über den emanzipierten Studenten belegen dies.

Die Lebens- und Verbindungsformen in den Jahren 1771-1819 entfernten die Studenten nach und nach von den Prinzipien des alten Burschenlebens mit seinen Sonderrechten. Dafür glichen sie sich an die Normen des Bildungsbürgertums an und verfolgten seit 1800 die Idee einer gesamtdeutschen Studentenverbindung.

Akademischer Corpsgeist:
Orden und Landsmannschaften

Seit es Universitäten gibt, existieren auch studentische Vereinigungen. Schon an den ersten mittelalterlichen Universitäten wie Bologna, Pavia oder Paris schlossen sich die Studenten und Professoren nach landsmannschaftlichen Prinzipien in so genannten „nationes" zusammen. Allerdings waren diese Bestandteil der damaligen Universitätsverfassung, zu der auch die nach „nationes" gegliederte Unterbringung und Versorgung der Studenten in den Studentenheimen, den „bursen", gehörte. Ein wesentliches Unterscheidungsmerkmal zwischen den „nationes" und den späteren Landsmannschaften ist deren unterschiedliche Rechtsstellung: Die späteren Landsmannschaften waren private Zusammenschlüsse von Studierenden, deren Existenz nicht mehr in der Universitätsverfassung auftauchte. Diese Entwicklung ist auf die frühneuzeitliche Territorialstaatsbildung zurückzuführen, die zu einer Abschwächung der korporativen Autonomie an den Universitäten führte. Das hatte die Neugliederung des universitären Lehrkörpers vom nationes- zum facultas-System zur Folge.

Landsmannschaftliche Bildungen entstanden in erster Linie, um durch den Zusammenschluss Schutz gegen Bedrohungen von außen und Unterstützung in Notfällen wie Krankheit oder Armut zu gewährleisten. Hinzu kommen Motive wie das Einleben oder die Geselligkeit in der fremden Stadt und an der Universität. Anhand von Edikten lassen sich unter anderem Landsmannschaften an den protestantischen Universitäten im Deutschen Reich vom frühen 16. Jahrhundert an ausmachen. An den katholischen Universitäten hingegen kamen Landsmannschaften – wenn überhaupt – erst im späten 18. Jahrhundert auf.

In den 70er Jahren des 18. Jahrhunderts entstand mit den Studentenorden neben den Landsmannschaften ein neuer Verbindungstyp. Die Orden waren stark von der Aufklärung und freimaurerischen Idealen beeinflusst. Mit den Freimaurern hatten sie auch geheime Rituale, Aufnahmezeremonien und Erkennungsmerkmale (Geheimzeichen, symbolische Zahlen) gemein. Die größten Orden, die zeitweise an fast allen Universitäten existierten, waren die Constantisten, Amicisten, Harmonisten und Unitisten. Der Anteil der in Orden organisierten Studenten schwankte zum Beispiel bei den Universitäten Jena, Göttingen, Erlangen, Helmstedt und Frankfurt/Oder für die 1790er Jahre zwischen 10 und 35 Prozent. Sie konkurrierten untereinander und mit den Landsmannschaften. Mit ihren Bruderlogen an anderen Universitäten pflegten sie einen engen Kontakt. Ihre Mitglieder rekrutierten sie teilweise aus den Landsmannschaften, oder sie bestanden sogar als Geheimbünde innerhalb der Landsmannschaften, was Auseinandersetzungen zwischen Anhängern beider Verbindungsformen zur Folge hatte. Allerdings lassen sich die Verhältnisse nicht verallgemeinern. Besonders über die Verbindungen an den kleineren Universitäten weiß man noch wenig. Die Orden ließen die Landsmannschaften in der Aufmerksamkeit und Bedeutung der Studenten und der Obrigkeit zurücktreten, letztere blieben aber die grundlegende Organisationsform an den Universitäten.

In den 1790er Jahren überschritt die Ordensbewegung den Höhepunkt ihrer Wirksamkeit an den Universitäten. In der ersten Dekade des 19. Jahrhunderts verschwanden die Orden aus der Hochschullandschaft und wurden durch die neuen Landsmannschaften, auch Corps genannt, und die späteren Burschenschaften abgelöst.

Sowohl Orden als auch Landsmannschaften waren in der Regel als organisierte Verbindungen verboten. Sofern die Behörden überhaupt zwischen den Verbindungen unterschieden, schätzten sie die Landsmannschaften als harmloser ein. Die Motive für die Bekämpfung von Studentenverbindungen waren unterschiedlich. Die Behörden schrieben ihnen einen Anteil am Sittenverfall, Müßiggang, Zeit- und Geldverlust und Konfliktpotenzial unter den Studenten zu. Nach Ausbruch der Französischen Revolution kamen politische Aspekte hinzu.

Neben der Verfolgung durch die Behörden seit 1792 unterlagen die Orden einem inneren „Erstarrungs- und Zerfallsprozess", wie er auch schon bei anderen Geheimgesellschaften wie den Freimaurern und Illuminaten zu beobachten war. In den bereits mit elitären Ansprüchen auftretenden Orden kam es zu Machtansprüchen einzelner, die das Gesellschaftsleben blockierten, was wiederum eine Mehrheit der Studenten inner- und außerhalb der Orden abstieß. Einigen Ordensmitgliedern ging es vor allem darum, mit Hilfe von Duellen oder anderen Formen der Auseinandersetzung die gruppeninterne Hierarchie zu regeln. Außerdem sollte der eigenen Verbindung gegenüber anderen ein möglichst herausragender Status gesichert werden. Das war eine Art vorpolitischer Machtkampf innerhalb rivalisierender Gruppen. Das klingt archaisch und scheint nicht im Geiste der Aufklärung zu sein. Es gab innerhalb der Studentenschaft auch Widerstände dagegen: Zu Beginn der 1790er Jahre entstand zum Beispiel von Jena ausgehend eine Reformbewegung, die das Duellwesen abschaffen wollte.

Die politische Orientierung innerhalb der Landsmannschaften war wie bei den Orden lokal unterschiedlich. Wie die bürgerlichen Sozietäten konnten auch die studentischen Verbindungen durch Engagement einzelner politisch instrumentalisiert werden. Der Constantist Karl August von Wangenheim hat beispielsweise 1792 in Jena und 1794 in Erlangen maßgeblich Einfluss auf die prorevolutionäre Haltung der Constantisten genommen. Ein Sonderfall für alle Universitäten waren die rheinischen Landsmannschaften, die Rhenanen, in den 1790er Jahren, da ihre Mitglieder aus dem französisch besetzten linksrheinischen Deutschland kamen. Sie identifizierten sich mit Frankreich, der republikanischen Staatsform und den Prinzipien der Revolution. Sie trugen die Farben der französischen Trikolore und feierten französische Siege. Zumindest in den ersten Jahren der Franzosenherrschaft im Rheinland reagierten sie noch nicht mit der Frankophobie, die den frühen deutschen Nationalismus kennzeichnet.

Bei den Orden war ein wesentliches Merkmal die Überwindung der Regionalität als Organisationsprinzip sowie die Beseitigung ständischer und konfessioneller Schranken, so dass sie in ihrer Ausrichtung den bürgerlichen Geheimgesellschaften der Freimaurer und Illuminaten ähnelten. Weitere gemeinsame Merkmale waren das Prinzip lebenslanger Mitgliedschaft und das Interesse an Bildung und Gelehrsamkeit, Reflexionen über Philosophie, Politik oder Literatur, aber auch philanthropische Bestrebungen. Es ist umstritten, inwiefern die Orden von der Französischen Revolution beeinflusst waren. Betrachtet man die Ordensgesetze, an die sich jedes Mitglied zu halten hatte, so gibt es vereinzelt Paragraphen, die darauf hinweisen. So stand etwa in den „allgemeinen Brudergesetzen" der Jenaer Amicisten vom Jahr 1794:

„§ 17 Schütze die menschliche Freiheit und verfolge den, der sie zu unterdrücken sucht, mit dem Schwerte der Wahrheit (...).
§ 18 Schütze den Verfolgten und Unterdrückten, biete dem schändlichen Verfolger die Stirn (...).
§ 19 Krieche vor niemand, sonst erstickt dein Herz, wenn es sich in Knechtgefühl seiner Unterwürfigkeit vor dem Staube eines Herrn sich beugt."

Unabhängig davon fassten die Regierungen besonders nach 1789 schon allein die Existenz eines geheimen Ordens als ein Politikum auf und drohten Strafen an. Mit eigenen Gesetzen versehen, frei von gesellschaftlichen oder konfessionellen Schranken, stellten die studentischen Verbindungen ebenso wie die bürgerlichen „geheimen Gesellschaften" einen „Staat im Staate" dar. Das Attribut „geheim" ist im 18. Jahrhundert komplementär zum absolutistisch monopolisierten Begriff der „Öffentlichkeit" zu verstehen. Wegen des staatlichen Monopolanspruchs auf Öffentlichkeit wurden etwa auch die staatlich lizensierten Freimaurer als „geheim" im Sinne von „privat" bezeichnet.
Der Staat ließ keine Geheimnisse zu: Auf Initiative des Weimarer Herzogs Karl August schlossen die protestantischen

und katholischen Reichsstände bezüglich des Umgangs mit den studentischen Verbindungen an den Universitäten einen Pakt. Grundlage der Übereinkunft wurde der Vorschlag des preußischen Gesandten, Mitglieder studentischer Verbindungen zu relegieren, die Relegation anderer Universitäten mitzuteilen, um einen Universitätswechsel auszuschließen, und den Betroffenen in seinem Vaterland den Staatsdienst zu verweigern.

Die drei geistlichen Kurfürsten von Trier, Mainz und Köln gingen in ihren Vorschlägen zur Abschaffung geheimer Ordensverbindungen noch über das Geforderte hinaus. Kurtrier verlangte, dass nicht nur Studenten, sondern auch die Professoren vor ihrer Aufnahme an die Universität einen Eid ablegen sollten, in keiner Verbindung zu sein oder in eine solche eintreten zu wollen. Kurmainz hingegen hatte ganz andere Sorgen. Die Residenzstadt Mainz war 1792/93 von französischen Truppen besetzt, und ein deutscher Jakobinerklub hatte sich konstituiert. Die Regierung benötigte daher eine rechtliche Handhabe für die spätere Verfolgung der Jakobiner, und da unter diesen die Studenten und Professoren einen großen Anteil hatten, beabsichtigte Kurmainz eine weiter gehende Regelung, die auch die Bestrafung der Jakobiner berücksichtigte. Auch Kurköln strebte in Verhandlungen vom Juni 1793 an, das Verbot auf alle politisch ambitionierten Gesellschaften, „in welchen die das neue französische System verbreitende Schriften gelesen und allgemein bekannt gemacht werden", auszudehnen. Die weiter gehenden Wünsche der geistlichen Kurfürsten wurden zwar abgelehnt, in der Sache war man sich aber einig, so dass der Antrag Preußens vom Fürstenrat, Corpus evangelicorum et catholicorum, und dem Reichsständischen Kollegium in Regensburg am 14. Juni 1793 angenommen wurde. Durch einen bei der Immatrikulation zu leistenden Eid sollten die Studenten fortan auf diesen Beschluss aufmerksam gemacht werden. Damit besaß jeder Landesfürst die Möglichkeit, im Einvernehmen mit anderen Reichsstaaten jegliche geheimen Studentenverbindungen von den Orden über die Landsmannschaften bis hin zu den politischen Klubs zu bekämpfen.

Stammbücher: Mentalitätsgeschichtliche Kostbarkeiten

Wer etwas über das Leben und Denken der Studenten am Ende des 18. Jahrhunderts erfahren möchte, muss sich die Stammbücher dieser Zeit ansehen. Diese wichtigen Quellen verraten uns Heutigen viel über die studentische Mentalität dieser Zeit. Es lohnt sich daher, auf deren Entwicklung einzugehen.

Stammbücher haben eine besondere Bedeutung für alle diejenigen, die sich mit der Mentalität, dem Kenntnisstand und der geistigen, religiösen und politischen Haltung der Menschen in der Neuzeit beschäftigen. Sie sind besondere Spiegel ihrer Zeit. Meist wurden sie von der geistigen Elite, den Studenten, Gelehrten und Professoren geführt. Aber auch unter Soldaten, Kaufleuten oder Handwerkern waren sie bekannt. Die libri amicorum oder Freundschaftsalben, wie die Stammbücher ebenfalls hießen, tauchten im 16. Jahrhundert erstmals auf und kamen in der Mitte des 19. Jahrhunderts allmählich aus der Mode.

„Ich kann unmöglich wieder gehn,
Ich muss Euch noch mein Stammbuch überreichen:
Gönn Eure Gunst mir dieses Zeichen!"
(J. W. Goethe, Faust I, Vers 2044-2046)

Diese Worte lässt Goethe den Schüler in Fausts Studierzimmer sagen, als dieser eine Stammbuchwidmung des verehrten Meisters wünscht. Im letzten Drittel des 18. Jahrhunderts war dies besonders in Studenten- und Gelehrtenkreisen üblich. Heutzutage ist der Brauch, ein Stammbuch zu führen, in Vergessenheit geraten. Wenn heute davon die Rede ist, jemandem „etwas ins Stammbuch zu schreiben", so ist das im übertragenen Sinn gemeint. Man möchte tadeln oder mahnend auf etwas hinweisen. In früheren Jahrhunderten gab es hingegen die Sitte, Freunden oder Autoritätspersonen etwas in ein real existierendes Stammbuch zu schreiben. Die Einträge waren aber weniger Mahnungen als vielmehr Lehr- und Denksprüche, die an die Beziehung zwischen dem Stammbuchbesitzer und dem Eintragenden erinnern sollten.

Die Wurzeln des Stammbuchs liegen in humanistischer und reformatorischer Zeit. Die ältesten überlieferten Stammbücher bestehen aus Druckwerken mit belehrendem Inhalt und Emblemen, in die leere Blätter für persönliche Einträge eingebunden sind. Zur Zeit der Reformation bestanden die Stammbücher noch nicht ausschließlich aus leeren Blättern. Nachdem man sich anfangs auf freien Stellen der Bücher (Bibeln oder Gesangbücher) eingetragen hatte, wurden dann leere Seiten in die Bücher für Schriftliches eingelegt. Zuletzt band man zu diesem Zweck die leeren Blätter zu einem Buch.

Autographen der Reformatoren Martin Luther oder Philipp Melanchton sammelten die Studenten wie Reliquien, die Einträge der in Wittenberg Lehrenden standen hoch im Kurs. Von Luther gibt es allein hunderte solcher Einträge in Bibeln, Katechismen oder Gesangbüchern. Die ältesten, bisher bekannten Stammbücher hatten Wittenberger Studenten in den 1540er Jahren angelegt.

Die Ursprünge des Stammbuchs sind von der humanistischen Geisteshaltung und der religiösen Bewegung der Reformation geprägt. Doch die zunächst protestantische Sitte ging in Deutschland auch auf katholische Universitäten über. Im katholischen Ausland hingegen konnte sich der Brauch nicht behaupten. Zumindest im 16. Jahrhundert wurden die Stammbücher nur im protestantischen Europa geführt. Der Grund für die Ausnahmestellung der deutschen Katholiken ist in der gemeinsamen humanistischen Tradition zu sehen. Stammbücher waren aber an protestantischen Universitäten wesentlich verbreiteter als an katholischen. Daher ist es ein Glücksfall, dass sich für die Zeit der 1780er und -90er Jahre Stammbücher Mainzer Studenten erhalten haben.

Die Stammbücher hatten meist ein handliches Queroktavformat und ließen sich bequem in einer Manteltasche verstauen. Je nach Besitzverhältnissen konnte der Einband des Stammbuchs dann aus wertvollem Leder oder auch nur aus einfacher

Pappe bestehen. Die Buchzierden reichen vom Wappen mit Zierleisten und Spruchbändern bis hin zu Landschafts- oder Stadtansichten. Kleine Zeichnungen zeigten Szenen aus dem studentischen Leben, etwa ein Trinkgelage, ein Degenduell oder ein romantisches Schäferstündchen. Im 18. Jahrhundert kommen Silhouetten und Stickereien hinzu.

Kennzeichnend für die ersten Stammbücher waren Einträge der hohen Persönlichkeiten oder Autoritäten wie etwa die Professoren, denen die Studenten – wie der eingangs zitierte Schüler im „Faust" – das Stammbuch vorlegten. Eltern, Gönner, Lehrer und Würdenträger durften sich auf den ersten Seiten des Stammbuchs verewigen. Weiter hinten folgten dann die Freunde, Kommilitonen und Gleichgestellten. Mit der Zeit wandelte sich zumindest unter den Studenten der Brauch dahingehend, dass sich fast ausschließlich Gleichgesinnte eintrugen und das Stammbuch innerhalb einer Gruppe kreiste. Dem Eintragenden musste dennoch immer klar sein, dass das Geschriebene nicht nur vom Freund, sondern auch von dessen engerem Umfeld gelesen werden konnte. Die Einträge waren deshalb aber nicht vorsichtiger gehalten – im Gegenteil finden sich zu allen Zeiten freimütige Bekenntnisse der Geisteshaltung darunter.

Die privilegierten Herren Studenten verstanden es neben dem Studium, die angenehmen Seiten des Lebens nicht aus den Augen zu verlieren. Die Einträge spiegeln das lebhafte studentische Treiben, aber auch universitäre Gelehrsamkeit wider. Ihr Niveau unterscheidet sich teilweise erheblich voneinander. Philosophische Sätze stehen neben banalen Allgemeinplätzen. Wenn das Stammbuch unter Studenten in einer Bierkneipe herumging, kam es nicht selten zur Anhäufung von launigen Kommentaren, die bis zu Frivolitäten reichten und dann alle dasselbe Datum – das der durchzechten Nacht – aufwiesen. Meist wurden Liebschaften, der Wein und das fidele Studentenleben im Kreis der Kommilitonen beschrieben. So gesehen ist das Stammbuch auch ein Sittenspiegel seiner Zeit. In den Einträgen spiegeln sich die verschiedenen studentischen Mentalitäten wider. Manches taucht im Lauf der Jahrhunderte immer wieder auf, so etwa das

Duellieren. Der Zweikampf mit dem Degen gehörte bereits im 16. Jahrhundert zu den studentischen Riten, wer sich nicht daran beteiligte, galt als Feigling.

Dass die jeweilige Epoche ihren besonderen Einfluss auch auf die Existenz und das Denken der Studenten ausübte, ist naheliegend. Aus den Stammbüchern zur Zeit des Dreißigjährigen Kriegs geht beispielsweise hervor, dass mancher Student, der nach dem Studium keine Anstellung fand, sich den durch das Reich ziehenden Werbern anschloss und zum Waffenhandwerk überging. Auch die Glaubensstreitigkeiten zwischen Protestanten und Katholiken, die teilweise unüberbrückbaren religiösen Differenzen dieser Zeit spiegeln sich in den Stammbüchern wider.

Die Struktur der Einträge änderte sich mit den Jahrhunderten. Ursprünglich bestand ein Eintrag aus einer Devise oder einem Wahlspruch, an den sich eine Erläuterung, meist in Form eines Epigramms, anschloss. Im 18. Jahrhundert wurden diese Elemente durch ein Motto oder ein „Symbolum" und die dazugehörige Erklärung abgelöst. Beides bezog sich dann nicht mehr auf den Einträger, sondern auf den Stammbuchbesitzer. Bis weit ins 18. Jahrhundert zitierte man aus dem Bildungskanon der Zeit. Antike und moderne Autoren und die Heilige Schrift stellten den Fundus, aus dem entlehnt wurde.

Wie die Texte variierte auch der Bildschmuck mit der Zeit. Anfangs bildete der Einträger sein Wappen ab. Später kamen kleine Kostümfiguren hinzu, bis schließlich das Genrebild Mode wurde. Themen antiker Mythologie, christlicher Symbolik oder Topografisches wurden aufgegriffen, wobei fast immer ein Bezug zum Text bestand. Die Bilder verfertigten Brief- oder Buchmaler im Auftrag des Einträgers. Je nach Geldbeutel oder Geschmack wichen auch hierbei Qualität und Motiv erheblich voneinander ab.

Der Dreißigjährige Krieg bewirkte mental eine Zäsur im Stammbuchbrauchtum. Nach den Kriegserfahrungen war nun bestimmendes Thema der Einträge die Vergänglichkeit alles Irdischen, die auch die zeitgenössische Literatur prägt. Die

Todes- und Vergänglichkeitsthematik wurde aber auch noch im 18. Jahrhundert aufgegriffen und sprachlich, aber auch bildhaft verarbeitet. Beliebte Allegorien waren das menschliche Gerippe, eine verlöschende Kerze, ein zugeschlagenes Buch oder eine abgelaufene Sanduhr. Bis weit ins 18. Jahrhundert dominieren religiöse Einträge, die an Gottesfürchtigkeit und an das Jenseits mahnen. Denn dort erhofft man sich den Lohn für ein Vertrauen auf die göttliche Voraussicht und auf die Hinnahme der Gegebenheiten auf Erden. Die studentischen Mentalitäten änderten sich im Zeitraum 1740 bis 1800 deutlich. Ein Wertewandel fand statt. Die Aufklärung hat im 18. Jahrhundert nicht nur zu einem Vernunftsdenken geführt, sondern auch zu einer Kritik der bestehenden Verhältnisse im Staat. Anfangs war noch das Diesseits dem Jenseits nachgeordnet, ab den 1770er Jahren erkannten die Studenten die Autonomie menschlichen Handelns. In den 1790er Jahren schließlich übertrug sich das Handeln auf den gesellschaftlichen Bereich. In politischer Hinsicht machte sich diese Entwicklung in der Kritik am Adel bemerkbar, die nach den 1780er Jahren in den Einträgen erheblich zunahm. Anders als bei den etablierten Intellektuellen fand der aufgeklärte Absolutismus bei den Studenten keine Resonanz. Stattdessen lehnten sie Bevormundung und Unterdrückung ab. „Sklaverei" und „Despotismus" wurden zu Reizwörtern und Kampfbegriffen der Studenten. Auffällig sind für diese Zeit besonders die vielseitigen Freiheitsbezeugungen, die manchmal einen politischen Bezug aufweisen, oft aber auch vom ungebundenen studentischen Dasein künden. Daher wurde nicht selten in Einträgen des von der Universität Scheidenden der Verlust dieser Freiheiten betrauert („Sie sind dahin, die schönsten meiner Jahre!"), da er sich nun den Zwängen eines bürgerlichen Erwerbslebens unterzuordnen hatte.

Das letzte Drittel des 18. Jahrhunderts war die Blütezeit des Stammbuchs. Die ganze kulturelle Vielfalt spiegelt sich in dieser Zeit in den Alben wider. Auch das hohe Lied der Freundschaft wurde nun besonders oft angestimmt. Die Empfindsamkeit als

Strömung der Zeit kam in den Stammbüchern mit den fast zum Kult erhobenen Freundschaftsbeschwörungen zum Ausdruck. Ein weiteres Merkmal dieser Zeit ist die Tugendhaftigkeit, die in den Einträgen häufig idealisiert wird. Am Vorabend der Französischen Revolution weist sie bereits politische Züge auf und drückt wie im folgenden Eintrag eines Erlanger Studenten aus dem Jahr 1767 den Stolz des tugendhaften und freien Bürgers gegenüber dem Diener des Fürsten aus:

„Ein Tugend Freund liegt lieber frei an Ketten;
Als sklavisch um des Fürsten Thron."

Die früher eher religiösen, jenseitsorientierten Einträge weichen einer Diesseitigkeit, die zuerst in aufklärerischen Sentenzen offenbar wird. In den 1780er und 1790er Jahren macht sich der Wille des Bürgertums zur politischen Teilhabe deutlicher in Einträgen gegen die Vorherrschaft von Adel und Klerus bemerkbar. Nach neueren Erkenntnissen ist der politische Gehalt der Einträge aus dieser Zeit nicht allein auf die Französische Revolution zurückzuführen, obwohl sich ab 1789 eindeutige politische Bezüge finden, sondern er datiert schon aus dem Jahrzehnt vor dem Ausbruch der Revolution.

Die Tatsache, dass ein größerer Personenkreis die Einträge las, war für die Studenten kein Hinderungsgrund, sich zu ihren politischen Ansichten zu bekennen. Dennoch war es für sie ein gewisses Wagnis, wenn sie auf diese Weise politisch Stellung nahmen, da das Stammbuch auch in falsche Hände gelangen konnte. Es gab Stammbuchbesitzer, die sich von den politischen Einträgen ihrer Kommilitonen distanzierten und ganze Seiten aus dem Stammbuch rissen. So entfernte zum Beispiel der Mainzer Student Zulehner Einträge aus seinem Stammbuch, die seine Studienzeit in den frühen 1790er Jahren dokumentierten. Da in diesem Fall eine große Anzahl Blätter fehlt, ist es wahrscheinlich, dass es sich um mehrere revolutionäre Einträge handelte, die Zulehner im Nachhinein offenbar als zu gefährlich erschienen. Politische Einträge konnten dem Verfasser und eventuell auch noch dem Stammbuchbesitzer erhebliche Schwierigkeiten bereiten, wenn sie in die Hände der Obrigkeit gerieten. Der Fall des Gießener Privatdozenten Johann Ludwig Justus Greineisen ist ein Beleg für beides. Gegen ihn wurde in einem Prozess von 1794/95 sowohl sein eigener Eintrag in ein Stammbuch als auch Einträge von Studenten in seinem Stammbuch als Belastungsmaterial herangezogen. Dadurch konnten die Richter dessen revolutionäre Haltung und erfolgreiche politische Einflussnahme auf die Studenten belegen.

In manchen Fällen ergänzte der Stammbuchbesitzer den Eintrag des Freundes mit Angaben zu dessen weiterem Lebensweg, wodurch teilweise wichtige biographische Hinweise – manchmal sogar die einzigen – über den Eintragenden festgehalten sind.

Die Stammbucheinträge sind meist nach dem gleichen Prinzip aufgebaut: Sie bestehen aus einem Text, der entweder von einem Schriftsteller, Dichter oder Philosophen zitiert wurde oder von dem Eintragenden selbst stammte.

Dem Text folgt fast immer ein Motto, damals meist „Symbol(um)" genannt, das sich teilweise auf den Text bezieht und häufig aus einer kurzen Phrase, einem Satz oder aus der Verbindung zweier Begriffe (zum Beispiel „Schwarzbrot und Freiheit") bestand. Der Eintragende unterschrieb Text und Motto mit dem Eintragungsort, dem Datum, einem Gruß, seinem Namen, Studiengang und Heimatort. Als Beispiel sei der folgende politische Eintrag eines Kölner Studenten mit einem Zitat Ulrich von Huttens in der Reihenfolge der genannten Elemente angeführt. Die Strophe täuscht den oberflächlichen Leser, denn eingangs scheint es reaktionären Inhalts zu sein, doch mit der letzten Zeile erschließt sich der wahre Sinn:

„Es lebe die Sklaverei
und sterbe das Gefühl
von wahrer Freiheit und

edlem deutschen Patriotismus
nie in unsrer aller Brust.

Symbol: In Tyr-nos [Tyrannos].
Ulrich von Hutten

Köln am 20. Juli 1794. Dies zum Andenken von Joh. Koenigsfeld
d[er] Th[eologie] cand[idatus] von Xnach [(Bad) Kreuznach]."

Manchmal befindet sich bei einem solchen Eintrag auch eine
Buchstabenkombination, die auf die Zugehörigkeit des Eintragenden zu einem Studentenorden (wie etwa „VC" für „Vivat
Constantia") oder einer Landsmannschaft hinweist. Als Schmuck
weisen manche Einträge zudem noch einen Schattenriss oder
eine eigenhändige Zeichnung auf.
Waren die Einträge am Ende des 18. Jahrhunderts oft noch
weltbürgerlich geprägt, klingen zu Beginn des 19. Jahrhunderts
erstmals nationalistische Töne in den Stammbüchern an. So
tragen sich etwa in Heidelberg Mitglieder der preußischen
Landsmannschaft „Borussia" 1813 mit vaterländischen und
antifranzösischen Einträgen ein und versichern darin, „dem
Rufe des Vaterlandes" zu folgen und sich dem Befreiungskampf anzuschließen.
Mitte des 19. Jahrhunderts geht die studentische Stammbuch-
tradition bereits ihrem Ende zu, der Brauch wird zunehmend im
bürgerlichen Milieu und von Frauen oder Kindern gepflegt. In
den Einträgen dieser Epoche spiegelt sich der Wunsch nach einer
unberührten, idyllischen Welt im Gegensatz zur Industriali-
sierung mit all ihren Begleiterscheinungen. Die Inhalte kennzeichnen nun keine Bekenntnisse zu ideellen oder politischen
Forderungen und Gesinnungen, sie sind nicht mehr Ausdruck
einer Rezeption zeitgenössischer Philosophie und Literatur. Stattdessen schreibt man Glückwünsche allgemeiner Art oder einfache Sinnsprüche, die sich vor allem deshalb stetig wiederholen,
weil gedruckte Spruchsammlungen diese wohlfeil verbreiten.
Dieser Entwicklung entspricht die apolitische Haltung seit der

Biedermeierzeit. Sie ist Ausdruck eines Bürgertums, das keine politischen Hoffnungen hat und sich ins Private zurückzieht.

Vom Wort zur Tat: Literarische und weltanschauliche Einflüsse

Dass politische Bezüge in der Literatur auf die Leser abfärben können, war auch im 18. Jahrhundert bekannt. Der Jurist und Publizist Ernst Brandes, ein Gegner der Französischen Revolution, widmete in seiner Arbeit „Über einige bisherige Folgen der Französischen Revolution in Rücksicht auf Deutschland" (1792) dem Einfluss der Schriftsteller auf die Politisierung in Deutschland ein eigenes Kapitel.

Brandes schrieb der Sturm und Drang-Dichtung mit Stücken wie Friedrich Schillers „Räuber" (1781) oder Johann Wolfgang Goethes „Götz von Berlichingen" (1771) und „Werther" (1774) einen erheblichen Einfluss vor allem auf die jüngere Generation zu: „Durch ihre Gedichte ward ein sehr unbestimmtes, aber desto lebhafteres Gefühl für Freiheit und Fürsten-Hass verbreitet. – Sie waren Lieblings-Schriftsteller bei einem Teile der Jugend." Auch den spätaufklärerischen Trauerspielen maß Brandes Bedeutung auf politische Willensbildungsprozesse bei. Er bezeichnete sie als „politische[s] Trauerspiel, wo Tyrannen-Mord und Freiheits-Drang" herrschten, und als Dramen, die durch „lebhafte Darstellung elender Minister oder Subalterner" politisch wirkten.

„Muster und Vorbild" für die politischen Dichter war nach Brandes' Ansicht Friedrich Gottlieb Klopstock. Dessen freiheitlich-patriotisches Schauspiel „Hermanns Schlacht" (1769) habe „den alten deutschen Hass gegen Unterdrückung in der Einbildungskraft junger Dichter entzündet." Tatsächlich bildete sich kurze Zeit darauf (1772) der „Göttinger Hain", eine Vereinigung junger Leute, meist Jura- und Theologiestudenten, die Klopstocks Dichtung verehrten. Die in den 1790er Jahren aufkommende studentische Reformbewegung, die das studentische Duellwesen ablehnte, hatte ihre Wurzeln im Hainbund von

1772. Ebenso die über vier Jahrzehnte später entstehende Urburschenschaft.

Die Vorliebe der Studenten für diese Dichtung lässt sich verifizieren. Durch die Auswertung von Zitaten in Stammbüchern sind Rückschlüsse auf literarische und philosophische Vorbilder möglich. So gehören zu den unter Studenten meistzitierten Dichtern der 1790er Jahre Schiller oder Klopstock. Aus ihren Gedichten entlehnten sie in besonderem Maß Verse mit freiheitlich-politischem Inhalt in die Stammbücher.

Auch bei den antiken lateinischen Autoren stellte Brandes eine neue Beliebtheit fest, die er auf die „Vorliebe für republikanische Verfassungen und Tugenden" zurückführte. Natürlich fehlten auch Hinweise auf den Einfluss des französischen Philosophen Jean-Jacques Rousseau und dessen „Contrat social" (1762) nicht. Rousseaus Beliebtheit in Deutschland war nicht nur auf seine politischen Arbeiten zurückzuführen. Besondere Anziehungskraft übten seine pädagogischen Konzepte aus, in denen Erneuerungsgedanken für die Jugend formuliert waren. In seinem Erziehungsroman „Émile" (1762) beschrieb er, wie Kinder befähigt werden könnten, die Gesellschaft im Sinne eines Ideals zu verändern. Dialektisch schließt Rousseau damit auf die Unmenschlichkeit des bestehenden Staates.

Neben der Literatur, dem Theater und der Philosophie verbreiteten auch andere Medien politische Ansichten und Meinungen. August Wilhelm Rehberg, ein Publizist und Gesinnungsfreund Brandes', schreibt besonders den Reiseberichten, politischen Zeitschriften und staatsrechtlichen Schriften einen wichtigen Anteil an dem aufkommenden „Streben nach Verbesserung" zu. Besonders die in der politischen Presse publizierten Missbräuche obrigkeitlicher Gewalt trugen zur Meinungsbildung und Formierung einer kritischen Öffentlichkeit bei. Während der Mainzer Republik von 1792/93 nutzten die Jakobiner zur Verbreitung ihrer Ziele die Presse, agitatorische Lyrik und das politische „National-Bürgertheater". Damit knüpften sie an die sozialkritischen Bestrebungen der Sturm und Drang-Bewegung an und radikalisierten sie.

Einen besonderen Stellenwert innerhalb der literarischen Vorbilder der Studenten besaß der 1791 veröffentlichte 3. Band des utopischen Staatsromans „Dya-Na-Sore". Der anonym erschienene Roman von Wilhelm Friedrich von Meyern wurde im Zusammenhang mit den politischen Strömungen unter den Studenten am Ende des 18. und zu Beginn des 19. Jahrhunderts bislang nur sehr selten berücksichtigt.

Der Roman sprach nachweislich jüngere Menschen und damit vor allem Studenten an, da er in einem metaphernreichen und teilweise emphatischen Stil geschrieben ist und idealisierte heroische Helden als Hauptfiguren hat. Da in dieser Arbeit mehrere Male auf die Rezeption dieses Werks unter den Studenten eingegangen wird, ist es notwendig, den Roman an dieser Stelle etwas näher zu betrachten.

Es geht darin um die Umwandlung eines absolutistischen Staates in einen konstitutionellen Rechtsstaat. Die Helden sind mehrere Jünglinge, darunter der Titelheld „Dya", die den Sturz eines Despoten und die Errichtung eines demokratischen Staatswesens planen. Es folgt der Befreiungskampf gegen die Truppen des Unterdrückers, wobei Krieg und heroischer Tod für das gemeinsame Ziel eine besondere Rolle spielen. In den ersten beiden Bänden des Romans, die 1787 und 1789 erschienen, ist bereits von einem „Dya-Na-Sore"-Bund die Rede, dessen Ritus an die Freimaurer erinnert, die der Autor aus eigener Erfahrung kannte. Seine studentischen, freimaurerischen und militärischen Erfahrungswerte sind in den Roman eingegangen. Allerdings strebt der fiktive Bund im Gegensatz zu den Freimaurern eine Veränderung der staatlichen Verhältnisse an. Wie auch bei den Illuminaten vorgesehen, wird beispielsweise beschrieben, dass einer der Bundesgenossen eine wichtige Stelle am Hof bekleidet, um von dieser Position aus verschiedene oppositionelle Kräfte sammeln und lenken zu können.

Ausschließlich der dritte Band des Gesamtromans zeigt trotz der Verfremdung klar erkennbare Parallelen zur Französischen Revolution wie die Einberufung der Generalstände und die Konstituierung zur Nationalversammlung oder den Bastillesturm. Die auf September 1790 datierte Vorrede zum dritten Band weist fast programmatisch auf die Ereignisse in Frankreich hin: „Gram, dass das, was hier eine Nation erkennt, Jahrhunderte durch ihre Nachbarn unerkannt bleiben kann, haben mich dahin gebracht zu schreiben, was ich schrieb." Der Autor möchte aber nicht nur die Deutschen auf die revolutionären Ereignisse hinweisen, sondern explizit politisch wirken und deren Tatengeist anregen. So hofft er, „einst ausführen zu helfen, was ich jetzt nur schreibe."

Gleich zu Beginn des dritten Romanbandes wird dem Leser deutlich gemacht, dass die Beseitigung der absoluten Herrschaft durch Mobilisierung des unterdrückten Volkes Ziel der Romanhelden ist: „Der politische Triumph eines Volkes, das im Taumel seiner wiederkehrenden Rechte sich selbst vergrößert, ist himmlisch." Die Bürger außerhalb dieser kleinen elitären Führungsschicht von Revolutionären werden allerdings als unfähig zum Widerstand gegen monarchische Unterdrückung charakterisiert.

Letztlich scheitert die Revolution in dem Roman. Den Monarchisten gelingt es, das Volk zu manipulieren und die Revolutionäre zu besiegen. An der politischen Aussage des Werkes ändert das wenig, zumal der Autor am Romanende an die Vorrede anknüpft und die Jünglinge zum Zusammenschluss auffordert:

„Und nun, ihr Jünglinge, wie vieles ließe sich tun. Wahrheit liegt in jedem Gedicht. Von der Kraft eueres Willens hängt ihre Erweckung ab. Wenn einer will, und nur zwei von der Möglichkeit seiner Absichten überzeugt; wenn jeder sich verdoppelt, und so von Zahl zu Zahl den Kreis seiner Freunde mehrt; so lässt sich berechnen, zu welcher Summe der Einverstandenen sich fortschreiten, zu welcher Ausführung sich Kräfte sammeln ließen."

Auch wenn das Ziel der Sammlung politisch Gleichgesinnter von Meyern nicht ausdrücklich genannt wird, war es nach der Lektüre des Romans für die jüngeren Leser nur unschwer politisch zu verstehen.

Die studentische Jugend des Revolutionsjahrzehnts war von Meyerns Erstfassung (des dritten Romanteils) von 1791 beeinflusst. In ihr wurden die Ereignisse der Französischen Revolution in fiktiver Verkleidung einer explizit angesprochenen jugendlichen Leserschaft zugeführt, bei dieser popularisiert und in ihrer wesentlichen Aussage gar zur Nachahmung empfohlen. So war für den Mainzer Studenten Nikolaus Müller, der 1792/93 Mitglied im Mainzer Jakobinerklub wurde, „Dya-Na-Sore" zum Synonym seiner Begeisterung für die Revolution geworden. In späteren Aufzeichnungen erinnerte er sich an die Lektüre von „französische[n] Freiheitsschriften, welche Dya-Na-Sore riefen". Das belegt seine Beeinflussung durch den Roman, dessen fiktive Handlung sich 1792 teilweise durch die tatsächlichen Ereignisse zu erfüllen schien.

Mehr noch als die literarischen Vorbilder machten die aufklärerischen Ideen wie etwa die Kantsche Philosophie oder das neue Naturrecht Eindruck auf die Studenten. Besonders an den katholischen Universitäten führten häufig religiöse Kontroversen zu einer Politisierung. Der restaurative Kurs einiger Landesherren gegen die Aufklärer an den Hochschulen radikalisierte deren Ansichten, nahm sie doch manchem von ihm die bis dahin aufrechterhaltene Illusion von der Reformierbarkeit des Absolutismus. Die Frage, ob Kants Philosophie an der Universität gelehrt werden dürfe, war wie alle kritischen Fragen der Aufklärer zur Religion Anlass für solche Auseinandersetzungen.

Die Zeitgenossen erkannten schnell, dass Kants Lehre zu einem kritischen Bewusstsein führte. In seiner „Kritik der reinen Vernunft" (1781) reduzierte Kant die Religion zur Glaubenssache. Thesen wie diese, dass die Existenz Gottes nicht bewiesen werden könne, rüttelten am kirchlichen Dogmatismus und bereiteten der katholischen und protestantischen Orthodoxie Sorge. Auch Kants Haltung zur Französischen Revolution, die er als faszinierendes Experiment zur Verwirklichung der Ideen von Recht und Freiheit sah, trugen dazu bei, ihn zur Ikone der Aufklärer werden zu lassen. Sein 1793 geäußertes Motto „Man reift für die Vernunft nie anders als durch eigene Versuche" hat vor diesem Hintergrund eine Zweideutigkeit, die neben dem Postulat der Aufklärung auch das der politischen Selbstbestimmung beinhaltet.

War Kants Philosophie schon vor 1789 Teilen der Obrigkeit ein Dorn im Auge, so wurde sie danach zum umstrittenen Thema an den Hochschulen, und die Frage, ob Kant gelehrt werden durfte, war gleichbedeutend mit der Frage, ob sich die Aufklärer gegen die orthodoxen und konservativen Kräfte behaupten konnten. In Marburg (1786/88, 1794), Heidelberg (1790), Fulda (1794), Dillingen (1793) oder Breslau (1794) mussten sich die Kantianer heftig gegen Angriffe wehren und unterlagen meist. Sie hatten dann nur noch die Wahl, abgestraft zu werden oder sich dem Druck dadurch zu entziehen, dass sie die Universität verließen. In der Rezeption der Kantischen Philosophie war die Universität Jena lange Zeit führend. Der Höhepunkt der Kantrezeption bildete das Wirken Karl Leonhard Reinholds, der in Jena von 1787 bis 1794 lehrte. Mit Johann Gottlieb Fichte kam nach Reinholds Weggang Mitte der neunziger Jahre ein neuer philosophischer Fixstern nach Jena. Fichte war radikaler Kantianer, mehr aber noch ein Verteidiger der Französischen Revolution in Wort und Schrift. Erst 1799 endete diese philosophische Hochphase. Bis dahin hatten es die konservativen Gegner Fichtes erreicht, ihn mittels des vom Zaun gebrochenen Atheismusstreits von der Universität zu vertreiben. Den Zeitgenossen war freilich bewusst, dass der Streit auch Mittel zum Zweck war. Mehr als seinen Atheismus verfolgte die Obrigkeit den Demokratismus des unbequemen Professors.

Die Studenten an den meisten deutschen Universitäten bekamen sehr wohl mit, wie nach 1789 das politische Klima umschlug und sich auch auf die Meinungsfreiheit der Professoren auswirkte. Diese Zensur und die Auseinandersetzung zwischen Aufklärern und Gegenaufklärern an der Universität gaben den Studenten einen Eindruck davon, was in verschärfter Form politisch in Frankreich geschah. Die Kritik am Status quo im Deutschen Reich war auch unter den Studenten bereits vor

1789 vorhanden. Jedoch erhielt besonders die Forderung nach politischer Freiheit eine eigene Dynamik. Kritisiert wurden die unfreien Elemente des politischen Systems im Absolutismus, der „Despot" oder „Tyrann" stand für den unterdrückenden Alleinherrscher. Demokratische Prinzipien und Chancengleichheit unabhängig vom Stand des Individuums forderten sie ebenso wie ordentliche Gerichtsverfahren und den Widerstand gegen obrigkeitliche Willkür oder das Militär. Rechtliche Sicherheit und die Verfassungsforderungen sind girondistische Positionen, welche bei den deutschen Intellektuellen durch Übersetzungen ins Deutsche besonders verbreitet waren. Teilweise vertraten die Studenten auch demokratische und jakobinische Positionen wie die gewaltsame Abschaffung der Monarchie, der Kirche und die Forderung einer Republik.

3. „Centralort des Reiches": Mainz unter Friedrich Karl von Erthal

Das Land des Kurfürsten von Mainz gehörte eher zu den kleinen Staaten des Heiligen Römischen Reichs deutscher Nation. Im Mainzer Erzstift, so der korrekte Name, lebten am Ende des 18. Jahrhunderts etwa 380.000 Einwohner. Das Mainzer Hoheitsgebiet war zersplittert. Es verteilte sich im Rechtsrheinischen auf ein Gebiet von Aschaffenburg bis Miltenberg und auf einen zehn Kilometer breiten Landstrich von Biebrich bis auf die Höhe von Bingen. Mainaufwärts erstreckte sich der Kurstaat bis nach Höchst. Hinzu kamen die Stadt Erfurt und das Eichsfeld mit dem Hauptort Heiligenstadt. Linksrheinisches Gebiet waren die Weichbilder von Mainz und Bingen. Eine Anzahl von Dörfern und Flecken – Exklaven in hessischem und schwäbischem Gebiet – machten Kurmainz zu einem der größten, aber auch am wenigsten geschlossenen der geistlichen Kurfürstentümer.

Uneingeschränktes Zentrum des Staates war die Residenzstadt Mainz. Mit ihren etwa 28.000 Einwohnern war sie für die Verhältnisse am Ende des 18. Jahrhunderts eine große Stadt. Kein Reiseschriftsteller, der sich den Rhein entlang bewegte, konnte diese Stadt in seinen Beschreibungen auslassen. Die benachbarte Handelsstadt Frankfurt, die Mainz an wirtschaftlicher Bedeutung übertraf, war mit ihren 30.000 Einwohnern nur unwesentlich größer. Der Kurfürst hielt sich aber auch gerne in seiner Sommerresidenz Aschaffenburg auf oder im Spessart, um ein „Lustschießen" zu veranstalten, Wildschweine zu jagen – manchmal bis zu hundert an einem Tag.

Als Residenzstadt hatte Mainz einen stattlichen Hofstaat. Der ehemalige Mainzer Student Johann Kaspar Riesbeck berichtete in seinen 1783 anonym herausgegebenen „Briefen eines reisenden Franzosen über Deutschland an seinen Bruder in Paris" über die höfische Führungsschicht in Mainz:

„Nach Wien gibt es wenig Städte in Deutschland, wo ein so zahlreicher und mächtiger Adel versammelt ist als hier. Es gibt unter diesem Adel viele Personen von großen Verdiensten, die seltene Kenntnisse mit einem tätigen Leben verbinden, und überhaupt zeichnete sich derselbe durch die so genannten feinen Sitten und gute Lebensart vor dem größeren Teil des übrigen deutschen Reichsadels aus. Allein im Ganzen ist seine Erziehung doch zu steif und zu verzärtelt. Er ist so unpopulär, dass er dem Ersten Minister des Kurfürsten den Zutritt in seine Assembleen versagen würde, wenn er nicht von stiftsmäßigem Adel wäre; und einige dieser Herren Barone glauben sich wirklich zu verunreinigen, wenn sie vis-à-vis mit einem Unadligen stehen."

Das höfische Mainzer Leben zeichnete sich seit der Mitte des 18. Jahrhunderts, insbesondere seit der Regierungszeit des aufgeklärten Kurfürsten Emmerich Joseph von Breidbach-Bürresheim, durch ein anspruchsvolles Programm aus: Die Oper, Theateraufführungen und höfische Feste hatten ihren Stellenwert unter der durchlauchten Mainzer Gesellschaft. Während die Musik noch am Höfischen orientiert war, existierte am Mainzer „Nationaltheater" bereits ein Trend zur Verbürgerlichung. Seit 1788 erlebte das Theater einen Aufschwung. Die neuesten Stücke wurden gespielt. Die Regierung finanzierte das Theater. So wundert es wenig, dass der Spielplan zunächst eine gesellschaftskritische Tendenz hatte, dann aber eher zu politisch unverfänglichen, neutralen Stücken tendierte.

Die Möglichkeiten des vielfältigen anspruchsvollen Zeitvertreibs machten Mainz auch für Studenten mit gehobenen Ansprüchen zu einem attraktiven Studienort. Ein Studienführer von 1792 lobt die vielfältigen Gelegenheiten, sich neben dem Studium in der Residenzstadt zu vergnügen:

„Unter die hiesigen Winterlustbarkeiten gehören das tägliche Schauspiel in dem hiesigen Nationaltheater, das Konzert, das alle Dienstage bei Hof gegeben wird, das Liebhaberkonzert, das man sonntags besucht; außer mehreren Bällen in Privathäusern, die

Maskenbälle, die alle Sonntage und die letzten Mittwochen in der Faschingszeit gehalten werden, prächtige Schlittenfahrten u.s.w. Zu den Verlustigungsörtern im Sommer gehören die schöne Allee vor dem Schlosstore und die Alleen um die Festungswerke, die Kurhäuser von Berberich und Dostein, die vielen Gärten vor den Stadttoren, in welchen gespeiset und getanzt wird, die churfürstliche Favorite und der neue englische Garten, die neue englische Anlage vor der Hattenmühle, die angenehmen Dörfer Weissenau, Zahlbach, Mombach u.s.w. unweit der Stadt, Spazierfahrten auf dem Rhein ins schöne Rheingau, zu Land nach Wiesbaden, Schlangenbad und Schwalbach u.s.w."

Von den nichtadligen Mainzer Bürgern zeichnete ein Zeitgenosse ein durchaus positives Bild. Der Koblenzer Gymnasiallehrer Gregor Lang schilderte 1789 die Mainzer als „aufgeklärtes, witziges und munteres Volk", das sich durch einen wohlgestalteten Körperbau auszeichne und sich artiger gegen Fremde verhalte als seine Nachbarn.

Zumindest in den frühen 1780er Jahren galt Mainz sicher nicht als Hochburg der katholischen Aufklärung, auch wenn sich das Kurfürstentum gerade durch die Reform der Universität einen Namen gemacht hatte. Vieles war noch rückständig und in der alten Ordnung verhaftet, die Aufklärung als Geisteshaltung galt nur für wenige Privilegierte. Der Redewendung, dass unter dem Krummstab gut zu leben sei, hätte vor allem die gehobene und obere Schicht nicht widersprochen.

Vom Mainzer Kurfürsten war eine Vielzahl von weltlichen und geistlichen Amtsträgern abhängig. Im Kurmainzischen Hof- und Staatskalender sind auf 300 Druckseiten all die Posten und Pöstchen verzeichnet, eine wahrlich barocke Ämterfülle. Da waren die geistlichen Herrschaftsträger, die Prälaten, Kapitularherren, Domizellare, Vikare oder Offizianten in all den Suffraganen, geistlichen Kommissariaten, Stiften, Pfarreien oder Abteien und nicht zu vergessen die Hof- und Hauskonferenz vom Oberhofmeisterstaat bis hinunter zum Hofgärtner, der Hofwäscherin, den Saaldienern, Wächtern und Dienern. Alle diese Subalternen machten den Mainzer Kurstaat aus, einen Staat im Staate mit den unterschiedlichsten Abhängigkeiten, die alle einem Herrn dienten: dem Kurfürsten und Erzbischof. Dieser hatte die oberste weltliche Macht im Staate, denn da Landstände fehlten, wurden alle wichtigen Entscheidungen am Hof getroffen. Hier wiederum hatten Räte, Beichtväter und Mätressen teilweise einen größeren Einfluss auf den Herrscher als mancher Minister. Allerdings musste der Kurfürst eine Art Nebenregierung dulden: das Domkapitel. Die Domherren waren 24 Angehörige des reichsunmittelbaren Adels. Dieser exklusive Kreis besaß eigene Hoheitsrechte und Besitzungen und übte starken Einfluss auf die Politik von Kurmainz aus.

Am Sitz des höchsten geistlichen katholischen Würdenträgers im Reich befand sich natürlich auch eine große Anzahl an Geistlichen. Die soziale Hierarchie des katholischen Klerus reichte vom Erzbischof über die adligen Domkapitulare und Stiftsherrn bis zum Bettelmönch. In Mainz und Umgebung existierten zehn Stifte mit etwa 280 Pfründen. Davon waren das Domstift und das Stift St. Alban dem Adel vorbehalten, in den übrigen dominierten die bürgerlichen Kapitulare, so dass hier für Geistliche bürgerlicher Abstammung eine Möglichkeit bestand, über den Aufstieg zum Stiftsherrn eine soziale Stufe zu nehmen. Zählt man noch den Pfarrklerus der sieben städtischen Pfarreien und die acht Männer- und Frauenklöster hinzu, so lebten im letzten Drittel des 18. Jahrhunderts etwa 750 Geistliche allein in der Stadt Mainz. Das bedeutet bei der damaligen Bevölkerungsstruktur mit etwa einem Fünftel männlicher Erwachsener, dass etwa jeder zehnte erwachsene Mann in der Stadt katholischer Geistlicher war. Im Übrigen gab es in Mainz keine evangelische Gemeinde. Dafür existierte aber eine jüdische, die ein Rabbiner betreute.

Seit der Kurfürst im Jahr 1462 die Herrschaft über die Stadt Mainz errungen hatte, existierte keine städtische Führungsschicht, wie sie etwa große Handelsstädte mit ihren Patrizierfamilien hatten. Statt eines gewählten Bürgermeisters regierte der kurfürstliche Vizedom die Stadt, der einem vom Landesherrn besetzten Stadtrat vorstand. Bürgerinteressen wurden hier nicht wahrgenommen. Nicht selten erließ der Kurfürst sogar die Zunftordnungen selbst. Anders als im benachbarten Frankfurt hatte Mainz keine kapitalstarken Großkaufleute mit überregionalen Handelsbeziehungen. Auch eine städtische Oberschicht, die sich für die Belange der Bürger hätte einsetzen können, existierte nicht. Dafür gab es eine kleine Oberschicht an meist Ortsfremden, die wichtige Funktionen am Hof, in der Stadtverwaltung oder an der Universität innehatten und weitgehend unter ihresgleichen blieben. Der Großteil der Stadtbevölkerung fand sich mit der ständischen Ordnung ab und war gottergeben. Der einfache Bürger wie der Schuster, der Kaufmann oder Handwerker verharrte meist ebenso in seinem Traditionalismus und Zunftdenken wie die zur Unterschicht zählenden Knechte, Mägde oder Hausdiener. Von der Aufklärung blieben diese Schichten weitgehend unberührt. Der soziale Aufstieg war ihnen nur durch eine geistige Kariere möglich oder mit einem Studium an der Universität.

Erzbischof und Kurfürst von Mainz war am Ende des 18. Jahrhunderts Friedrich Karl von Erthal. Der Kurfürst von Mainz hatte seit der Zeit Kaiser Karls IV. und einer Bestimmung aus dem Jahr 1356 eine besondere Stellung innerhalb der Fürsten, denn er war gleichzeitig Erzkanzler des Reiches. Als Erzkanzler war der Mainzer Kurfürst in der Hierarchie der Erste nach dem Kaiser. Zudem war bei der Kaiserwahl seine Stimme ausschlaggebend, da er sie als Letzter abgab.

Bevor Friedrich Karl zum Kurfürsten gewählt wurde, war er Rektor der Mainzer Universität gewesen und hatte sich seit 1769 als Kurmainzer Gesandter am Wiener Hof seine ersten politischen Sporen verdient. Friedrich Karl trat die Nachfolge des Kurfürsten und Erzbischofs Emmerich Joseph von Breidbach-Bürresheim an, über dessen aufgeklärte Regierung sich das orthodoxe Domkapitel und auch Teile der Bevölkerung empört hatten. Emmerich Joseph hatte Maßstäbe gesetzt, denn unter seiner Regierung erhielt Mainz eine Schulreform: 1769 durchforstete eine Schulkommision unter der Leitung Anselm

Franz von Bentzels das ganze Schulwesen des Kurstaates und reformierte es. De facto kam dies einer Einschränkung des geistlichen Einflusses gleich, denn der Kirche sollte letztlich nur noch ein Weisungs- und Aufsichtsrecht beim Religionsunterricht und in Fragen von Kirchenfeierlichkeiten bleiben. In den städtischen Anstalten, den Trivial-, Real- und Mittelschulen, erhielt die Kommission das Aufsichtsrecht. Dann starb Emmerich 1774 und die Reaktionäre strebten an die Macht. Die Domherren gaben nun den restaurativen Kurs des neu zu wählenden Landesherrn an: In ihrem kurzen Interregnum zwischen Emmerichs Tod am 11. Juli 1774 und der Wahl Friedrich Karls am 18. Juli 1774 annullierten die Domherren mehrere Reformen des verstorbenen Kurfürsten. Ein besonders scharfes Auge hatte das Domkapitel auf das ihrer Meinung nach intrigante und irreligiöse Ministerium gelegt. Davon war unter anderem der Hofkanzler Anselm Franz von Bentzel betroffen: Der neu gewählte Kurfürst entließ ihn auf Betreiben des Domkapitels bereits einen Tag nach seiner Wahl.

Dieses willkürliche Vorgehen wurde von der gelehrten Öffentlichkeit als despotischer Willkürakt betrachtet. Noch im Jahr 1793 prangerte der Heidelberger Juraprofessor Karl Ignaz Wedekind in seiner Schrift „Von dem besonderen Interesse des Natur- und allgemeinen Staatsrechts durch die Vorfälle der neueren Zeiten" die Entlassung zweier aufgeklärter Mainzer Minister als ein Beispiel für Willkür an:

„Ja leider bis auf den heutigen Tag ertönt aus manchem Kabinette unserer deutschen Fürsten ein Machtspruch von der Art, wodurch auch der ehrlichste und gewissenhafteste Staatsdiener, der sich keines Verbrechens, keiner Ungerechtigkeit schuldig gemacht hat, seinen Abschied erhalten soll."

Für den Hofkanzler sollte es noch schlimmer kommen: In der antiaufklärerischen Phase nach dem Regierungsantritt Friedrich Karls musste Bentzel die Stadt verlassen. Nachdem sich der Kurfürst später wieder den Ideen der Aufklärung näherte, holte er ihn 1782 als Kurator nach Mainz an die Universität zurück und übertrug ihm deren Reform.

Die Residenzstadt des Mainzer Kurfürsten war politisch so bedeutend, dass zahlreiche Groß- und Mittelmächte hier Diplomaten beschäftigten: Russland, Frankreich, Preußen, Österreich, Hannover und Sachsen waren vertreten. Diesem Umstand ist es auch zu verdanken, dass Friedrich Karls außenpolitische Aktivitäten mehrfach beschrieben und kommentiert wurden.

Das Bild, das sich aus diesen Quellen ergibt, ist wenig schmeichelhaft. Nach Einschätzung der Diplomaten hatte Friedrich Karl vor 1790 „mehr eigennützige Höflinge als wirklich staatsmännische Berater" in seiner Umgebung. Bis 1789 war der geheime Staatsrat Gottlieb August Maximilian von Strauß mit der Leitung der Regierungsgeschäfte betraut, ein Mann mit geringen Geistesfähigkeiten und zweideutigem Charakter, wie es der österreichische Gesandte Graf Franz Georg Metternich beschrieb. Andere Regierungsvertreter kamen in Metternichs Beurteilung zwar besser davon, aber lediglich dem Weihbischof Valentin Heimes sprach er uneingeschränkt die Fähigkeiten eines kurfürstlichen Beraters zu. Im Umfeld des Kurfürsten spielten auch mehrere Frauen eine bedeutsame Rolle, so dass man in Diplomatenkreisen bereits von den „femmes électorales à Mayence" sprach. Am einflussreichsten war Friedrich Karls Nichte, die Gräfin Sophie von Coudenhoven. Die Mätresse des Kurfürsten stellte nicht nur den gesellschaftlichen Mittelpunkt des Hofes dar, sondern verstand es auch, sich in den Regierungsgeschäften ihres Onkels Einfluss zu verschaffen. So beeinflusste sie zum Beispiel mit ihrer propreußischen Haltung die Mainzer Fürstenbundpolitik oder mischte sich in Personalangelegenheiten ein. Die Gräfin war mit dem kurmainzischen General Georg Ludwig von Coudenhoven verheiratet gewesen und seit 1786 verwitwet. Seit 1774 bewohnte sie den rechten Eckpavillon des kurfürstlichen Marstalls. Goethe nannte die intrigante Adlige eine „schöne und geistreiche Dame, eine Zierde des Mainzer Hofes". Andere wiederum waren ihr weniger gewogen und bezeichneten sie ironisch als die „graue Eminenz des Mainzer Hofes" oder „Landesmutter von Kurmainz".

Ende 1790 verteilte der Kurfürst die Regierungsgeschäfte neu. Mächtigster Mann war nun Freiherr Franz Joseph von Albini, der sich als Mainzer Hofkanzler dem Kurfürsten unentbehrlich machte. Ihm gelang es auch, den Einfluss der Frauen im Umfeld Friedrich Karls zurückzudrängen. Als Hofkanzler war er für fast alle inneren und äußeren Angelegenheiten des Kurstaates zuständig. Die geistlichen Belange lagen im Machtbereich des Weihbischofs Valentin Heimes, für das Finanzressort war der Minister Alexander von Seckendorf verantwortlich. Nicht unerwähnt bleiben sollte der berühmte Schweizer Historiker Johannes von Müller, der Albini als Geheimer Kabinettsreferendar untergeordnet war. Müller war für Albini eine wichtige Verbindung zu den Mainzer Gelehrten und Professoren.

Außenpolitisch versuchte Friedrich Karl bis zum Ausbruch der Französischen Revolution mehrmals eine große Rolle in der Reichs- oder Kirchenpolitik zu spielen. Dabei überschätzte er wiederholt seinen Einfluss und die Bedeutung des Kurstaates.

Einen großen Stellenwert maß der Kurfürst der Fürstenbundspolitik bei. Dahinter verbarg sich eine politische Neuorientierung des geistlichen Kurstaates, da Friedrich Karl den bisher kaisertreuen Kurs aufgab. Das geschah nicht grundlos, denn er war vom österreichischen Kaiser Joseph II. enttäuscht, der eigenmächtig die auf österreichischem Gebiet liegenden Teile verschiedener Diözesen abtrennte und daraus neue Diözesen bildete oder die dort liegenden Güter beschlagnahmte. Friedrich Karl entschloss sich deshalb am 18. Oktober 1785, dem von Friedrich dem Großen gegründeten Fürstenbund, auch „Liga zur Erhaltung der Reichsverfassung" genannt, beizutreten. Doch mit diesem Schritt verlor er mehr Prestige, als er hinzugewann: Die großen Fürstenbundsstaaten wie Preußen, Sachsen und Hannover gaben Friedrich Karl schnell zu verstehen, dass er kein gleichberechtigtes Mitglied im Bund war. Da Friedrich Karl nicht ohne Gesichtsverlust in das Lager des

Kaisers zurückkehren konnte, versuchte er weitere geistliche Fürsten für die Liga zu gewinnen, um seine Position aufzuwerten. Dabei war ihm jedoch kein nennenswerter Erfolg beschieden. Seit 1790 bemühte er sich wieder um ein gutes Verhältnis mit Österreich, der Ausbruch der Revolution und die existenzielle Bedrohung des Kurstaates hatten den Kurfürsten umgestimmt. Besonders unter dem Eindruck der Ereignisse in Belgien näherte sich Mainz wieder an die Großmacht an, indem sich Friedrich Karl im April 1790 an der Reichsexekution gegen die aufständischen Lütticher beteiligte. Doch auch der Versuch, militärische Potenz zu zeigen, endete in einem Fiasko. Der Kurfürst hatte 1.500 Soldaten unter dem Kommando des Grafen Hatzfeld in das unruhige Fürstbistum entsandt. Die im Feldkampf ungeübten Mainzer erlitten schon in der ersten Schlacht eine völlige Niederlage und kehrten Ende des Jahres demoralisiert zurück. Neben der militärischen Blamage kam innenpolitische Kritik hinzu: Die enormen Kosten dieser Expedition waren der Bevölkerung schwer zu vermitteln. Außerdem war mancher der heimkehrenden Soldaten inzwischen vom Revolutionsvirus infiziert.

Ähnlich erfolglos verlief auch der so genannte Nuntiaturstreit. Dieser bezeichnete die Auseinandersetzungen zwischen dem päpstlichen Nuntius und den deutschen Bischöfen um deren reichskirchliche Rechte und Ansprüche. Friedrich Karl scheiterte mit seinen Vorstellungen einer von ihm geführten Reichskirche am Widerstand der anderen geistlichen Fürsten. Nach der Emser Konferenz von 1786 ging schließlich die Führung im Kampf gegen die Nuntiatur auf den Kölner Kurfürsten und Erzbischof Max Franz über.

Die Serie außenpolitischer Niederlagen riss auch mit dem Beginn der Französischen Revolution nicht ab. Seine für einen militärisch schwachen Staat riskante und wenig diplomatische Haltung gegenüber dem revolutionären Frankreich war ungeschickt und Ausdruck einer Fehleinschätzung der eigenen Stärke. Seine geistlichen Mitfürsten wie etwa sein Bruder Franz Ludwig von Erthal, der Fürstbischof von Würzburg, verhielten sich gegenüber dem revolutionären Frankreich wesentlich vorsichtiger. Und auch die benachbarte Pfalz hatte unter Kurfürst Karl Theodor in Erkenntnis der militärischen Bedrohung einen Neutralitätskurs eingeschlagen.

Mit seinen „Ausflügen in die große Politik" scheiterte Friedrich Karl vollkommen. Er besaß wenig Vertrauen bei den Großmächten und den anderen geistlichen Herrschern. Besonders sein Beitritt zum Fürstenbund hatte ihm die Verachtung einiger geistlicher Mitfürsten eingebracht. Aber nicht nur auf außenpolitischem Feld hatte der Kurfürst sich zu profilieren versucht. Auch im Innern wagte er sich in den 1780er Jahren an die Reform der Universität und beschäftigte bekannte Gelehrte am Hof und der Universität, um auf diese Weise als aufgeklärter Fürst zu gelten. Doch auch hier zeigte sich mit der Zeit, dass ihm für grundlegende Reformen wie bei seinen außenpolitischen Projekten das Durchhaltevermögen und der Mut fehlte. Doch davon im folgenden Kapitel mehr.

Einen letzten großen außenpolitischen Auftritt hatte Friedrich Karl im Juli 1792 anlässlich der Krönung Kaiser Franz' II. in Frankfurt und des anschließenden Fürstenkongresses in Mainz. Ein letztes Mal war Mainz „Centralort des Reiches". Die Stadt quoll über vor gekrönten Häuptern, Fürsten, Ministern, Gesandten und dem zahlreichen Adel. Die vielen Kutschen verstopften die Mainzer Straßen. Abends illuminierte man im großen Stil; der Rhein, das Lustschlösschen „Favorite" waren hell beleuchtet. Das Ganze war ein letzter Abglanz des Ancien régime. Es war fast so, als ob man in Mainz ahnte, dass es für lange Zeit das letzte Mal sein würde. Das Doppeldeutige dieses bombastischen Fürstentreffens kommentiert später der Historiker Heinrich von Treitschke als „Henkersmahl des Heiligen Reichs":

„Noch einmal prunkten durch die engen Gassen des goldenen Mainz die Karossen der geistlichen Kurfürsten (...), bevor das neue Jahrhundert den Urväterhausrat der rheinischen Bischofsmützen und Fürstenkronen mit ehernen Sohlen zermalmte."

ANSICHT DES DOMES VON MAINZ VOM HOEFCHEN AUS

Mainzer Dom vom Höfchen aus gesehen: Die Kirche prägt nicht nur das Stadtbild, sondern auch das Leben in der Stadt. Jeder zehnte männliche erwachsene Mainzer war katholischer Geistlicher.   © Stadtarchiv Mainz

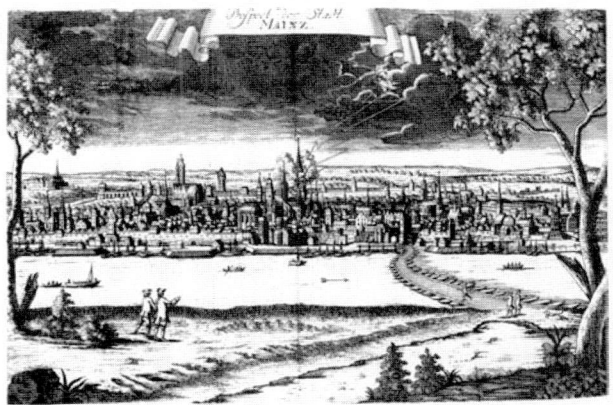

Stadtansicht von Mainz: Die Hauptstadt des gleichnamigen Kurfürstentums zählte am Ende des 18. Jahrhunderts mit 28.000 Einwohnern zu den großen Städten des Reiches.   © Stadtarchiv Mainz

Kurfürst Friedrich Karl von Erthal: Der Herrscher entschloss sich in den 1780er Jahren zu einer Reform der Universität, die viele Aufklärer nach Mainz zog und rasch ungeahnte Folgen zeitigte.

Gräfin Sophie von Coudenhoven: Die Nichte und Mätresse des Kurfürsten Friedrich Karl hatte zeitweise großen Einfluss
auf die Regierungsgeschäfte und galt als die „graue Eminenz des Mainzer Hofes".

© Landesmuseum Mainz

Freiherr Franz Joseph von Albini: Der Mainzer Hofkanzler war für fast alle inneren und äußeren Angelegenheiten des Kurstaates zuständig und machte sich dem Kurfürsten bald unentbehrlich.

In der Tat war dies der letzte große Auftritt von Mainz als Residenz. Im Oktober marschierten die Franzosen in die Stadt ein, der Kurfürst floh in seinen Sommersitz nach Aschaffenburg. Zwar kehrte Friedrich Karl nach der Rückeroberung der Stadt am 9. September 1793 noch einmal nach Maniz zurück, doch nur für fünf Tage. Dann verließ er die Stadt für immer und verbrachte bis 1802 seine letzten Lebens- und Regierungsjahre in Aschaffenburg, das nun noch für einige Jahre die eigentliche Kurmainzer Hauptstadt wurde.

4. Umgestaltung der Universität im Zeichen der Aufklärung

Vorbereitung und Verwirklichung

Nachdem die aufklärungsfeindliche Orthodoxie 1774 Friedrich Karl auf den Thron gehoben hatte, versuchte er acht Jahre später den Weg des aufgeklärten Absolutismus einzuschlagen. Die aufgeklärte Geisteshaltung zeigte sich bei ihm weniger in der Staatsauffassung oder in der Regierungspraxis, sondern vielmehr in der Kulturpolitik. Seine wichtigste Leistung bei diesem Unterfangen war die Reform der Mainzer Universität.

Die 1477 gegründete „Kurfürstliche Hohe Schule" war als Universität wie damals üblich eine Institution mit eigenem Recht. Die rund 500 Studenten, Professoren, Tanz- und Fechtmeister sowie Pedelle stellten einen Staat im Staate dar. Ihre Existenz garantierte dem Gewerbe Umsatz- und Verdienstmöglichkeiten.

Um den Ruf der Hochschule stand es zu Friedrich Karls Regierungsantritt schlecht, sie war personell und finanziell in keinem guten Zustand. Karl Theodor von Dalberg, der Statthalter von Erfurt, schlug 1777 gar vor, „die Mainzer Universität eingehen zu lassen" und dafür nur die zweite Mainzer Universität in Erfurt aufrechtzuerhalten. Aus der Sicht Dalbergs waren zwei Universitäten für den kleinen Kurstaat nicht tragbar. Friedrich Karl erwog dagegen zu keiner Zeit, die beiden Universitäten an einem Ort zu einer großen Universität zu verschmelzen. Die territoriale Zersplitterung und Distanz der Gebiete des Kurstaates gaben seiner Meinung nach beiden Universitäten eine Existenzberechtigung. Doch die Mainzer Universität sollte durch eine große Reform an die Spitze der katholischen Universitäten im Reich geführt werden.

Für die Reform benötigte der Kurfürst Geld. Ein Universitätsfonds sollte die Mittel bringen. Dafür, dass Friedrich Karl ein geistlicher Fürst war, ergriff er eine ungewöhnliche Maßnahme zur Finanzierung seines Großprojekts: Er löste drei Mainzer Klöster auf. Zuvor musste er allerdings das päpstliche Einverständnis einholen. Die Verhandlungen mit Rom gestalteten sich erwartungsgemäß nicht einfach. Doch am 24. August 1781 stimmte Pius VI. in einer Bulle der Auflösung der drei Mainzer Klöster Altmünster, Reichklara und Karthaus zu. Die öffentliche Meinung in Mainz war von dieser Säkularisierung nicht angetan. Teile der Bevölkerung murrten darüber, denn die Klöster standen in hohem Ansehen. Daher lautete ein kritischer Kommentar in der Chronik zum Jahr 1781: „Auf solche Weise hat man gut stiften." Dieser Stimmung zollte Friedrich Karl insofern Tribut, als er noch zwei Jahre später die Kommission anwies, die Säkularisierung unauffällig voranzutreiben und das Klosterinventar „in der Stille an Klöster und Stifte" zu verkaufen.

Der Weg für die Reform war jetzt frei. Mit der Errichtung des Universitätsfonds konnte die Mainzer Universität zu einer modernen, überregional bedeutenden Universität umgestaltet werden. Noch im selben Jahr begann eine Hofkommission aus Professoren und kurfürstlichen Räten das der Universität zugesprochene Vermögen zu verwalten. Die Organisation der Reform übertrug Friedrich Karl dem ehemaligen Hofkanzler Anselm Franz von Bentzel, den er am 9. September 1782 zum Kurator der beiden Kurmainzer Universitäten Erfurt und Mainz ernannte. Die Tatsache, dass der Kurfürst nun dem bei den Orthodoxen unbeliebten Bentzel diese Aufgabe zuwies, belegt die Entschlossenheit, mit der er die Universitätsreform durchführen wollte. Für Bentzel sprachen mehrere Gründe. Zum einen offenbar seine Beziehungen, denn die Vertraute des Kurfürsten, Frau von Coudenhoven, hatte Bentzel für das Amt des Kurators empfohlen. Zum anderen hatte sich Bentzel schon unter Friedrich Karls Vorgänger Emmerich um Reformen an der Universität bemüht und besaß deshalb konkrete Vorstellungen über die anstehenden Veränderungen. Auch die Professoren, denen die bisherigen Mängel der Universität aus der Praxis bekannt waren, integrierte man in das Reformvorhaben und bat sie um ihre Reformvorschläge. Ein wichtiges Gutachten legte der Rechtsprofessor und Hof- und Regierungsrat Franz Joseph von Hartleben dem Kurfürsten vor. Durch Besuche der Universitäten in Köln, Tübingen und Straßburg sowie der Stuttgarter Hohen Karlsschule hatte sich Hartleben mit Verhältnissen anderer Universitäten vertraut gemacht. Er schlug als wichtigste Neuerung die Toleranz gegenüber protestantischen Studenten vor. Kritik äußerte Hartleben am bisherigen Zustand der Universität und ihrer Bibliothek: „Unsere verfallene Universität hat eine verfallene Buchhandlung."

Der frisch gebackene Kurator und „Kultusminister" Bentzel bemühte sich vor allem um eine neue Universitätsverfassung, die ein durchgestaltetes und gut strukturiertes Studium ermöglichen sollte. Für die Attraktivität des Studiums sollten neu geworbene bekannte Professoren und Gelehrte bürgen. Vor allem den akademischen Nachwuchs wollte er an die Landesuniversität locken, damit die Ausbildung zukünftiger Beamter und Geistlicher gewährleistet war. Viele Mainzer studierten bislang an protestantischen Universitäten und kamen danach in den Kurstaat zurück, um eine Stelle anzutreten. Doch ihre Ideologie war offenbar nicht mehr die richtige: Der geistliche Rat Valentin Heimes klagte bereits 1779, dass die Studenten dort nur schädliche Grundsätze kennen lernen würden.

Bentzel hatte bei seinen Bemühungen in Mainz das Vorbild der fortschrittlichen, weltoffenen Göttinger Universität vor Augen. Er kannte aber auch die ihm gesteckten Grenzen. Er musste sich an den Mainzer Verhältnissen orientieren, über die er sich keinen Illusionen hingab. Der Kurator wusste, dass es in Mainz „bei einer weit mehr beschränkten Denkfreiheit" letztlich nicht möglich war, die Universität Göttingen als Vorbild zu nehmen.

Zur Verwirklichung der Universitätsreform stattete der Kurator selbst sein Amt mit reichen Vollmachten aus. In einem Gutachten legte er dem Kurfürsten Anfang 1782 seine Vorstellungen dar, die Friedrich Karl zum größten Teil akzeptierte. Der Kurator sollte die wissenschaftliche Produktion und die Veranstaltungen der Lehrenden kontrollieren, die Studenten in ihrem Fleiß überwachen und den Prüfungen beiwohnen. Nach seinen eigenen Worten wollte er „Aufseher" und „Freund" gleichermaßen sein. Bei einer strengen Anwendung dieser Kontrollen blieb von der akademischen Freiheit der Studenten, die Bentzel als ein „Überbleibsel falscher Begriffe" bezeichnete, nicht mehr viel übrig. Das von Bentzel geforderte strenge Examenswesen war zur damaligen Zeit für eine Universität ungewöhnlich: Inhalt und Methoden der Veranstaltungen sowie Studienleistungen und Lebensführung der Studenten überwachte der Kurator. Zudem sollten regelmäßige Prüfungen den Leistungsstand jedes Studenten wiedergeben. Das klang freilich eher wie die Kasernenordnung der Stuttgarter Hohen Karlsschule und nicht nach einer fortschrittlichen, freien Universität. Der Koadjutor Karl Theodor von Dalberg kritisierte 1789 dieses Zwangskorsett und die absolutistische Bevormundung der Universitätsverfassung, die glaube, alles durch ausführliche, genaue Vorschriften, durch pünktlichen, mechanischen Gehorsam der Lehrer und strenge Sittenaufsicht der Studenten regeln zu können.

In der neuen Studienordnung sah Bentzel für die Studenten ein umfangreiches Pensum vor. Demnach folgte auf ein dreijähriges Studium an der philosophisch-mathematischen oder historisch-statistischen Fakultät eine Spezialausbildung von vier Jahren in Theologie, Jurisprudenz, Medizin oder Kameralwissenschaft. Um den Bildungsunterschied zwischen Absolventen der Trivial- und Mittelschule und den besser ausgebildeten Gymnasiasten zu beseitigen, schuf man für erstere die „philosophische Klasse", einen Studiengang von zwei Jahren, der die Grundlage für weitere Studien war. Die für die damalige Zeit ungewöhnlich lange Studienzeit erwies sich später als nicht durchführbar und wurde verkürzt.

Eine Neuheit war die Errichtung einer Kameralfakultät, die es bislang nur an der Universität Gießen (seit 1777) gegeben hatte. Mangels Personal konnte die kameralistische Fakultät an der Universität Mainz allerdings erst einige Jahre nach der Reform eröffnet werden.

Die Bewilligung neuer Mittel für die Universitätsreform ermöglichte die kontinuierliche Berufung renommierter Gelehrter an die Universität Mainz. Die Zahl der Professoren vervierfachte sich bis zum Jahr 1789 von 13 auf 52, so dass auf etwa dreizehn Studenten ein Professor kam, ein Verhältnis, wie man es sich an den heutigen Massenuniversitäten, ja selbst an den Schulen nur erträumen kann.

Die 52 Professoren verteilten sich im Jahr 1789 folgendermaßen auf die sechs Fakultäten:

1. Theologische Fakultät: 12
2. Juristische Fakultät: 13
3. Medizinische Fakultät: 7
4. Philosophisch-mathematische Fakultät: 10
5. Historisch-statistische Fakultät: 4
6. Kameralistische Fakultät: 6

Selbstverständlich verpasste der Kurfürst der Universitätsverfassung vor ihrer Genehmigung im Oktober 1784 noch seine Handschrift. So ließ er einen im Zusammenhang mit dem Unterrichtswesen eingefügten Vorwurf Bentzels gegen katholische Staaten streichen. Ebenso beseitigte er die vorgesehene Unterstützung armer ausländischer Studenten, die unabhängig von der Konfession erfolgen sollte.

Die reformerische Leistung des Kurators schmälerte dies nicht. Die im Wesentlichen von ihm durchgeführte Reform der Universität zeigte noch nach Jahren ihre positive Wirkung und wurde landesweit wegen ihrer Fortschrittlichkeit gelobt.

Der preußische Pädagoge Friedrich Gedike, der mehrere deutsche Universitäten bereiste, stufte nach einem Besuch Anfang Juli 1789 die Mainzer Universität als modernste und aufgeklärteste Universität des katholischen Deutschland ein:

„Der finstre, mönchische Geist, der auf anderen katholischen Universitäten herrscht, zeigt sich hier ungleich seltener. Selbst die theologische Fakultät hat mehrere Mitglieder, die nicht nur durch gelehrte Kenntnisse, sondern auch durch helle Einsichten und freimütigen Untersuchungsgeist der Universität und der Regierung Ehre machen.“

Lobend erwähnte Gedike in seinem Bericht für den preußischen König Friedrich Wilhelm II. die niedrigen Hörergebühren. Demnach zahlten die Studenten für die meisten Kollegien nur einen Dukaten. Die philosophischen und theologischen Kollegien waren gratis. Auch die Promotionsgebühren reduzierten sich erheblich. So hatte beispielsweise ein Jurastudent für die Zulassung zur Promotion statt 64 Gulden nur noch vier Gulden zu entrichten.

Am 1. Oktober 1784 setzte der Kurfürst sein Siegel unter die neue Mainzer Universitätsverfassung. Damit war – neben der Errichtung des Universitätsfonds – die wichtigste Voraussetzung für die Reform der Universität geschaffen. Das folgende Fest im November 1784 zog viele auswärtige Gelehrte nach Mainz und verschaffte der reformierten Universität einen großen Bekanntheitsgrad im gebildeten Deutschland. Im Mittelpunkt der Feierlichkeiten inszenierte sich der Kurfürst als großer Reformer im Zeichen der Aufklärung, der aus der verfallenen Universität ein „Athen am Rhein“ geschaffen hatte. Er setzte sich damit selbst ein Denkmal und ließ diesen Augenblick in Gedenkmünzen und bestellten Gedichten für die Ewigkeit festhalten.

Selbst die Studenten waren in die Feierlichkeiten integriert und statteten ihren Dank ab: Am Abend des 15. November zogen um halb sieben Uhr dreihundert Jurastudenten „unter Trompeten- und Paukenschall und mit voranziehender türkischer Musik“ von Wachsfackeln beleuchtet in das kurfürstliche Schloss ein. Dort erlaubte man ihnen im Großen Saal des Schlosses vor den Kurfürsten zu treten. Ein Auserwählter hielt vor dem Fürsten eine Rede. Der Kurfürst war vermutlich gerührt und versprach seinen Landeskindern, aber auch den Ausländern unter den Studenten Schutz und Beförderung. Dann entließ er alle gnädig, nicht ohne zuvor ihre Bewirtung in einigen Nebensälen anzuordnen.

Der höfliche Beifall der gelehrten Welt auf die Reform blieb nicht aus. Selbst die protestantischen Universitäten und die gelehrte auswärtige Presse zollten Lob. Sie rühmten den Kurfürsten und seinen Kurator insbesondere für die teilweise mutigen Ansätze in der Universitätsverfassung. So hebt etwa Christian Gottlob Heyne, der Schwiegervater Georg Forsters, in den angesehenen „Göttingischen Anzeigen von gelehrten Sachen" die Leistung des Kurators hervor. Die Verfassung war für Heyne das „Ideal einer Universität". Er verschwieg aber nicht, dass es bei der Bewertung der Universitätsreform auch auf die lokalen Verhältnisse ankomme. Auch das Sprachrohr der Berliner Aufklärung, die „Allgemeine Deutsche Bibliothek", und die „Jenaische gelehrte Zeitung" zeigten ihre Anerkennung über die neue Universitätsverfassung.

Es ist fast überflüssig zu erwähnen, dass die Mainzer Gelehrten von der Reform begeistert waren. Der Mainzer Historiker und Jurist Franz Anton Dürr hob noch Jahre später, in einem Brief vom 13. Februar 1785, unter den Vorzügen der reformierten Mainzer Universität hervor, dass hier allen Studenten durch das dem Fachstudium vorhergehende allgemeine Grundstudium ein großes Maß an zusätzlicher Bildung zukomme.

Der neu erworbene gute Ruf der Mainzer Universität führte in den ersten Jahren zu einem deutlichen Anstieg der Studentenzahl. Sie wuchs um über die Hälfte von 440 im Jahr 1783 auf 687 im Jahr 1786 an, von denen allein 568 aus dem Kurfürstentum Mainz stammten. Zu diesem Zeitpunkt zählte Mainz zu den größten Universitäten des Reiches. Davon studierten 163 Theologie, 194 Jura, 249 Philosophie und 81 Medizin. Außerdem ließen sich an der medzinischen Fakultät noch zusätzlich 40 Hebammen in ihrem Beruf ausbilden.

Mainz war auch aus anderen Gründen für Studenten ein attraktiver Studienort. Ein Studienführer von 1792 lobt die vielfältigen Gelegenheiten, sich neben dem Studium zu vergnügen. Ein weiterer Pluspunkt waren die vergleichsweise niedrigen Lebensmittelpreise. Sie ermöglichten besonders ärmeren Studenten ein Studium. Der Studienführer weist Mainz als eine der günstigsten

Universitäten aus, da ärmere Studenten nur halb so viel Geld für Unterkunft, Essen und andere Notwendigkeiten benötigten als zum Beispiel ihre Kommilitonen in Trier oder Stuttgart.

Mit der großen Zahl der Studenten aus dem Kurfürstentum schien sich ein wichtiges Reformziel zu erfüllen: Die Mainzer Universität war für die Landeskinder zu einem attraktiven Studienort geworden. Noch ein halbes Jahrhundert später erinnerte sich der ehemaliger Mainzer Student Nikolaus Müller an das neu erblühte Geistesleben:

„Die glänzendste der Universitäten
War ja Moguntia in Erthals Schutz.
Uns blühte ein halb Duzend Fakultäten,
Den Göttingern, Jenensern wohl zum Trutz;
In Weisheit strahlten unsre Professoren:
Kurator, Rektor, Kanzler und Dekan,
Und vom Katheder ging kein Wort verloren:
Collegiales, denkt ihr noch daran?"

Kritik und Krise: Grenzen der Reform

Bald nach der Verabschiedung der Universitätsverfassung mussten die aufgeklärten Gelehrten zu ihrem Bedauern feststellen, dass die Reformabsicht des Kurfürsten in erster Linie auf eine Erneuerung der Wissenschaften auf dem Boden katholischen Geistes hinauslief. Friedrich Karl machte den Professoren unmissverständlich klar, dass es ihre Hauptpflicht sei, die „Wissenschaft der Religion jedesmal unterzuordnen". Solche Worte vertrugen sich nicht mit dem neu gewonnenen Bild einer aufgeklärten Hochschule, an der ein libertärer, undogmatischer Geist herrschen sollte.

Auch mit der Toleranz gegenüber Andersgläubigen war es nicht so weit her. Sie beschränkte sich auf die kleine Gruppe protestantischer Gelehrter und einige Personen am kurfürstlichen Hof. Das Verhalten gegenüber diesen – in ganz Mainz gab es etwa 600-800 Protestanten – bestimmte in der öffentlichen Meinung das Bild eines vorbildlich toleranten Landes. Dennoch mussten bereits die protestantischen Studenten an der Universität eine Zurücksetzung gegenüber katholischen Studenten hinnehmen: Sie durften auch nach der Reform an der Mainzer Universität anfangs nicht promovieren. Noch im Jahr 1785 weigerte sich Friedrich Karl, zwei Protestanten in Mainz zur medizinischen Promotion zuzulassen und verwies auf die Universität Erfurt, wo es eine fakultätsähnliche Vertretung der evangelischen Theologie gab. Erst 1786 bewilligte er Protestanten das Promotionsrecht für nichttheologische Fakultäten, wobei die Kandidaten dabei freilich „keine Sätze gegen die katholische Religion und katholische Staats- und Kirchenverfassung öffentlich aufstellen" durften.

Bereits zu diesem Zeitpunkt, Mitte der achtziger Jahre, enstanden erste Konfliktfelder. Das lag vor allem an dem Missverhältnis, dass der Kurfürst zwar gerne als aufgeklärter Fürst galt, jedoch von wirklich aufgeklärten Verhältnissen, wie völliger Denk- und Meinungsfreiheit, zumindest innerhalb der akademischen Mauern nichts wissen wollte. Doch in Gang gesetzte Reformen haben immer eine Eigendynamik, sie wecken Hoffnungen, Erwartungen kommen auf, die befriedigt werden wollen. Friedrich Karl von Erthal erkannte nicht, dass die Heranziehung aufgeklärter und zu politischer Kritik neigender Gelehrter an der Universität zwangsläufig Unruhe in den Kurstaat hineintragen musste. Die „Geister, die er rief", wurde er nicht mehr los. Die Reform legte vielmehr Widersprüche und Missstände offen, es begann gewaltig zu knirschen im Gebälk des Kurstaates.

Schon im Verlauf der Reform 1782 bis 1784 hatten Vorschläge der Professoren in ihrer radikalen Offenheit das Aufsehen der geistlichen und weltlichen Obrigkeit erregt. Der Professor der Rechte und der Geschichte, Franz Anton Dürr, kritisierte heftig die Missstände an der Universität. So prangerte er die bisherigen Eingriffe der kurfürstlichen Regierung in die Gerichtsbarkeit der Universität an und geißelte das Protektionsunwesen und die Korruptionsaffären, die es im Zusammenhang mit Promotionen gegeben hatte. Der Kurfürst reagierte darauf ungnädig und strebte ein Verfahren gegen Dürr an. Der Professor entging zwar einer Untersuchung und blieb im Amt, sein Einfluss war von dieser Zeit an aber gebrochen, obwohl man seinen Anschuldigungen formal Recht geben musste. Für die Gelehrten war es aber ein deutliches Signal: Kritik am Status quo war bei Hofe unerwünscht.

Dennoch ließen sich die Aufklärer in ihrem Drang, die Verhältnisse zu verbessern, nicht so ohne Weiteres aufhalten. Der Philosophieprofessor Andreas Joseph Hofmann fiel ebenfalls durch tief greifende Reformvorschläge auf. Der Radikalaufklärer und spätere Jakobiner hatte 1783 einen Lehrstuhl in Mainz erhalten. Hofmann war zuvor am Wiener Reichshof als Jurist tätig gewesen, aber wegen satirischer Artikel in einem Theaterjournal in Konflikt mit dem kaiserlichen Hof geraten. Hofmann also nahm den kurfürstlichen Modernisierungsplan wörtlich und legte Reformvorschläge vor. So forderte er, ganz Volksaufklärer, die Vorlesungen nicht mehr in lateinischer, sondern in deutscher Sprache zu halten. Für ihn war das Latein überflüssig und diente nicht dem besseren Verständnis, sondern der Ausgrenzung weniger gebildeter Stände. Das Latein erfülle für manche Gelehrten nur noch den Zweck, „vor dem großen oder kleinen Pöbel gelehrt zu tun". Er begründete seinen Vorschlag damit, dass man umsonst die möglichst besten Einrichtungen und Verfügungen treffe, wenn nicht die Volkssprache auch die gelehrte Sprache werde und „das elende zweckwidrige Latein aus den Schulen verwiesen werde". Der Vorschlag war aus Sicht eines rational argumentierenden Aufklärers nachvollziehbar. Im Sinne der Volksaufklärung war das Latein verheerend und schloss die unteren Schichten von der Bildung aus. Aber in einem klerikal regierten, katholischen Staat hatte die alte Sprache natürlich eine andere, eine bewahrende, ja geradezu staatstragende Funktion.

Der gutachtende Zensor, der geistliche Rat und Prorektor der Universität, Johann Michael Hettersdorf, hielt nichts von solchen volksaufklärerischen Gedanken und kritisierte: „Hofmann sucht in seinem Programmate die Theologie und Theologen herunterzusetzen, die Kirchendisziplin wegen der lateinischen Sprache zu tadeln." Hettersdorf ging in die Offensive und forderte Sanktionen gegen Hofmann, dessen Irreligiösität er zu belegen versuchte: „Hofmann hat schon einmal den Irrsatz, das Gebet nütze nichts, geliefert. Auf desselben Collegia muß große Aufmerksamkeit gerichtet werden." Hettersdorf hatte vor dieser Anschuldigung heimlich Studenten über Hofmanns Vorlesungen verhören lassen. Doch solche Methoden führten in den 1780er Jahren nicht mehr ohne Weiteres zum Erfolg. Es sprach für den neuen Geist an der Universität, dass die Studenten dieses heimliche Verhör öffentlich machten, worauf Bentzel und alle Professoren protestierten. Die aufgeklärte Zeitschrift „Deutsches Museum" zitierte ihren Lesern über den Vorfall aus einem an sie geschriebenen anonymen Brief aus Mainz vom 15. März 1784:

„Die Kandidaten, welche vernünftiger und ehrlicher sind als Seine Hochwürden [Hettersdorf], zeigten den Vorgang dem Herrn Professor [Hofmann] an; Herr Hofmann und sämtliche Professoren, selbst der Kurator, fordern Genugtuung."

Die Programmschrift Hofmanns blieb letztendlich ungedruckt, da sie selbst nach vorgenommenen Korrekturen dem Kurfürsten noch genügend Angriffe gegen seine eigenen Anstalten und Maßnahmen enthielt. Die deutliche Absage der Regierung an eine Änderung der Wissenschaftssprache hinderte den mit Hofmann befreundeten Theologieprofessor und späteren Jakobiner Anton Joseph Dorsch nicht, 1786 die Schrift „Ob Philosophie in deutscher oder lateinischer Sprache auf deutschen Universitäten vorzutragen sei?" zu veröffentlichen. Die Schrift wies ebenfalls nach, dass das Latein die Wissensvermittlung eher verhinderte.

Die Freiheit der Gelehrten, Kritik offen zu äußern, wurde bereits ein knappes Jahr nach Verabschiedung der Universitätsverfassung eingeschränkt. Am 12. September 1785 verwarnte der Kurfürst alle Universitätsmitglieder. Er verbat sich jegliche öffentliche Beurteilung landesherrlicher Maßnahmen und verlangte, dass Zuwiderhandelnde von der Universität zu entfernen seien. Kurator Bentzel nahm diese Verwarnung persönlich. Formal stand er als Kurator zwar an der Spitze der Universität, doch in den Religionsfragen waren an der Universität die geistlichen Instanzen verantwortlich. Manchmal regierten die Geistlichen aber auch in die Geschäfte Bentzels hinein. So traf das Generalvikariat in Abwesenheit Bentzels im Spätsommer 1785 Entscheidungen, die in die Kompetenz des Kurators fielen. Auf eine Beschwerde Bentzels hin stellte der Kurfürst fest, dass dem Aufsichtsrecht des Kurators über die Professoren die Vollgewalt des Vikariats über geistliche Angelegenheiten an der Universität gegenüberstehe. De facto unterlag der Kurator somit einer geistlichen Aufsicht.

Bentzel sah bald keine Möglichkeit mehr, auf die Umsetzung der Reformen nach seinen Vorstellungen Einfluss zu nehmen. Der allmähliche Verlust seiner Befugnisse war nicht mehr aufzuhalten. Aus dieser Haltung heraus kritisierte er den Kurfürsten heftig in einem anonymen Artikel. Er erschien am 21. Februar 1786 in der von Peter Adolph Winkopp herausgegebenen Zeitung „Der deutsche Zuschauer" mit dem auf den Kurfürsten bezogenen Titel „Unglückliche Selbsttäuschung und Gewalttätigkeit eines geistlichen deutschen Fürsten. Skizze einer wahrhaften Geschichte aus dem barbarischen Zeitalter". Der Kurfürst reagierte und ließ nach dem Autor suchen. Auch der Herausgeber musste für den Artikel büßen: Schergen ergriffen Winkopp auf badischem Territorium und verschleppten ihn nach Mainz. Der Vorfall erinnerte an den Willkürakt des württembergischen Herzogs Karl Eugen, der den unliebsamen Redakteur Schubart auf württembergisches Gebiet locken ließ, um ihn dann ohne Prozess für zehn Jahre in der Festung Hohenasperg einzusperren. Später versöhnte sich Winkopp allerdings mit dem Kurfürsten und verteidigte ihn im November 1792 in einem

Flugblatt gegen Angriffe der Mainzer Jakobiner. Die Affäre um den Artikel Bentzels fand indessen ein merkwürdiges Ende. Der Kurator verließ noch während der Untersuchungen Mainz und begab sich auf sein Landgut. Dort verstarb er überraschend am 7. März 1786. Nach seinem Tod tauchten Gerüchte auf, dass sich Bentzel vergiftet habe, um die drohende Entlassung aufgrund seines Artikels nicht mehr erleben zu müssen. Es wäre der zweite Rauswurf nach der restaurativen Phase von 1774 gewesen, von dieser erneuten Demütigung hätte sich der Reformer wohl nicht mehr erholt.

Der Tod Bentzels schwächte den Einfluss der Aufklärer an der Universität und behinderte die konsequente Umsetzung der Reformen in den folgenden Jahren. Niemand war in der Lage, den umtriebigen Kurator und dessen Kompetenz zu ersetzen.

Fortan wehte auch den Gelehrten an der Universität ein rauer Wind ins Gesicht. Ihre Schriften und Vorlesungen prüften Zensoren genau auf die Vereinbarkeit mit den Grundsätzen der katholischen Kirche und des absolutistischen Systems. Die Konflikte der Aufklärer mit dem Kurfürsten selbst führten dazu, dass dieser in den Jahren nach der Reform das Interesse an seiner Universität verlor. Georg Forster berichtete Anfang 1789, nachdem er seine Stelle als Mainzer Universitätsbibliothekar angenommen hatte: „Dem Kurfürsten ist die Universität, seitdem sie seinen Erwartungen nicht entspricht, sehr verhasst; er hört nicht einmal gern davon sprechen."

Die Konflikte entstanden letztendlich aus der Fehleinschätzung der absolutistischen Obrigkeit über das kritische Potenzial der Aufklärer. Und die Gelehrten sahen sich in ihren Erwartungen getäuscht. Sie hatten nach der Universitätsreform tiefer gehende Veränderungen und Wirkungsmöglichkeiten erwartet als lediglich eine Reform der Beamten- und Priesterausbildung. Mit der beschränkten Kritik- und Meinungsfreiheit in Belangen der Universität hatten sie nicht gerechnet. Der Kurfürst hingegen hatte sich nicht vorstellen können, dass die Aufklärer soviel Eigeninitiative besitzen und gegen die Obrigkeit und geistliche Aufsicht eine derartige Widerstandskraft entwickeln würden. Friedrich Karl wollte als Stifter einer fortschrittlichen Hochschule Ruhm ernten und seine künftigen Beamtem gut ausgebildet wissen, ansonsten aber an den Verhältnissen nichts ändern. Die konträren Positionen waren nur schwer miteinander vereinbar. Vor diesem Hintergrund begann es unter dem Lehrpersonal bedrohlich zu brodeln, als sich die ohnehin schwierige Situation mit dem Ausbruch der Französischen Revolution noch weiter zuspitzte. Und es gab in Mainz für die Gelehrten eine Vielzahl an Organisationsformen, in denen sie zusammenkommen konnten, um ihrer Enttäuschung Luft zu verschaffen.

5. Organisationsformen der Mainzer Aufklärer

Wer sich zu den gehobenen Ständen oder zum Gelehrtenkreis zählen durfte, für den gab es in einer großen Residenzstadt wie Mainz am Ende des 18. Jahrhunderts bereits eine größere Anzahl an Gelegenheiten, um mit Gleichgesinnten in einer der aufgeklärten Gesellschaften zusammenzukommen. Die Mainzer Sozietäten, wie die Freimaurerloge, der Illuminatenorden oder die beiden Lesegesellschaften, ermöglichten es ihnen, sich politisch auf dem Laufenden zu halten. Zudem hatten sie hier die Gelegenheit, sich gegenüber den adligen Mitgliedern zu emanzipieren, da hier die sonst üblichen Standesschranken zugunsten gemeinsamer Interessen wegfielen. Man sprach miteinander – auf gleicher Augenhöhe.

Geheimnis, Exklusivität und Opportunismus:
Die Freimaurer

In Mainz existierte bereits 1765 die Freimaurerloge „Zu den drei Disteln", die ihre Mitglieder vor allem unter Geistlichen fand. Die 44 Freimaurer waren 1767 gezwungen, ihre Loge nach Wiesbaden-Biebrich zu verlagern, und sich mit der dortigen Loge „Zur beständigen Einigkeit" zu vereinen, da der damalige Mainzer Kurfürst Emmerich Joseph die Schließung der Mainzer Loge gefordert hatte. Noch im Jahr 1783 stammten 24 der insgesamt 50 Freimaurer der Biebricher Loge aus Mainz.

In Mainz selbst wurde erst wieder am 2. Mai 1789 eine Freimaurerloge gegründet. Von den etwa 70 Mitgliedern, die sich vor allem aus Bürgerlichen zusammensetzten, lässt sich seitens der Universität nur noch der Jurist Franz Joseph Hartleben identifizieren. Die Loge nannte sich „Friedrich Karl Joseph zum goldenen Rad" und konnte sich – nomen est omen – des kurfürstlichen Wohlwollens erfreuen. Das lässt auf die unpolitische und teilweise auch fürstentreue Haltung ihrer Mitglieder schließen. Hier organisierten sich diejenigen Anhänger der Freimaurerei, die nicht in Opposition zur Staatsführung standen. Auch nach Ausbruch der Französischen Revolution hielten sich die Freimaurer von der Politik fern. Der dänische Gelehrte Münter berichtete am 27. Juli 1791, dass der Kurfürst zwar die Illuminaten hasse, gegen die Freimaurer aber nichts habe. Die Freimaurer wiederum wollten auf keinen Fall mit den politischen Illuminaten verwechselt werden und ließen ihre Versammlungen während dieser unruhigen Zeit ruhen.

Wie aus Münters Aufzeichnungen weiter hervorgeht, war es den Domkapitularen untersagt, Freimaurer zu werden. Sie mussten beim Eintritt in das Kapitel schwören, keine Freimaurer zu sein. Einige der Kapitulare hielten sich jedoch nicht an diese Vorschrift. Diese Vorsichtsmaßnahme der Kirche gegen die Freimaurerei hatte bereits Tradition und stand in keinem Zusammenhang mit politischen Verdächtigungen wie bei den Illuminaten. Was Rom ablehnte, war vielmehr das eidlich geschützte Geheimnis des freimaurerischen Wirkens und der Verdacht auf Atheismus. Das Verbot der Freimaurerei bezog sich ausschließlich auf die Domkapitulare und bestand unter Berufung auf päpstliche Anordnungen schon seit 1767.

Ein weiterer Hinweis für die unpolitische Haltung der Mainzer Freimaurer ist ihre Reaktion im Oktober 1792, als französische Truppen Mainz besetzten: Die 70 Mitglieder starke Loge löste sich daraufhin auf, und die meisten ihrer Mitglieder flohen im Gefolge des Kurfürsten nach Aschaffenburg. Aus dieser Haltung ist unschwer zu erkennen, dass diese Freimaurerloge aus dem Kurfürsten ergebenen Mitgliedern bestand, die keine Zweifel an ihrer politischen Haltung aufkommen ließen.

Reform und Umsturz: Von den Illuminaten zum „Propagandaklub"

Die Illuminaten waren im Gegensatz zu den Freimaurern viel eher ein Hort der Opposition. In Mainz befand sich seit 1781 das nach München und Wien größte Zentrum der Illuminaten. Von den 120 Illuminaten die es 1784 im gesamten Rheinland gab, waren 50 allein in Mainz organisiert. Bislang lassen sich auch für spätere Jahre insgesamt 69 Mainzer Illuminaten identifizieren.

Obwohl es sich bei den Illuminaten um einen Geheimbund handelte, war die Mitgliedschaft bekannter Personen nicht lange geheim. So hatte beispielsweise die des Erfurter Statthalters Dalberg einige Jahre später Konsequenzen für dessen politische Beziehungen zum Wiener Hof, da man dort die Illuminaten für die Auslöser der Französischen Revolution hielt. Dalberg musste seine ehemalige Mitgliedschaft auch gegenüber dem Mainzer Kurfürsten Friedrich Karl verteidigen, der die Illuminaten strikt ablehnte.

Obwohl ein großer Teil der Mainzer Illuminaten Adlige, Geistliche und kurfürstliche Beamte sowie Professoren waren, spricht es für den egalitären Charakter der Loge, dass auch einige Studenten und Rechtspraktikanten aufgenommen wurden, die beispielsweise zur Lesegesellschaft keinen Zutritt erhielten. In der Mitgliederliste sind zwei Lizentiaten der Rechte, vier Studenten und drei Rechtspraktikanten verzeichnet. Davon wurden der Rechtspraktikant Johann Adam Caprano und der Jurastudent Johann Adam Lang in der Mainzer Republik Mitglieder im Jakobinerklub, der „Gesellschaft der Freunde der Freiheit und Gleichheit". Von mindestens 14 Professoren, die Mitglieder in der Loge waren, traten die folgenden neun später in den Jakobinerklub ein: Felix Anton Blau, Anton Joseph Dorsch, Johann Eickemeyer, Johann Georg Forster, Andreas Joseph Hofmann, Johann Stephan Köhler, Mathias Metternich, Johann Georg Nimis und Georg Christian Wedekind.

Viele Illuminaten organisierten sich auch noch in anderen aufgeklärten Sozietäten: Zehn der 50 Illuminaten im Jahr 1784 waren gleichzeitig Freimaurer in der Loge in Wiesbaden-Biebrich. Außerdem tauchen 15 Namen der Illuminatenliste bereits in der Liste der „Gelehrten Lesegesellschaft" von 1782 auf. Diese Präsenz der Illuminaten in anderen aufgeklärten

Sozietäten lässt vermuten, dass in Mainz die von Weishaupt ausgegebene Unterwanderungstaktik betrieben wurde. Die Illuminaten gewannen durch ihre Mitgliedschaft in den anderen Sozietäten an gesellschaftlichem Einfluss. Als die Illuminaten 1785 in Bayern verboten wurden, folgte Mainz dem Beispiel und die hiesige Loge musste sich ebenfalls auflösen, was noch im selben Jahr, spätestens aber bis zum Februar 1786 der Fall war. Die politischen Bestrebungen ihrer Mitglieder wirkten aber über das Jahr 1785 hinaus in der Lesegesellschaft und in kleinen, privaten Zirkeln weiter. Das über mehrere Jahre entstandene Netz von Bekanntschaften unter Gleichgesinnten löste sich nicht. Auch wenn sie sich nicht mehr als Illuminaten bezeichneten, bestand der oppositionelle Kreis fort. Die Regierung beobachtete die Ex-Illuminaten weiterhin. Das belegt ein Verzeichnis im Nachlass Johannes von Müllers aus dem Jahr 1792. Darin wird unterschieden zwischen den Illuminaten, die im Jahr 1785 aus der Loge austraten, und denjenigen, die illegal in einer weiter existierenden Loge verblieben waren. Vielleicht hat es sich bei dieser weiter bestehenden Loge um eine gänzlich neue politische Gruppe gehandelt, die nur von Außenstehenden als Illuminaten bezeichnet wurde.

Die späteren Revolutionsanhänger hatten den Illuminatenorden in guter Erinnerung: „Jener Orden zählte die edelsten Männer Deutschlands unter seinen Gliedern und hat um die Bildung manches jungen Mannes großes Verdienst." Zu dieser Beurteilung kam 1791 der Revolutionsanhänger und frühere Illuminat Professor Dorsch nach seinem Weggang aus Mainz in einer Rede vor dem Straßburger Jakobinerklub. Er hätte die Illuminaten nicht gelobt, wenn nicht ihre geistige und politische Grundhaltung seiner Vorstellung und der seiner Zuhörer entsprochen hätte.

Durch die Revolutionsfurcht in Deutschland hatten die Spekulationen über geheime Klubs und Verschwörungen Konjunktur. Seit 1790 ging man in den deutschen Staaten davon aus, dass unter dem Deckmantel des Illuminatentums, der Freimaurerei oder eines geheimen Klubs Propaganda für die

Französische Revolution betrieben wurde. Das Wort vom „Propagandaklub" machte die Runde. So schrieb zum Beispiel das den französischen Emigranten nahestehende Hamburger „Politische Journal" in seiner Oktoberausgabe von 1790 darüber: Ein Propagandaklub komme „nach Art und Weise der Freimaurer zusammen (...) Die Absicht ist bekannt; sie ist, die Revolution nach und nach durch ganz Europa zu verbreiten." Solche Verschwörungstheorien veranlassten die Mainzer Regierung im Jahr 1791 dazu, Untersuchungen über die Illuminaten anzustellen. Sie vermutete Zusammenhänge zwischen dem früheren Mainzer Illuminatenorden und der französischen Revolutionspropaganda, da sich unter den ehemaligen Illuminaten bekannte Anhänger der Französischen Revolution befanden.

Selbst der aufgeklärte Staatsminister Johannes von Müller nahm an der seit Sommer 1791 angeordneten Bespitzelung ehemaliger Illuminaten teil. Am 29. Juli 1791 forschte er in einem Brief an Hofkanzler Albini nach, ob der auffällig gewordene Professor Georg Adam Merget ein Illuminat sei. Jeder, der nicht als erwiesen orthodox oder konform galt, schien verdächtig. Das Denunziantentum blühte. Und die Verwirrung war groß: Müller selbst wurde durch nicht näher bezeichnete „Kabalen" nach eigenen Angaben im Frühjahr 1792 verdächtigt „ein Demokrat und im Verständnis mit Feinden der Fürstenmacht" zu sein. Der Kurfürst schenkte dem Gerücht allerdings keinen Glauben.

Die reaktionären Kräfte witterten einen organisierten geheimen „Propagandaklub" innerhalb der Mainzer Mauern und besonders unter den Mainzer Gelehrten. Die Jagd auf Revolutionsanhänger zog weite Kreise. Am 10. März 1792 erhielt der preußische Staatsminister Johann Christoph von Wöllner in Berlin eine Nachricht, in der unter anderem der Universitätsbibliothekar Georg Forster, der Legationssekretär der sächsischen Gesandtschaft, Ferdinand Huber, und der Schriftsteller Wilhelm Heinse als die „vorzüglichsten Demokraten und Revolutionsräte" in Mainz denunziert wurden. Heinse legte man zur Last, ein Vermittler von Botschaften zwischen dem

Straßburger Klub und den Jakobinerklubs in Braunschweig, Berlin und Wien zu sein. Wöllner hatte diese Informationen von Johann Georg Zimmermann aus Hannover erhalten, der sich wiederum auf einen ungenannten Mainzer Mittelsmann berief. Wahrscheinlich erhielt Zimmermann die Informationen von seinem Freund August Kotzebue, der zu dieser Zeit in Mainz lebte. Der revolutionsfeindliche Kotzebue kannte die Mainzer Gelehrten und besaß auch Kontakte zu einem Straßburger Verleger, der ihm möglicherweise Hinweise auf Verbindungen zwischen Straßburg und Mainz geben konnte.

Aber was war tatsächlich an diesen Vermutungen, Spekulationen und Verdächtigungen?

Während die Regierung seit Sommer 1791 Nachforschungen auch unter den Professoren anstellte, befasste sich mit den geistlichen Logenmitgliedern eine eigens eingerichtete „Spezialuntersuchungskommission". Fleißige Subalterne legten lange Listen an. Aus dem Jahr 1792 existiert ein Verzeichnis, das sich heute im Nachlass Johannes von Müllers in Schaffhausen befindet. Dieses undatierte „Heid[e]loffische Verzeichnis der Mainzer Illuminaten" entstand wenige Monate vor dem Einzug der Franzosen in Mainz (21. Oktober 1792). Darin sind die Namen von 110 vor allem in Mainz beheimateter Illuminaten aufgeführt. Unterschieden wurde zwischen 89 noch aktuellen Mitgliedern und den 21 Mitgliedern, die 1785 austraten. Auf welche Weise die Liste entstanden ist und wie sie in den Besitz von Müller kam, ist unklar. In jedem Fall kannte die Regierung die darin aufgeführten Namen mutmaßlicher Illuminaten oder zumindest politisch auffälliger Personen. In dem Verzeichnis sind mehrere Lehrkräfte der Universität Mainz genannt, die zum Kreis der Aufklärer und Revolutionssympathisanten zählten und größtenteils später Jakobiner wurden. Außer Georg Forster waren nach der Liste zwölf aktuelle oder zumindest ehemalige Lehrkräfte als Illuminaten aufgeführt, weitere vier waren nach einem Vermerk im Verzeichnis bereits 1785 aus dem Orden ausgetreten.

Mit den Begriffen „Illuminaten" oder „Propagandaklub" versuchte die Regierung 1791/92 die oppositionellen Gruppierungen in Mainz fassbar zu machen. Die Illuminaten hatten sich offiziell aufgelöst, also musste der neue Begriff Propagandaklub für die Opposition her. Während der Mainzer Republik wurden die Regimekritiker dann als „Jakobiner" oder „Klubisten" bezeichnet.

Anton Hoffmann, Assessor der juristischen Fakultät, verfasste 1794 eine gegenrevolutionäre Schrift über die Mainzer Republik. In deren Vorwort ging er auf die oppositionellen Strömungen in Mainz ein, die schon vor der Revolution eingesetzt hätten. Demnach hatten sich die Mainzer Illuminaten nur deshalb so schnell im Februar 1786 aufgelöst, um sich bereits im Mai wieder als „Gesellschaft der Propaganda" zusammenzufinden. Man könnte getrost Hofmanns Aussagen den Verschwörungstheorien der damaligen Zeit zuschreiben, wenn dieser nicht durch seine Nähe zur Universität einen zu guten Einblick in die Aktivitäten der Professoren gehabt hätte. Daher zeichnet sich seine – wenn auch parteiliche – Schilderung der Zustände während der Mainzer Republik durch Detailkenntnis aus. Nach Hoffmann spielten die führenden Illuminaten auch in diesem Klub eine wichtige Rolle. Der Name „Propaganda" rechtfertige sich vor allem dadurch, dass die Professoren unter den Mitgliedern an der Universität ihren Einfluss auf die Studenten zu politischen Zwecken nutzten: „Auch ganz junge Leute von einem guten und leicht empfänglichen Herzen, die den Vorträgen ihrer Lehrer unumschränkt glaubten, wurden als Mitglieder der Propaganda angeworben", so Hoffmann weiter. Besonders die Professoren Blau, Wedekind, Hofmann und Metternich

„gaben sich alle nur immer erdenkliche Mühe, ihr Ansehen bei den Studierenden dazu zu benutzen, junge Leute als Mitglieder der Propaganda anzuwerben. Wedekind ging in seiner Anwerbung so weit, dass er nicht allein Arzneiwissenschaftsbeflissene, sondern auch andere studierende junge Leute diese Gesellschaft in gegenwärtiger Zeit, wo aufgeklärte Männer unmöglich mehr an einen Gott glauben können, als eine Art von Erbauung des Herzens zu schildern suchte."

Ein weiterer Mainzer Zeitzeuge und Gegner der Revolution, der Schauspieler Josef Anton Christ, berichtete in seinen späteren „Erinnerungen" über die geheimen Aktivitäten der Mainzer Opposition in den Jahren vor der Ankunft der Franzosen. Nach eigenen Angaben hatte Christ während seines Mainzer Aufenthalts in den Jahren 1790 bis 1792 mit einigen von ihnen persönlichen Umgang. Christ zählt als Anführer des geheimen „Jakobinerklubs" die Professoren Dorsch, Blau, Eickemeyer, Metternich und Wedekind auf. Ausschließlich diese Professoren waren dem Schauspieler als Vertreter der Mainzer Opposition im Gedächtnis geblieben.

Der Einfluss der Professoren auf die Studierenden war in der Tat nicht gering. Auch die politische Haltung der genannten Professoren war allgemein bekannt, denn sie betrieben tatsächlich „Propaganda" in den Hörsälen, der Lesegesellschaft oder im privaten Zirkel. Fraglich bleibt nur, ob den vielfältigen oppositionellen Aktivitäten von Grüppchen und Einzelpersonen tatsächlich die gemeinsame Zielsetzung eines „Propagandaklubs" zugrunde lag oder ob es nur die Fremdwahrnehmung des Außenstehenden war, der diese Aktivitäten – vor allem mit dem Wissen um die Mainzer Republik – im Nachhinein als einzige große Verschwörung sehen musste. Da die Professoren im Sommer und Herbst 1791 an der Universität, in der Lesegesellschaft und in Freundeskreisen politisch auffielen, gleichzeitig Flug- und Schmähschriften in Mainz auftauchten und aus Mainz propagandistische Berichte an Straßburger Zeitungen gelangten, sind solche Spekulationen nicht verwunderlich. Unabhängig davon, ob es sich um einen organisierten Kreis oder mehrere Grüppchen und Einzelpersonen handelte, erschienen die Oppositionellen nach außen als Einheit. Auch die Kurmainzer Regierung hielt die Mainzer Republik später für ein Ergebnis der Illuminaten.

Durch die überlieferten Quellen wissen wir heute Genaueres über die Treffen des Klubs. Der Versammlungsort des Propagandaklubs war der „Fürstenberger Hof", hier hatte Metternich auch seine Privatwohnung. Obwohl bereits in der Lesegesellschaft für die Kritiker des Kurfürsten die Möglichkeit zur politischen Diskussion bestand, lässt sich unschwer vorstellen, dass in dem fast privaten Kreis weitaus offener über Politik gesprochen werden konnte, zumal er von außen als gesellige Versammlung erscheinen musste und trotz regelmäßiger Treffen weniger fassbar war als die übrigen bürgerlichen Organisationen. Da die Teilnehmer an den Treffen verschiedene Stellungen am Hof, beim Militär und an der Universität einnahmen und gegenseitig Informationen austauschten, bekamen sie einen guten Einblick in die Politik der Regierung. Möglicherweise stammten aus diesem Kreis auch die detaillierten Informationen für die Straßburger Zeitung „Geschichte der gegenwärtigen Zeit". Die Professoren Hofmann und Metternich hatten hier die Gelegenheit, durch Gespräche mit den anderen Teilnehmern Informationen über die Regierung zu sammeln. Das würde erklären, weshalb sich beide während der Mainzer Republik als sehr gute Kenner der lokalen Verhältnisse erwiesen. Besonders Metternich sprach in seinen ersten Reden im Mainzer Jakobinerklub eine Fülle von Verfehlungen der Regierung an.

Über den Propagandaklub existieren mehrere Quellen aus der Zeit während und nach der Mainzer Republik. Am 24. November 1792 wurde er in einem antirevolutionären Flugblatt von Peter Adolph Winkopp erwähnt: „Wem sind nicht die geheimen Zusammenkünfte der Eickemeyer, Wedekind, Hofmann, Hartmann, Umpfenbach, Stumme, Blau, Metternich, Hoof, Gutmann und dergleichen Herren bekannt?"

Das Flugblatt denunzierte die genannten Personen und wäre deshalb als einzige Quelle problematisch. An anderer Stelle werden aber dieselben Namen genannt. Es handelt sich dabei zum einen um die Aussagen des Mainzer Bürgers Joseph Philipp Imperial gegenüber dem Hofrat Graf Fugger, der nach dem Einzug der Franzosen in Mainz Berichte über das Verhalten der Mainzer, besonders der Beamten, sammelte. Imperial gab dabei am 28. Dezember 1792 unter anderem an, „dass schon vor ein und einem halben Jahr ein Klub in Mainz existiert habe", wobei die Mitglieder wie Professor Hofmann und Hofgerichtsrat Hartmann Schriften von einem zum andern getragen hätten. Der Denunziant Imperial nennt hier zum Großteil die gleichen Mitglieder wie auch Winkopp. In einer weiteren Quelle kommt Professor Metternich selbst zu Wort. Dabei handelt es sich um das Protokoll eines Verhörs, das am 5. Oktober 1793, nach der Rückeroberung von Mainz durch preußische Truppen, auf der Festung Ehrenbreitstein mit ihm durchgeführt wurde. Metternich, der zu der von Winkopp thematisierten geheimen Zusammenkunft befragt wurde, nannte eine geringere Teilnehmerzahl als Winkopp: So werden zum Beispiel Stumme und Blau von ihm nicht aufgeführt. Es ist anzunehmen, dass Metternich sich selbst und so wenig andere Jakobiner wie möglich mit seiner Aussage belasten wollte und dadurch bemüht war, die Treffen zu verharmlosen. Die beiden Fragen an den Verhörten lauteten:

1. „Ob nicht vor dem Einmarsch der Franzosen in Mainz ein Klub oder geheime Gesellschaft, und wo, gehalten worden sei?"

2. „Ob nicht auch in dem Fürstenberger Hof und zu Kostheim ein Klub oder geheime Gesellschaft gehalten worden sei, wer sich in solche eingefunden und was ihre Zusammenkunft zum Endzweck gehabt habe?"

Metternich antwortete darauf, dass er sich in den letzten vier Wintern, also seit dem Jahreswechsel 1789/90, mit einigen Personen wöchentlich ein- oder zweimal zu einer harmlosen Zusammenkunft getroffen habe. Das waren die Treffen des „Propagandaklubs". Teile dieser Gesellschaft kamen außerdem sonntags bei Metternichs Vetter, dem Amtskellner Adam Umpfenbach, zusammen. Rechnet man bei den Professoren Metternich und Hofmann nur einen Wochentag für einen Besuch in der Lesegesellschaft hinzu, so hatten diese bereits viermal in der Woche Gelegenheit zum politischen Gedankenaustausch: Einmal in der Lesegesellschaft, zweimal im Klub und sonntags bei Metternichs Vetter, wobei unberücksichtigt bleibt, dass die beiden Professoren ohnehin an der Universität die Möglichkeit hatten, miteinander zu reden.

Für die Bedeutung dieses Klubs als früher oppositioneller Gruppierung spricht auch die Tatsache, dass drei seiner Mitglieder, die Professoren Metternich, Wedekind und der Hofgerichtsrat und Assessor der juristischen Fakultät Kaspar Hartmann zu den Mitbegründern des Jakobinerklubs gehörten und auch bei der Errichtung eines Freiheitsbaumes in Mainz am 3. November 1792 an der Spitze des Zuges von Freiheitsfreunden standen. Nach Angaben in einem Spitzelbericht führten Wedekind, Hartmann und Metternich den Zug an, es folgten unter anderem der Student Staudinger und die Professoren Hofmann und Blau. Auch war der am 27. Oktober innerhalb des Klubs gebildete sechsköpfige Ausschuss für die Geschäftsführung und Korrespondenz bis auf eine Ausnahme mit Teilnehmern des Klubs identisch. Die Ausschussmitglieder waren die Professoren Metternich, Hofmann, Westhofen, Wedekind sowie Patocki und Hartmann.

Eine weitere Quelle belegt das Vorhaben des Klubs, eine neue Sammelstelle ihrer Anhänger einzurichten, um bei einem Sieg der gegenrevolutionären Kräfte auf feste Strukturen zurückgreifen zu können. Am 9. Juni 1792 schrieb der gelehrte Pfarrer Joseph Philipp Brunner aus Tiefenbach bei Bruchsal einen Brief an den Mainzer Theologieprofessor Georg Nimis. Der ehemalige Illuminat und Revolutionssympathisant Brunner war mit vielen Anhängern der Französischen Revolution befreundet und besaß ein großes Kontaktnetz zu Gleichgesinnten in Deutschland. In dem Brief ist der Plan einer geheimen, nach den Prinzipien der Illuminaten zu errichtenden Gesellschaft skizziert, die unter dem Deckmantel einer Akademie politisch Einfluss auf die Mainzer Verhältnisse nehmen sollte. Nach Brunners Vorstellungen sollte in Mainz der Versuch gewagt werden, unter Führung der mit ihm befreundeten Theologieprofessoren Nimis und Blau eine Akademie zu gründen, in der sich die fortschrittlichen Kräfte sammelten. Die Akademie sollte der von Brunner befürchteten Restauration entgegenwirken, die er im Fall eines Scheiterns der Französischen Revolution kommen sah.

In seinem Brief sprach er den desolaten Zustand an, in dem sich die kritische aufgeklärte Intelligenz in Mainz und in anderen deutschen Staaten befand:

„Wir haben einen gefährlichen Kampf für die gute Sache zu kämpfen. Ein Teil unserer Kraftsmänner ist ausgewandert; ein anderer wird aus dem Wirkungskreise gedrungen (...) Das Jesuiten- und Mönchenvolk erficht ja einen Sieg nach dem andern. Und wenn nun erst die franz[ösische] Konstit[ution] in Trümmern gehen, und Deutschland von Kriegsheeren überschwemmt werden sollte? Vielleicht tat es noch nie so Not, den Verwüstungen der Obskuranten einen starken Damm entgegen zu stellen."

Die neue Vereinigung sollte wie ein Illuminatenorden organisiert werden: „Der Illuminatism[us] (...) werde den Machinationen des Despotism[us] der Jesuiten und Konsorten den kräftigsten Widerstand leisten". Brunner wusste natürlich als ehemaliger Illuminat um die Gefahren, die bei der Gründung einer geheimen Gesellschaft drohten. Daher sollte Nimis offiziell eine Akademie für katholische Gelehrte gründen. Brunner schlug vor, einen ehemaligen Jesuiten mit der Bildung der Akademie zu beauftragen, diesem aber nichts von deren eigentlichem Zweck anzuvertrauen. Die Akademisten sollten sich durch Abzeichen der Öffentlichkeit zu erkennen geben, um nicht den Verdacht aufkommen zu lassen, dass die Akademie eine Tarnorganisation für Revolutionsanhänger war. Brunner forderte am Ende des Briefes Nimis zum schnellen Handeln auf: „Überlegen Sie nun mit Freund B[lau] alles reichlich, teilen Sie mir Ihre Bedenklichkeiten oder Ihre bessern Ideen mit und fangen Sie bald an, Hand an das große, aber wie mir scheint, doch auszuführende Werk zu legen." Der Plan musste nicht mehr in die Realität umgesetzt werden, denn wenige Monate später besetzten die Franzosen Mainz. Nimis und Blau konnten sich nun ganz „offiziell" im Jakobinerklub politisch engagieren. Die Mainzer Oppositionellen waren nicht mehr länger gezwungen, sich heimlich zu treffen.

Das Schreiben hatte für Brunner Konsequenzen, da es dem Mainzer Kurfürsten in die Hände fiel, der darauf den Fürstbischof von Speyer aufforderte, Brunner wegen des an Nimis übersandten Planes „zu einer geheimen Verschwörung genau zu vernehmen". Im Frühjahr 1793 wurde Brunner auf Anordnung des Speyerer Fürstbischofs in Gewahrsam genommen, verhört und seine Papiere beschlagnahmt. Der Brief indessen ist ein Beispiel dafür, dass es vor dem Einzug der Franzosen in Mainz noch geheime Bestrebungen der Illuminaten gab, dass die Mainzer Gelehrten – zumindest nach Einschätzung Brunners – nicht gewillt waren, die kurfürstliche Restaurationspolitik tatenlos hinzunehmen.

Räsonieren und Politisieren: Die Lesegesellschaften

In Mainz hatte bereits im Jahr 1766 der Jurist und Hofgerichtsrat Johann Joseph Friedrich von Steigentesch zur Gründung einer Leseeinrichtung angeregt. In der von ihm herausgegebenen Wochenschrift „Der Bürger" veröffentlichte er anonym Vorschläge, wie eine solche Gesellschaft organisiert werden könnte. Steigentesch hatte sich in der Zeitschrift bereits für die Schulreform eingesetzt, die das Monopol der lateinischen Sprache an Gymnasien in Frage stellte und die Volksbildung als wichtigstes Fundament aufgeklärter Reformen propagierte. Der Durchbruch zur Gründung der „Gelehrten Lesegesellschaft" gelang aber erst Ende 1781 unter Führung des Mainzer Musiklehrers August Anton Joseph Heideloff, der vom Kurfürsten nach mehreren erfolglosen Versuchen eine Konzession erhielt. Am 1. Januar 1782 eröffnete die Mainzer „Gelehrte Lesegesellschaft". Mit dem Beinamen „gelehrt" versuchte die Gesellschaft sich von gewöhnlichen Lesezirkeln abzugrenzen: Die Mitglieder unterhielten sich über das Gelesene, teilten einander Kenntnisse mit und klärten Begriffe, wodurch die Gesellschaft Ähnlichkeit mit einer Akademie hatte. Allerdings ließ der Kurfürst seiner Zustimmung die Verwarnung anfügen, dass die Zusammenkünfte am Ende nicht in eine zweckwidrige

Spielgesellschaft oder Freimaurerei ausarten oder gar als Kaffeehaus missbraucht werden dürften. Untersagt war auch die Lektüre oder das Gespräch über religions- und staatsfeindliche Schriften.

Mitglied konnte de facto jeder berufstätige Mann werden, der den Jahresbeitrag von zwölf Gulden im Voraus bezahlte und den die Gesellschaft akzeptierte. Anfangs war für die Neuaufnahme eines Mitglieds die Zustimmung einer Zweidrittelmehrheit erforderlich, nach kurzer Zeit genügte die einfache Mehrheit. Diese Regelung hatte zur Folge, dass keiner der als aufklärungsfeindlich bekannten Exjesuiten in die Lesegesellschaft gelangen konnte.

Den Studenten blieb die Gesellschaft verschlossen, weil sie weder einen Berufsabschluss noch eine Beschäftigung vorzuweisen hatten. Diesen Zustand kritisierte 1784 ein anonymer Zeitgenosse:

„Nicht zu billigen ist eines der Gesetze der Gesellschaft, vermöge dessen ein Aufzunehmender wenigstens Lizentiat sein, oder einen angesehenen Charakter oder ein Amt haben muß; denn dadurch ist auch allen in Mainz Studierenden der Zugang versperrt; und dies sollte doch billig nicht sein!"

Die überlieferte Mitgliederliste gibt einen Einblick in die soziale Struktur der Lesegesellschaft im Jahr 1782. Sie liest sich wie ein „Who is Who" der damaligen aufgeklärten Mainzer Gesellschaft. Von den 161 Mitgliedern waren 74 adlig. Bis auf 20 Mitglieder standen alle im weltlichen oder geistlichen Dienst des Kurfürsten. Dazu zählten auch die Hochschullehrer, die zum großen Teil eingetreten waren. Rund ein Zehntel der Mitglieder verdiente sein Geld an der Hochschule. Die Gruppe der Nichtbeamteten setzte sich aus Advokaten, Ärzten, ausländischen Diplomaten und lediglich zwei Kaufleuten zusammen. Etwa 175 Mitglieder waren im Durchschnitt in den Jahren bis 1787 hier versammelt, im Jahr 1788 hatte die Gesellschaft über 300 Mitglieder.

Die Mitgliederstruktur verdeutlicht, dass die Gesellschaft trotz der Offenheit für Bürgerliche ein exklusiver Kreis war, der sich aus den kulturellen, politischen und geistlichen Führungskräften zusammensetzte. Bemerkenswert ist dabei aber die niedrige Zahl an Mitgliedern aus dem Bürgertum, denn in anderen Städten waren wesentlich mehr Bürgerliche in den Lesegesellschaften organisiert.

Die innere Organisation der Lesegesellschaft war trotz ihrer heterogenen Mitgliederstruktur streng demokratisch und somit sehr fortschrittlich. Die in den Statuten festgesetzten Organe wie der Ausschuss und der Direktor wurden mehrheitlich gewählt und mussten ihre Entscheidungen jederzeit rechtfertigen. Beide Organe regelten gemeinsam die Geschäfte der Gesellschaft.

Der Umfang der in der Lesegesellschaft ausgelegten Zeitschriften und Zeitungen war beachtlich. Im Jahr 1790 lagen in den Räumen der Lesegesellschaft insgesamt 88 Zeitschriften und Zeitungen aus. Es gab 24 historisch-politische Zeitschriften, davon allein sechs französischsprachige, sowie eine italienische und eine englische Zeitung. Des Weiteren existierten 23 allgemeinwissenschaftliche und 41 spezialwissenschaftliche Zeitschriften. Die Gesellschaft besaß außerdem noch eine Anzahl von Nachschlagewerken sowie eine kleine Bibliothek, die aus erwirtschafteten Überschüssen nach und nach angeschafft wurde.

Der Lesegesellschaft standen zwei Säle zur Verfügung, je einer war für die Lektüre und für die Diskussion bestimmt. Geöffnet war von 9 bis 22 Uhr, die Mitglieder hatten somit fast durchgehend Gelegenheit, die Gesellschaft zu besuchen. Trotz der vielen Beamten, Adligen und Geistlichen war die kurfürstliche Zensur in der Lesegesellschaft kaum zu spüren. Im Mai 1783 verlangte beispielsweise ein Mitglied, der geistliche Rat und Zensor Schloer, dass eine Schrift, die den Kurfürsten kritisierte, entfernt werden solle. Er erhielt darauf die selbstbewusste Antwort des Gesellschaftssekretärs Schunk, der die Herausgabe der Schrift verweigerte: „Wenn man eine jede

Schrift, die einen falschen Satz wider Staat, Religion oder Sitten enthält, aus der Gesellschaft entfernen wollte, so würde man fast kein Buch mehr darin lassen können". Die politische Gesinnung der Mitglieder war zwar nicht einheitlich, dennoch gelang es den aufgeklärten Mitgliedern, die Lese- und Diskussionsfreiheit zu behaupten.

Die Gesellschaft hatte von Beginn an Mitglieder, die sich mit Politik befassten. Obwohl für die Jahre nach ihrer Gründung keine Mitgliederliste vorliegt, sind die Namen der meisten Mitglieder bekannt. Es verwundert wenig, dass viele Illuminaten und spätere Jakobiner der Lesegesellschaft angehörten. Doch erst die Revolution von 1789 polarisierte die Mitglieder politisch und führte 1791 zu einer grundsätzlichen Auseinandersetzung, in deren Verlauf sich die „Gelehrte Lesegesellschaft" spaltete.

Die Vorgeschichte des Konflikts hatte ihren Anfang wie so oft in Straßburg, dem Umschlagplatz politischer Schriften auf dem Weg nach Deutschland. Von dort aus sandte ein Anonymus Ende Mai 1791 revolutionäre Flugschriften an die Lesegesellschaft. Der Direktor Franz Joseph von Hartleben überreichte ohne vorherige Absprache mit den Mitgliedern die Schriften dem kurfürstlichen Kabinett und bat im Namen der Gesellschaft in der Mainzer Zeitung vom 3. Juni 1791, man möge die Gesellschaft in Zukunft mit solchen Schriften verschonen.

Die eigenmächtige Entscheidung hatte in der demokratisch organisierten Einrichtung Konsequenzen. Ein Teil der Lesegesellschaft zog Hartleben zur Verantwortung. In einer Versammlung rechtfertigte er seine Handlung mit seinem patriotischen Eifer. Zusammen mit Getreuen warf er außerdem den Professoren Hofmann und Metternich vor, sie hätten die Sendung aus Frankreich veranlasst. Hartleben beantragte den Ausschluss der beiden Professoren, wofür er aber, da er selbst gegen die demokratischen Grundsätze der Gesellschaft verstoßen hatte, keine Mehrheit fand. Daraufhin trat Hartleben mit einer Anzahl von Gesinnungsgenossen aus und gründete eine eigene Gesellschaft.

Die Trennung in zwei politisch unterschiedliche Lager fand weite Beachtung. Der württembergische Resident in Frankfurt, Johann Friedrich Plitt, berichtete über den Vorfall am 16. Juli 1791 in einem Brief: „Der dortige öffentliche Lesezirkel wird sich bald trennen und in zwei Gesellschaften teilen, deren eine man jetzt schon die demokratische und die andere aristokratische nennt." Am 26. November 1791 bestätigt der Resident die endgültige Trennung der Lesegesellschaft in zwei politisch verschiedene Sozietäten: „In Mainz haben sich nun wirklich zwei Klubs formiert. Eine Lesegesellschaft steht unter der Direktion des General [Franz von] Hatzfeldt, die andere heißt der Demokratenzirkel".

Offenbar war die politische Haltung der alten und neuen Gesellschaft für die Öffentlichkeit kein Geheimnis. Auch der Mainzer Alois W. Schreiber rechnete die Spaltung der Lesegesellschaft den politisch abweichenden Ansichten ihrer Mitglieder zu:

> „Diese Gesellschaft kam in der neueren Zeit in den Ruf gefährlicher Grundsätze und eines gewissen Sektengeistes. Dies veranlaßte eine andere Partei zur Errichtung einer ähnlichen Gesellschaft (...) Wer in der ersteren Gesellschaft seine Rechnung nicht fand, oder den Verdacht schlimmer Grundsätze von sich ablehnen wollte, trat in diese neue (...) Es galt für einen Hauptgrundsatz dieser neuen Gesellschaft, nichts zu lesen, was der Religion, dem Staate und den guten Sitten entgegen sein könnte."

Schreiber wusste, wovon er schrieb, denn als Herausgeber einer Theaterzeitschrift und Hauslehrer des Grafen Westphalen hatte er Einblick in die politischen und kulturellen Mainzer Verhältnisse, was sich auch in seiner anonymen Reisebeschreibung bemerkbar macht, in der über 60 Seiten von Mainz handeln. Anders als Schreiber nannte der spätere Jakobiner Johann Eickemeyer allerdings nicht das eigenmächtige Handeln Hartlebens als den Anlass für die Trennung, sondern die Beschwerde französischer Emigranten, die beim Kurfürsten bewirkt haben soll, dass die revolutionären Flugblätter durch Hartleben unterdrückt wurden.

So bestanden seit spätestens Juli 1791 zwei politisch getrennte Lesegesellschaften, von denen die neue Lesegesellschaft gegen die Revolution war, die alte um die Professoren Dorsch, Hofmann und Metternich hingegen demokratische Prinzipien vertrat und der Französischen Revolution positiv gegenüberstand. Es ist nicht verwunderlich, dass der Volksmund letztgenannten Lesegesellschaft den Beinamen „Demokratenzirkel" gab, denn von da an stand sie im Ruf, „demokratische Gesinnung und Anarchie" zu predigen und die täglichen Nachrichten aus Frankreich „mit lautem Beifall durch Händeklatschen oder Bravorufen" zu begrüßen.

Zur Zeit der Mainzer Republik beschuldigten anti- und prorevolutionäre Autoren die jeweiligen politischen Gegner, dass sie anstelle gelehrter Sitzungen Sympathiekundgebungen für die Französische Revolution abgehalten beziehungsweise für den Kurfürsten spioniert hätten. Die politische Haltung der Professoren Metternich und Hofmann in der Lesegesellschaft wurde zum Beispiel 1792 zum Thema eines gegenrevolutionären Flugblatts von Peter Adolph Winkopp gemacht:

„Wem ist nicht bekannt, dass die Professoren Hofmann und Metternich demokratische Gesinnungen und Anarchie öffentlich auf der Lesegesellschaft predigten, und dadurch eine Trennung derselben veranlaßten, ohne dass die Regierung [es] nötig erachtet hätte, diese mit Wut predigenden Freiheitsritter zu bestrafen?"

Das Flugblatt gehört bereits zur politischen Polemik gegen die Mainzer Republik und stellt die politischen Gewichtungen in der Lesegesellschaft einseitig dar. Nicht anders verhält es sich mit Äußerungen der Mainzer Jakobiner. Aus deren Sicht waren in der Gesellschaft vor allem erklärte Gegner der Französischen Revolution zu finden, die auch ihre Meinung öffentlich kundtaten. Professor Mathias Metternich geißelte 1793 rückblickend die Zustände: Täglich seien „auf der Lesegesellschaft die Fürsten- und Pfaffenknechte auf die Franzosen" losgezogen und deshalb wäre eine Verteidigung der französischen Sache angesichts der kurfürstlichen Zuträger „eine unverzeihliche Dummheit" gewesen. Metternich charakterisiert damit die Lesegesellschaft vor ihrer Spaltung im Jahr 1791. In dem Rückblick aus der Mainzer Republik mussten ihm die Möglichkeiten für die Revolutionsanhänger innerhalb der Lesegesellschaft gering erscheinen. Für ihre demokratischen Mitglieder war die Bedeutung der Lesegesellschaft in einem absolutistischen Staat jedoch nicht unbeträchtlich. Es gab im Jahr 1791 keine andere öffentliche Gesellschaft in Mainz, in der die Gelehrten solche Freiheiten besaßen. Die Lesegesellschaft war bereits nach der 1785 erfolgten Auflösung des Illuminatenordens mit Ausnahme privater Zirkel der einzige Ort für die Mainzer Gelehrten, an dem sie sich öffentlich über das politische Geschehen informieren konnten. Da während der Revolutionsjahre neben den deutschen auch die französischen Zeitungen in den Räumen auslagen, konnte sich jeder nach seiner Neigung über die politischen Geschehnisse auf dem Laufenden halten.

In der Forschung ist man sich uneinig über politische Gewichtungen in der Lesegesellschaft. Zum Teil wurde ihre politische Bedeutung an dem großen Anteil späterer Jakobiner gemessen und demnach der Jakobinerklub als Fortsetzung des politischen Teils der Lesegesellschaft beurteilt. So schreibt beispielsweise der Historiker Walter Grab: „Unter französischer Schirmherrschaft wandelten die Mainzer Revolutionsfreunde die dortige Lesegesellschaft in einen Jakobinerklub (...) um." Grab überschätzt dabei den Sachverhalt, dass einige Mitglieder der Lesegesellschaft später Jakobiner waren. Der Jakobinerklub, die „Gesellschaft der Freunde der Freiheit und Gleichheit", war nicht einfach eine Fortsetzung der Lesegesellschaft, dagegen spricht schon die Mitgliedschaft der Studenten im Jakobinerklub, die in der Lesegesellschaft nicht vertreten waren. Es ist aber ebenso problematisch, wenn zum Beispiel

Heinrich Scheel versucht, den Anteil der Revolutionsanhänger in der Lesegesellschaft zu übergehen. Denn bereits die Tatsache, dass eine „demokratisch" gesinnte Gruppe 1791 zahlenmäßig stark genug war, um sich von den übrigen Mitgliedern zu trennen, weist auf eine größere Zahl prorevolutionärer Mitglieder hin. Grabs These stimmt insofern, als nach der Spaltung von 1791 die beiden neu entstandenen Lesegesellschaften politisch homogener waren als die Gesellschaft zuvor; das belegen schon die vom Volksmund vergebenen Namen „Demokraten- und Aristokratenzirkel".

Erstaunlich ist die Passivität der kurfürstlichen Regierung bei diesen Vorgängen. Andernorts fielen die Maßnahmen beim Anschein politischer Umtriebe wesentlich drastischer aus. So untersagte zum Beispiel der Kölner Kurfürst im Oktober 1791 den Mitgliedern der Bonner Gesellschaft die Korrespondenz mit Eulogius Schneider in Straßburg, und im Februar 1792 musste sich die Gesellschaft gar zensorische Vorkehrungen gegen die Verbreitung aufrührerischer Schriften gefallen lassen.

Die Zurückhaltung des Mainzer Kurfürsten in dieser Angelegenheit wurde von den Zeitgenossen als Beispiel für dessen Toleranz gedeutet. Die einzige bekannte Ermahnung der („demokratischen") Lesegesellschaft erfolgte erst eine Woche vor der Einnahme der Stadt durch die Franzosen am 13. Oktober 1792 in Abwesenheit des Kurfürsten durch die beiden Statthalter Georg Karl von Fechenbach und Franz Joseph von Albini. Darin wurde den Mitgliedern nicht das Lesen französischer Zeitung verboten, sondern „applaudierende Anmerkungen und Diskurse". Die Statthalter drohten, dass sie gegebenenfalls die „Übelgesinnten" als abschreckendes Beispiel bestrafen würden.

Die Ermahnung erfolgte wohl schon im Wissen um die bevorstehende Belagerung sowie dem Anteil von Revolutionsanhängern in der Lesegesellschaft. Paradoxerweise erlaubten die Statthalter den Mitgliedern die Lektüre, aber nicht die Besprechung politischer Nachrichten. Sie ahnten wohl, dass man das Lesen französischer Zeitungen nicht mehr verbieten konnte. So drückt diese widersprüchliche Ermahnung auch ihre Hilflosigkeit aus.

Anderswo reagierte die Obrigkeit schneller auf solche Signale. Die Politisierung der Mainzer Lesegesellschaft hatte indirekt Konsequenzen für die Aufklärer in Würzburg. Der dortige Fürstbischof und Bruder des Mainzer Kurfürsten, Franz Ludwig von Erthal, wollte um jeden Preis eine ähnliche Entwicklung in seinem Fürstbistum verhindern. Bereits 1785 führte er als Argument gegen eine selbstständige Lesegesellschaft an, dass man in Mainz allerhand verfängliche Bücher in die Lesegesellschaft gebracht habe. Nach der Ablehnung versuchten die Aufklärer 1790 erneut eine Gesellschaft zu gründen. Doch auch dieses Mal hatte der Fürstbischof Furcht vor einer Politisierung der Lesegesellschaft, und er führte seine Bedenken gegenüber unkontrollierter Bücher- und Zeitschrifteneinfuhr an. Gegenüber seiner geistlichen Regierung gestand der Würzburger Fürstbischof 1791, dass er schon zweimal die Errichtung einer öffentlichen Lesegesellschaft in Würzburg verhindert habe, „um Vorwände zur Einbringung allerlei Bücher abzuschneiden". Außerdem war er überzeugt, dass solche von Gelehrten dominierte Einrichtungen bestrebt seien, sich „von aller landesherrlicher Leitung ganz unabhängig zu machen, und eine Republik, die Statum in Statu [einen Staat im Staate] darstelle, zu bilden". Der Würzburger Professor Franz Oberthür, der den erneuten Vorstoß für eine Lesegesellschaft initiiert hatte, war sich in einer Nachbetrachtung sicher, dass den Fürstbischof die Entwicklung in Mainz schreckte, dass er aus den „Fehlern" seines Bruders lernen wollte:

„Lesegesellschaften wollte und konnte er [Franz Ludwig] nicht billigen, teils weil er das Lesen politischer Schriften für gefährlich, unbedingte und unbeschränkte Lektüre überhaupt für schädlich hielt; und besonders weil die in Mainz zustande gekommene Lesegesellschaft in einen politischen und revolutionären Klub ausgeartet war."

104

Da im Jahr 1795 Franz Ludwigs Nachfolger, Georg Karl von Fechenbach, als Mainzer Domdechant ebenfalls sehr gut die Mainzer Verhältnisse kannte, waren auch ihm Lesegesellschaften suspekt: Noch im Jahre 1802 bemühte sich Oberthür vergeblich um eine Lesegesellschaft in Würzburg.

In den Jahren 1791 und 1792 besaß Mainz gar drei Leseinstitutionen. Zwei kennen wir bereits: die oben genannten „Aristokraten-" und „Demokratenzirkel". Außer diesen existierte noch der „Korrespondierende literarische Zirkel". Letzterer bestand seit 1789, gegründet hatte ihn der Jurist Franz Joseph von Hartleben, der bekanntermaßen ein Parteigänger des Kurfürsten war. Der „Korrespondierende literarische Zirkel" war nicht mit der „Gelehrten Lesegesellschaft" zu vergleichen. Sein Anliegen war es, die Mitglieder zur literarisch-wissenschaftlichen Produktion anzuregen und diese Erzeugnisse zu publizieren. In einer Zeitungsanzeige vom 5. Dezember 1789 warb der Zirkel unter Darlegung seines Anliegens um Mitglieder. Wer in den Zirkel eintreten wollte, musste bestimmte Eigenschaften besitzen: „Unter diese rechnet aber der Zirkel wissenschaftliche Kenntnisse und guten moralischen Charakter. Fehlt eines dieser Erfordernisse, so schützt weder Stand noch Würde vor einer Auskugelung." Für die Mitgliedschaft wurden demnach – unabhängig vom Status des Einzelnen – individuelle Fähigkeiten verlangt, die beispielsweise auch ein Student erbringen konnte.

Die Mitglieder waren in zwei Klassen eingeteilt, wobei die erste Klasse aus Gelehrten, die zweite aus Studenten bestand. Die Mitglieder der ersten Klasse waren die Träger des Zirkels, indem sie die meist auswärtigen Mitglieder mit wissenschaftlichem Material versorgten und als Informationszentrale dienten. Die zweite Klasse bestand aus ausgewählten Studenten, denen die Möglichkeit offenstand, wissenschaftliche oder literarische Aufsätze einzureichen oder bei Versammlungen eigene Arbeiten vorzutragen. Ein Zeitgenosse spottete über den vermeintlich geringen Anspruch, den die Mitglieder an die eigenen Arbeiten stellten: „Die Mitglieder lesen sich wechselweise ihre Sachen vor und finden sie vortrefflich."

Die einzige, in Frankfurt erschienene Schrift des Zirkels enthielt elf Beiträge, wobei die drei namentlich gekennzeichneten von auswärtigen Mitgliedern verfasst waren. Die „Vermischten Schriften" bestanden aus wissenschaftlichen, prosaischen und poetischen Beiträgen, die nach Meinung von Zeitgenossen qualitativ nicht ernst zu nehmen waren: „Schülerarbeiten, mittelmäßige und schlechte Poetereien und andere Sächelchen." Die meisten der Mitglieder kamen von außerhalb. Nach einem Mitgliederverzeichnis aus dem Jahr 1790 hatte der Zirkel 41 Mitglieder, von denen nur 16 in Mainz ansässig waren. In der ersten Klasse war von den Mainzer Gelehrten neben dem Medizinprofessor Molitor fast die ganze juristische Fakultät vertreten. In der zweiten Klasse befanden sich fünf Mainzer Medizin- und Jurastudenten und ein Rechtspraktikant, die nicht politisch aktiv waren und auch während der Mainzer Republik nicht hervortraten. Offenbar handelte es sich bei ihnen um ausgewählte Schüler des ständigen Direktors Hartleben sowie des Medizinprofessors Molitor, die sich an literarischen und wissenschaftlichen Fragen und weniger an Politik entzündeten.

Für die meisten Gelehrten war die unpolitische und wissenschaftlich zweitrangige Gesellschaft wenig attraktiv. Nur ein Reiseschriftsteller lobte den Zirkel dafür, dass er einem „größeren Teil des Publikums außerordentlich nützlich und vorteilhaft sein kann." Den Studenten bot er allerdings die einzige Gelegenheit zur Mitgliedschaft in einem offiziellen literarischen Leseinstitut. Für sie und andere finanzschwache Mitglieder bestand sogar die Möglichkeit, vom Mitgliedsbeitrag befreit zu werden. Die Tätigkeit des Zirkels endete mit dem Einmarsch der Franzosen in Mainz, nachdem der Direktor des Zirkels, Hartleben, und wohl auch andere Mainzer Mitglieder in rechtsrheinisches Gebiet geflohen waren.

6. Jakobinismus in Deutschland

Da die Jakobiner in dieser Epoche der Mainzer Geschichte eine wesentliche Rolle spielen, ist es notwendig, sich dem Begriff „deutscher Jakobinismus" zu nähern. Wie viele Definitionen ist auch der „Jakobinismus" ein inzwischen etwas unscharf gewordener Terminus für bestimmte frühe demokratische und aufklärerische Strömungen.

Doch die grundlegenden politischen Ziele sind bekannt. Die deutschen Jakobiner strebten die Umgestaltung der gesellschaftlichen Verhältnisse im Sinne breiter Bevölkerungsschichten an. Die Volksverbundenheit und auch die revolutionäre Gewalt als unausweichliches Mittel zur politischen Veränderung waren wesentliche Merkmale des Jakobinismus. Jedoch zeigt gerade das Beispiel der Mainzer Republik, dass die revolutionäre Gewalt auch bei den Jakobinern umstritten war. Die Jakobiner konnten sich von der französischen Terrorherrschaft distanzieren und sich dennoch eine gesellschaftliche und soziale Umwälzung wünschen, die der Situation ihres Landes entsprach.

Unabhängig von den doch sehr unterschiedlichen Versuchen der Begriffsbildung oder der völligen Begriffsneubildung lässt sich für die politische Haltung der deutschen Jakobiner das Folgende mit Gewissheit festhalten: Der Jakobinismus in Deutschland ist an seinem sozialen und politischen Anliegen, aber auch in seinem Organisationsgrad zu erkennen. Das heißt, die Mitgliedschaft in einer geheimen Lesegesellschaft oder einem politischen Klub ist ein Kriterium, ein weiteres die Forderung nach revolutionärer Umgestaltung – für und durch das Volk. Auch Einzelpersonen können in Deutschland als Jakobiner bezeichnet werden, wenn eine Zustimmung zur Revolution etwa durch einen Revolutionsaufruf eindeutig nachweisbar ist. Ein „idealtypischer" deutscher Jakobiner wäre demnach ein organisierter Revolutionsanhänger, der mit allen ihm zur Verfügung stehenden Mitteln eine klare Umgestaltung (und nicht nur eine Reform) der absolutistischen Ordnung beabsichtigte.

Es versteht sich von selbst, dass die konkreten politischen Vorstellungen der Jakobiner heterogen und manchmal auch unbestimmt waren. Ausdrücklich sei in diesem Zusammenhang darauf hingewiesen, dass auch die Abgrenzung eines deutschen Jakobiners von einem maßgeblichen französischen Jakobiner wie etwa Maximilien Robespierre kein Indiz seiner Abtrünnigkeit ist. Schließlich war es kein Merkmal der deutschen Jakobiner, dem französischen Jakobinismus „an der Macht" in allen Belangen und teilweise auch undemokratischen Ausartungen nachzueifern. Auch zeigt gerade letztgenanntes Beispiel, dass die Begriffe „Demokrat" und „Jakobiner" nicht zwangsläufig gleichzusetzen sind: Robespierre und seine Anhänger opferten ihre demokratische Überzeugung der Durchsetzung ihrer politischen Ziele. Gerade diesen Umstand kritisierten auch deutsche Jakobiner.

Der deutsche Jakobinismus ist demnach nicht losgelöst von seinem Vorbild in Frankreich zu verstehen, der sich durch eine politische Organisationsform, eine demokratische Freiheitslehre und ein soziales Programm auszeichnete. In Frankreich waren die Jakobiner meist demokratisch gesinnt und standen im Gegensatz zu den großbürgerlich-liberalen Girondisten. Noch mehr unterschied sie ihre – manchmal auch taktische oder unter Druck hervorgebrachte – Parteinahme für die Unterschichten und ihre sozialpolitischen Maßnahmen von ihren liberalen Gegenspielern. Die Pariser Sansculotten setzten zum Beispiel den Konvent unter Druck, so dass dieser gezwungen war, am 11. September 1793 den nationalen Höchstpreis für Getreide und Mehl festzulegen. Die französischen Jakobiner verkörperten eine frühe Form organisierter bürgerlicher Revolutionäre mit einer meist demokratischen und teilweise auch egalitären Weltanschauung.

Die vorübergehende Diktatur Robespierres und seiner Anhänger war eine Ausnahme innerhalb des französischen Jakobinismus, wurde aber von den Gegnern als typische Erscheinungsform kolportiert. Es ist jedoch eine Tatsache, dass vor und nach der „Terreur" in Frankreich ein gemäßigterer Jakobinismus existierte, der den deutschen Jakobinern als Vorbild galt. Das belegen zum Beispiel die Namensanlehnungen einiger deutscher Klubs.

Die deutschen Jakobiner standen vor der Problematik, dass sie die politischen Ereignisse in Frankreich zum Vorbild hatten, ohne dass die Verhältnisse in beiden Ländern auch nur annähernd vergleichbar waren. Bekanntermaßen unterschieden sich in Deutschland die politischen und territorialen, zum Teil aber auch die sozialen Verhältnisse gänzlich von denen in Frankreich. Aufgrund der territorialen Zersplitterung existierten unterschiedliche wirtschaftliche, konfessionelle und politische Verhältnisse in den jeweiligen deutschen Kleinstaaten. Anders als Frankreich hatte Deutschland keinen Mittelpunkt wie Paris, von dem aus sich eine Revolution hätte ausbreiten können. Dafür entwickelten sich deutschlandweit Organisationsformen wie Lesegesellschaften, Freimaurerbünde oder politische Klubs, so dass die Identitätsfindung des Bürgertums nicht wie in Frankreich innerhalb ökonomisch-politischer Kreise, sondern vielmehr in intellektuellen Zirkeln, an Akademien und Universitäten, unter Schriftstellern, Journalisten, Studenten oder Philosophen stattfand.

Die Intellektuellen versprachen sich von der Französischen Revolution auch Veränderungen in Deutschland. Einige von ihnen wollten darauf nicht mehr länger warten und wanderten nach Frankreich aus, entweder ins revolutionäre Zentrum Paris oder ins Elsass, wo es zu Beginn der 1790er Jahre auch eine Nachfrage an politisch verlässlichen katholischen Priestern gab. Der Verlust an Oppositionellen schwächte insbesondere in katholischen deutschen Ländern und besonders an den Universitäten wie etwa Heidelberg und Bonn die Regimegegner.

Das Ende der Jakobinerherrschaft in Frankreich stellte für die deutschen Jakobiner keine Zäsur dar. Zwar waren manche der französischen Jakobiner durch die Terrorzeit diskreditiert, nicht aber ihre politischen Ideen. Stattdessen orientierten die deutschen Jakobiner sich an den Kriegsverläufen und den Siegen des revolutionären Frankreichs, die sie ihrem Ziel jedes

Mal näher zu bringen schienen. Insbesondere die Republik-gründungen wie etwa die helvetische von 1798 wirkten sich anregend auf die Bemühungen deutscher Jakobiner aus. Es gab zwar kein einheitliches Programm, dennoch ähnelten sich die Zielsetzungen der deutschen Jakobiner. Statt der absolutistischen Staatsform sollte in Deutschland ein parlamentarischer Rechts- und Verfassungsstaat entstehen. Dabei zog man auch eine gewaltsame Beseitigung der alten Verhältnisse in Betracht. Politisch zielten die Jakobiner darauf ab, die soziale Lage der unteren Volksschichten zu verbessern. Bis zu einem gewissen Grad sollten auch auf Basis naturrechtlicher Positionen unter Berufung auf die Menschenrechte die Schranken zwischen Armen und Reichen beseitigt werden. Schließlich waren alle bürgerlichen Gleichheits- und Freiheitsforderungen nur durchsetzbar, wenn auch die Rechte für das Volk erreicht würden. Hierdurch unterschieden sie sich von liberalen Aufklärern, die früh der sich radikalisierenden Französischen Revolution den Rücken kehrten. Anders als bei den Jakobinern waren deren Reformen nicht volksaufklärerisch, sondern zielten eher auf eine Konstitutionalisierung der absoluten Monarchie ab statt auf einen tiefgreifenden politischen Wandel und eine Demokratisierung der Gesellschaft.

Manche Jakobiner gingen über das Theoretisieren hinaus und versuchten über Aufrufe und Zettelanschläge, Schmähschriften, Lieder und Gedichte unterschiedliche Zielgruppen wie Studenten, städtische Unterschichten oder Bauern für ihre Positionen zu gewinnen. Freilich entsprachen die konkreten Verhältnisse nicht diesen Vorstellungen. Sieht man von der Mainzer Republik ab, waren die Wirkungsmöglichkeiten der deutschen Jakobiner aufgrund obrigkeitlicher Repressalien, Zensur und Kontrolle in der Regel sehr eingeschränkt.

Der Jakobinismus ist in erster Linie kein Begriff, der für Anhänger einer bestimmten Staatsform oder eines politischen Prinzips steht. So ist ein Jakobiner nicht automatisch ein Republikaner oder ein Demokrat. Der Demokratismus bezeichnet eine bestimmte Ansicht über die ideale Form menschlichen Zusammenlebens, der Jakobinismus hingegen zuerst einmal eine Position zum Verlauf der Französischen Revolution, die nicht zwingend demokratisch sein muss. Als demokratisch kann jedoch ein Großteil des Verfassungsdenkens deutscher Jakobiner gelten. Die verfassungsrechtlichen Entwürfe deutscher Jakobiner aus den 1790er Jahren forderten in ihren zentralen Aussagen die Schaffung einer Republik und die Abschaffung der Fürstenherrschaft. In ihren Verfassungsvorstellungen tauchten viele wesentlichen Elemente auf, wie sie auch die gegenwärtige Verfassung Deutschlands kennzeichnen. Sie hingen einem Staats- und Verfassungsverständnis an, das zwar nur von einer Minderheit der Zeitgenossen geteilt wurde, dafür aber heutzutage als fester Bestandteil im Grundgesetz steht und weitgehend verwirklicht ist.

Die Jakobiner strebten nicht nur nach der Beseitigung der Vorrechte für Fürsten und die Kirche, sondern brachen auch mit einer weiteren sehr einflussreichen gesellschaftlichen Klasse: den Zünften. Die Zünfte versuchten seit dem Mittelalter ihre Privilegien mit aller Macht zu verteidigen. Für die Jakobiner waren sie anachronistisch und ihre Privilegien unberechtigt, weshalb sie in ihren Verfassungsentwürfen keine Träger der Souveränitätsrechte mehr waren. Auch die Kirche sollte in den Vorstellungen der Jakobiner ihre besondere Stellung verlieren. Diese Haltung resultierte aus der Erkenntnis, dass das Bündnis von Thron und Altar eine wichtige Stütze des absolutistischen Systems war.

Obwohl die deutschen Jakobiner den Zentralismus des revolutionären Frankreich vor Augen hatten, war der Föderalismus für sie eine Alternative. Einerseits sahen sie in der Vielstaaterei Deutschlands eine Behinderung seiner Entwicklung, doch sie fürchteten andererseits auch eine dominante Position Preußens oder Österreichs, die nicht mehr Freiheit bringen würde. Anders als im zentralistischen Frankreich lobte zum Beispiel Georg Friedrich Rebmann die Tatsache, dass Deutschland mehrere Mittelpunkte habe, denn dies führe zu einer gleichmäßigeren Aufklärung und zu einer sinnvollen Konkurrenz zwischen den Gelehrten und Professoren und damit zu mehr Meinungsvielfalt.

In den Vorstellungen der Jakobiner musste eine Verfassung die Volkssouveränität garantierten. Das Volk sollte Legislative, Exekutive und Judikative bestimmen. Der Begriff der Demokratie diente in den Verfassungsentwürfen zunächst als Übertragung der Souveränitätsrechte vom absoluten Herrscher auf das Volk. Welche Teile des Volkes dabei jedoch konkret an der Herrschaftsgewalt partizipierten, wurde nachrangig behandelt. Die Abgrenzungsversuche zu denjenigen, die an den „öffentlichen Angelegenheiten" keinen Anteil nehmen sollten, waren von moralischen und Zensus-Kriterien bestimmt. Dazu zählte die Vorgabe, das Gesetz und das Recht zu achten und der Gemeinschaft nicht zu schaden, ebenso wie materielle Kriterien. In seinem „Revolutions-Katechismus" bekennt sich etwa Heinrich Würzer zur französischen Verfassung von 1791 und damit nicht zu einem allgemeinen Wahlrecht: Er warnt geradezu vor einer Gefahr für die Freiheit, wenn der Gesetzgeber Menschen ohne Eigentum oder ohne Bildung in die Zahl der „wirklichen Bürger" aufnehme. Letztlich waren es auch Zensuskriterien, die in den jakobinischen Texten Eingang gefunden hatten, denn es ging um die Ausgrenzung eines „Pöbels", von dem niemand genau wusste, wie er zu bestimmen war, den man aber trotzdem fürchtete und der von dem Wahlrecht ferngehalten werden sollte.

In diesem Zusammenhang ist es auch von Bedeutung, die Aussagen zu den Menschen- und Bürgerrechten in den Verfassungsentwürfen näher zu beleuchten. Die Jakobiner haben zwischen den allen Menschen zustehenden Menschenrechten und den lediglich Bürgern zukommenden Rechten unterschieden. Die Differenzierung spiegelt sich auch in der Trennung von „politischer" und „bürgerlicher" Freiheit wider. So wies etwa Rebmann darauf hin, dass mit der Gewährung der Menschenrechte keineswegs gesagt sei, dass

„auch der dümmste, lüderlichste schmutzigste Sansculotte alle Bürgerrechte genießen, Staatsämter verwalten, oder in der Versammlung der Gesetzgeber mitsprechen solle. Mit Menschenrechten werden wir geboren; Bürgerrechte werden erworben."

Ähnliche Tendenzen weist auch das jakobinische Verständnis von „Freiheit und Gleichheit" auf: Unter Gleichheit verstanden sie die Gleichheit der individuellen Autonomie, die Gleichheit aller Bürger vor dem Gesetz. So schrieb etwa der Mainzer Mathias Metternich im „Bürgerfreund", dass der Wohlstand des Individuums im Verhältnis zur Arbeitsleistung stehen müsse. Demnach war die materielle Ungleichheit keiner Beschränkung ausgesetzt, wenn sie nicht die Freiheit der Individuen gefährdete. Auch der Mainzer Georg Christian Wedekind stellte in einer Rede vor dem Jakobinerklub am 26. Februar 1793 fest, es müsse Arme und Reiche geben, die Gerechtigkeit müsse der Gleichheit zur Seite stehen.

Die Jakobiner wussten aus eigener Erfahrung, dass in einer Monarchie ihrem Wesen nach politische Freiheit nicht möglich war und nur in einer Republik realisiert werden konnte. Freilich konnte auch diese Freiheit in einer Republik nicht grenzenlos sein. Bereits nach den Vorstellungen des älteren Naturrechts durfte die Freiheit des einen nicht die eines anderen einschränken. Die Gleichheit war im jakobinischen Verständnis die Rechtsgleichheit. Jeder konnte sich auf sie als Menschenrecht berufen. Ausgenommen vom Gleichheitsbegriff war dagegen die gleiche Verteilung der Güter. Die Ausdehnung der Gleichheitsrechte auf materielle Aspekte war letztlich unerwünscht. Die Eigentumsrechte waren klar definiert: Jeder sollte sein Eigentum, sein Vermögen genießen und darüber verfügen können.

In der Frage nach der Notwendigkeit einer Revolution als politischem Mittel gab es innerhalb der deutschen Jakobiner zwei Pole. Der eine Pol (wie der Mainzer Felix Anton Blau) lehnte Gewalt und Blutvergießen ab und beabsichtigte eine Änderung der verfassungsrechtlichen Grundlage des Gemeinwesens. Der andere Pol befürwortete Gewalt, falls der Absolutismus nicht freiwillig die Macht aus den Händen gab. Dazu zählt etwa Eulogius Schneider, auf den wir an anderer Stelle noch zu sprechen kommen.

Die Jakobiner argumentierten in ihrer Rechtfertigung der Revolution mit naturrechtlichen Positionen, den Menschenrechten, der Vertragstheorie und dem Widerstandsrecht. Nicht immer jedoch bedeutete die Haltung für eine Revolution, dass die Jakobiner auch ein demokratisches System befürworteten. Rebmann etwa strebte eine Revolution durch das Volk an, forderte aber als Ziel nicht die Republik, sondern eine konstitutionelle Monarchie. Doch er war eine Ausnahme, die meisten Jakobiner lehnten solche Kompromissmodelle ab. Für Jakobiner wie den Mainzer Georg Christian Wedekind kam nur eine demokratische Verfassung und die Volksherrschaft in Frage.

Die Mehrheit der Jakobiner wünschte sich eine gewaltlose gesellschaftliche Veränderung. Der Mensch und das Prinzip der Volkssouveränität standen im Mittelpunkt ihres gesellschaftlichen Verständnisses. Der Bestand des Staates sollte durch eine geschriebene Verfassung garantiert und vor der willkürlichen Disposition der Menschen geschützt werden. Eine gewalttätige Revolution zur Verwirklichung dieser gesellschaftlichen und staatlichen Ordnung war nicht primäres Ziel, vielmehr versuchten sie ihre Vorstellungen durch inhaltliche Überzeugungskraft durchzusetzen.

Der Einfluss von Straßburg

Keine Darstellung über die Französische Revolution und Deutschland kommt ohne einen zumindest kleinen Exkurs auf die politische Emigration ins Elsass und den Anführer der dortigen deutschen Jakobiner, Eulogius Schneider, aus. Die Entwicklung in der französischen Grenzstadt hatte direkt oder indirekt Folgen für alle Revolutionsanhänger in Deutschland und in besonderem Maße auch auf Mainz.

Seit Beginn der Französischen Revolution emigrierten deutsche Revolutionsanhänger und Demokraten nach Frankreich. Ihr bevorzugtes Ziel war neben Paris besonders das Elsass und dort vor allem die mit über 50.000 Einwohnern für damalige Verhältnisse große Stadt Straßburg. Besonders in den ersten Jahren der Französischen Revolution war Straßburg ein wichtiges politisches Zentrum, von dem aus Franzosen und emigrierte Deutsche durch politische Propaganda auf die benachbarten deutschen Kleinstaaten wirkten.

Die deutschen Emigranten entflohen dem klerikalen oder obrigkeitlichen Druck, den sie aufgrund ihrer aufgeklärt-politischen Haltung zu erdulden hatten. Manche gingen auch aus freien Stücken, da sie in Frankreich seit 1789 die Ideen der Aufklärung verwirklicht sahen. Viele gaben dabei eine Stelle in Staats- oder Kirchendiensten auf.

Eine große Gruppe innerhalb der Emigranten war die der katholischen Geistlichen und Theologen, von denen mehr als 100 ins Elsass flohen. In Frankreich waren viele katholische Geistliche gegen die Zivilverfassung des Klerus. Die ablehnende Haltung des Papstes Pius VI. bestärkte sie darin, keinen Eid auf die Verfassung zu leisten. Pius VI. verurteilte offiziell im März/April 1791 die Prinzipien der Revolution und die Zivilverfassung des Klerus. Die Konstituante verlangte am 27. November 1790 von allen Priestern folgenden Eid auf die Verfassung: „Ich schwöre, mein Amt mit Genauigkeit zu versehen; der Nation, dem Gesetz und dem König treu zu sein, und die von der National-Versammlung dekretierte und vom König angenommene Konstitution mit allen Kräften zu handhaben." Da eidverweigernde Geistliche nun als Seelsorger ausfielen, suchte der konstitutionelle Straßburger Bischof Franz Anton Brendel in Deutschland katholische Theologen, die zur Übersiedlung und Eidleistung bereit waren. Am 4. April 1791 hatte die verfassungsgebende Versammlung in Paris ein Dekret verkündet, wonach in den Grenzgebieten auch Geistliche ohne französische Staatsbürgerschaft tätig werden durften. Gebraucht wurden die deutschen Katholiken als Priester für die verwaisten Pfarrstellen und in Straßburg als Professoren des neu errichteten konstitutionellen Priesterseminars oder als Vertreter der katholischen Theologie an der Universität. Die jüngeren

Emigranten konnten sich hingegen als Nachwuchs für die konstitutionelle Kirche am Straßburger Priesterseminar ausbilden lassen.

Die deutschen katholischen Theologen, welche sich zur Emigration entschlossen, gaben nicht nur ihre Stelle an der Universität oder als Seelsorger in Deutschland auf, sondern wurden auch wegen der Eidleistung mit dem päpstlichen Kirchenbann belegt. Zu diesen Emigranten zählten mehrere Professoren und auch einige Studenten oder Priesterseminaristen der katholischen Universitäten Bonn, Köln, Trier, Mainz und Heidelberg.

Viele der deutschen Emigranten engagierten sich nicht nur als konstitutionelle Priester, Lehrkräfte oder Publizisten, sondern wollten auch auf die politische Entwicklung in Frankreich Einfluss nehmen und traten in die seit 1790 bestehende Gesellschaft der Konstitutionsfreunde („Societé des amis de la Constitution") ein. Im Verlauf des Jahres 1791 differenzierten sich darin zwei politische Gruppen – im Wesentlichen Republikaner und Königstreue – heraus, die sich unversöhnlich gegenüberstanden. Schließlich kam es in der tumultartigen Sitzung vom 7. Februar 1792 zur Spaltung der Gesellschaft. Der größere, republikanische Teil (286 Mitglieder) nannte sich nun Klub der Jakobiner oder Sansculotten, der kleinere, königstreue Teil (137 Mitglieder) wurde von den Jakobinern fortan Klub der Feuillants genannt. Die deutschen Emigranten schlossen sich den Jakobinern an. In den Mitgliederlisten des Straßburger Jakobinerklubs stehen die Namen von über 50 Deutschen. Wortführer war der ehemalige Professor an der katholischen Bonner Universität, Eulogius Schneider, und die beiden ehemaligen Professoren an der Stuttgarter Hohen Karlsschule, Friedrich Cotta und Jean-Charles Laveaux. Die Feuillants bestanden fast ausschließlich aus geborenen Elsässern unter der Führung des Straßburger Bürgermeisters Friedrich von Dietrich. Sie verloren an politischem Einfluss, als die Monarchie stürzte und Frankreich im September 1792 Republik wurde. Während der folgenden Jakobinerherrschaft der Jahre 1793/94 verschärfte sich die Situation für die deutschen Emigranten, denn seit 1793 verschloss sich das revolutionäre Frankreich in Abwehr innerer und äußerer Gefahren dem bisher geübten Kosmopolitismus. Alle Fremden wurden überwacht, einige auch verhaftet und hingerichtet. Auch innerhalb des Jakobinerklubs bildeten sich zwei nationale Gruppen. Die vom neuen Straßburger Bürgermeister François Monet geführte Gruppe bestand aus französischen, vor allem elsässischen Republikanern. Unter Schneider sammelten sich die deutschen Republikaner. In beiden Gruppen gab es radikale und gemäßigte Kräfte, aber die Nationalität bestimmte primär die Gruppenzugehörigkeit, so dass sich auch gemäßigte deutsche Republikaner dem radikalen Eulogius Schneider anschlossen.

Auch die konstitutionellen Priester, unter denen sich emigrierte Deutsche befanden, waren im Elsass von der Radikalisierung betroffen. Als sich im Sommer 1793 in Paris die Jakobiner gegenüber den Girondisten durchsetzten, hatte das auch Folgen für die konstitutionellen Priester. Da diese mehrheitlich als „Gemäßigte" galten und politisch eher zu den Girondisten tendierten, wurden sie nun politisch bekämpft. Außerdem zogen revolutionär gesinnte Bevölkerungsteile das Experiment mit der konstitutionellen Kirche stark in Zweifel, da man die Priester trotz des Eides für eher zweifelhafte Republikaner hielt. In den folgenden Monaten setzte in Frankreich eine „Entchristianisierung" ein, die in verschiedenen Landesteilen unterschiedliche Ausprägungen erlangte. Im Elsass verlangte man selbst von den konstitutionellen Priestern, dass sie ihrem Glauben und Priestertum abschworen. Wer diesen Eid verweigerte, wurde verhaftet und in das inzwischen zum Gefängnis umfunktionierte Priesterseminar eingesperrt. In dem ehemaligen Priesterseminar waren zwischen Juni 1793 und Oktober 1794 mindestens 1.570 Menschen interniert. Unter den Gefangenen fanden sich keineswegs nur Priester, sondern alle, die den Jakobinern politisch verdächtig erschienen, vom Adligen bis zum Krämer, der Assignaten, das in der Revolution eingeführte Papiergeld, als Zahlungsmittel abgelehnt hatte.

Nach dem Sturz der Jakobiner 1794 nahm das Direktorium sowohl gegenüber der Kirche und den Geistlichen als auch gegenüber den Emigranten wieder eine gemäßigtere Haltung ein.

Der jakobinische Sansculotte: Eulogius Schneider

Wenden wir uns nun Eulogius Schneider zu. Kaum einer der deutschen Emigranten im Frankreich der Revolutionszeit hat die Aufmerksamkeit der Zeitgenossen und der Nachwelt mehr erregt als er. Dazu trug seine kompromisslose und radikale Haltung als Aufklärer und Führer der deutschen Jakobiner in Straßburg, aber auch sein Ende auf dem Schafott am 1. April 1794 während der jakobinischen Terrorzeit bei.

Schon vor der Französischen Revolution hatte sich Eulogius Schneider als Anhänger der Aufklärung ausgezeichnet. Der 1756 als Sohn eines armen Weinbauers in Wipfeld bei Würzburg Geborene studierte in Würzburg und trat dann ins Bamberger Franziskanerkloster ein, wo er den Ordensnamen Eulogius annahm. Nach der Priesterweihe trat er aus dem Orden aus. Bevor Schneider im Frühjahr 1789 an die aufgeklärte Kurkölner Universität Bonn als Professor für „schöne Künste" (Literatur und Dichtkunst) berufen wurde, war er Prediger am Hof des Württembergischen Herzogs Karl Eugen in Stuttgart. Da Schneider es wagte, den Herzog in einer Predigt an die Rechte der Untertanen zu erinnern, und in einer „Ode" indirekt die politischen Verhältnisse anprangerte, ließ man ihn gern ins Rheinland ziehen.

In Bonn fand Schneider mehrere Gleichgesinnte. Bei seinen Studenten war Schneider beliebt – sie kamen in Scharen in seine Vorlesung. Als die Revolution in Frankreich ausgebrochen war, veröffentlichte er 1790 ein Gedichtbändchen, in dem es nur so von revolutionären Anspielungen wimmelt. In einer Strophe feiert Schneider die Zerstörung der Bastille:

„Gefallen ist des Despotismus Kette,
Beglücktes Volk! Von Deiner Hand:
Des Fürsten Thron ward dir zur Freiheitsstätte
das Königreich zum Vaterland."

Die Verse erregten großes Aufsehen. Im Subskribentenverzeichnis des Bändchens ist nachzulesen, dass sich an allen wichtigen katholischen Universitäten Professoren und Studenten für Schneiders Gedichte interessierten. Unter ihnen befand sich etwa der junge Ludwig van Beethoven, der gerade in der kurkölnischen Hofkapelle zweiter Organist war und seit 1789 in seiner Heimatstadt Bonn studierte.

Schneider konnte sich mit dieser Geisteshaltung nicht lange an der Universität halten. Er fiel bereits im folgenden Jahr in Ungnade, als er einen Katechismus herausbrachte, der die Vernunft als oberstes Prinzip über religiöse Dogmen stellte. Am 7. Juni 1791 entließ der Kölner Kurfürst Maximilian Franz den dichtenden Theologen, der daraufhin nach Straßburg emigrierte und dort eine nicht ganz unumstrittene revolutionäre Karriere machte.

In Straßburg übernahm Schneider rasch die Führung innerhalb der deutschsprachigen Revolutionsanhänger. In Predigten im Straßburger Münster sprach er über die Einheit von Patriotismus und Christentum und forderte die Priester auf, der Revolution ihre Dienste zur Verfügung zu stellen. Am 10. Juli 1791 trat er der „Gesellschaft der Konstitutionsfreunde" bei. Dort gehörte er zu den Hauptbeteiligten an der politischen Spaltung der Gesellschaft in Jakobiner und königstreue Feuillants am 7. Februar 1792.

Schneiders Kritik an der Monarchie nahm stetig zu. Er forderte offen die Absetzung des Königs, begrüßte die Republikgründung (September 1792) und stellte nach der Hinrichtung Ludwigs XVI. (21. Januar 1793) fest, dass „Gerechtigkeit und wahre Politik" gesiegt hätten. Das Forum seiner jakobinischen Positionen war die von ihm am 3. Juli 1792 erstmals herausgegebene Zeitschrift „Argos, oder der Mann mit hundert Augen", zu der auch sein Freund Friedrich Buten-schoen Beiträge lieferte. Obwohl die Zeitschrift in Frankreich erschien, war sie ein wichtiges Medium der deutschen Jako-biner. Neben politischen Predigten, Dialogen und Gedichten veröffentlichte Schneider im „Argos" Reden des Straßburger Jakobinerklubs und der Pariser Nationalversammlung. Die Zeitschrift verfolgte das Ziel, die Arbeit der Administrationen zu überwachen und auch zu kritisieren, was zahlreiche scharfe Angriffe auf den Herausgeber mit sich brachte. Der „Argos" spiegelt auch die Auseinandersetzung der deutschen Jakobiner mit dem beginnenden französischen Nationalismus wider.

Unermüdlich übernahm Schneider nun auch Tätigkeiten im Dienste der Republik und gab sein Vikariat auf. Am 19. Februar 1793 arbeitete er als öffentlicher Ankläger beim Kriminalgericht des niederrheinischen Departements und forderte erfolgreich Todesstrafen für Gegenrevolutionäre. In der Zeit des Terrors be-teiligte er sich von Oktober bis Dezember 1793 als Ankläger des elsässischen Revolutionstribunals, das ohne Geschworene poli-tische Verbrechen bestrafte, und ließ 29 Todesurteile vollstre-cken. Auch an der Entchristianisierungskampagne, von der auch konstitutionelle Priester betroffen waren, nahm Schneider regen Anteil. Er gehörte zu den wenigen Jakobinern, die sich mit Nach-druck zur Klasse der besitzlosen Sansculotten rechneten und unter „Gleichheit" soziale Gleichheit verstanden. Der nationale Gegensatz entstand aufgrund der Abschottung des revolutionären Frankreichs nach außen. Schneider geriet in Konflikt mit den französischen Jakobinern und wurde Mitte Dezember 1793 unter einem Vorwand verhaftet und nach Paris gebracht. Obwohl sich deutsche Mitstreiter wie Cotta oder Butenschoen für ihn ein-setzten, konnten sie ihn nicht retten. Viele seiner deutschen Freunde wurden wegen der Bekanntschaft oder Zusammenarbeit mit ihm ebenfalls verdächtigt und verhaftet. Aus dem Gefängnis heraus versuchte Schneider erfolglos den Jakobinerführer Robes-pierre von seiner Unschuld zu überzeugen. Das Revolutions-tribunal sprach über ihn das Todesurteil. Am 1. April 1794 wurde Schneider durch die Guillotine hingerichtet.

7. Resonanz der Französischen Revolution in Mainz

Die Französische Revolution fand ihren Widerhall auch im linksrheinischen Mainz. Politische Zeitungen, Briefe und Reiseberichte erzählten von den unglaublichen Vorgängen im Nachbarland: Am 14. Juli 1789 hatte die aufgebrachte Menge die Bastille erstürmt! Das Volk hatte die Festung des Königs bezwungen, aus der Revolte konnte rasch eine Revolution werden. Bald folgten diesen Nachrichten aus Frankreich die ersten Propagandaschriften, meist aus Straßburg oder dem gleichfalls französischen Landau. Die gelehrten Mainzer waren sehr gut informiert, jede wichtige politische Veränderung verbreitete sich unter ihnen in Windeseile.

Dem Gelehrten und kurfürstlichen Bibliothekar Georg Forster war bewusst, dass die Aufklärung diesen politischen Wandel bewirkt hatte, und er wünschte sich auch in Deutschland politische Veränderungen. Hoffnungsvoll schreibt er am 30. Juli 1789 seinem Freund, dem Philologen Christian Gottlob Heyne nach Göttingen:

„Schön ist es aber zu sehen, was die Philosophie in den Köpfen gereift und dann im Staate zustande gebracht hat. [...] Also ist es doch der sicherste Weg, die Menschen über ihre Rechte aufzuklären; dann gibt sich das übrige wie von selbst."

Auch andere in Deutschland feierten die Französische Revolution als Sieg des Lichtes über die Finsternis, der Freiheit über die Tyrannei. Der Dichter Friedrich Gottlieb Klopstock bejubelte den Revolutionsausbruch in einer Ode als „des Jahrhunderts edelste Tat". Wie er und Forster versprachen sich viele Intellektuelle von diesem politischen Donnerschlag Konsequenzen für Deutschland.

Nicht nur die Intellektuellen verfolgten die Ereignisse im großen Nachbarland mit Spannung. Auch Bürger und Bauern machten sich so ihre Gedanken, welche Folgen der politische Umsturz mit sich brachte. Manche schritten gar zur Tat. Zuerst ereigneten sich im deutsch-französischen Grenzgebiet kleinere Unruhen. Anfang 1790 kam es dann in Kurmainz wegen wirtschaftlicher und sozialer Probleme zu Protesten Aschaffenburger Bürger, Spessarter Bauern und Mainzer Handwerker. Die Beteiligten strebten keine prinzipielle Veränderung der politisch-sozialen Verhältnisse an, sondern forderten die Beseitigung der Missstände. Den „Ludergeruch der Revolution" in der Nase, reagierten die Landesherrn meist mit überzogenen Maßnahmen. Das Zeitalter des aufgeklärten Absolutismus war zu Ende, den Herrschern waren die Reformspielchen zu riskant geworden. Innenpolitisch schlugen die linksrheinischen geistlichen Fürsten einen restaurativen Kurs ein, außenpolitisch gingen vor allem der Mainzer und der Trierer Kurfürst deutlich auf Konfrontation zu Frankreich. Aufgrund der realen machtpolitischen Konstellation war dies ein sehr ungeschickter Schachzug, mit dem sie bei den Mitfürsten nichts gewinnen, aber gegenüber dem revolutionären Frankreich im Kriegsfall alles verlieren konnten. Das unterschied sie von den weltlichen Staaten am Rhein, wie etwa der Kurpfalz, die als Grenzland zu Frankreich militärische Konfrontationen vermeiden wollte und sich deshalb außenpolitisch neutral verhielt.

Der Mainzer Kurfürst nutzte 1790 die erste Gelegenheit, die demokratische Bewegung zu bekämpfen, indem er sich bereitwillig an der Reichsexekution gegen die Aufständischen in Lüttich beteiligte, ein Unternehmen, das enorme Kosten verursachte und mit einer völligen Niederlage der ungeübten Mainzer Truppen endete.

Als ein großer innen- und außenpolitischer Fehler sollte sich in den Jahren 1790-1792 auch die Politik des Kurfürsten gegenüber den adligen französischen Emigranten erweisen. Seit Beginn der Revolution emigrierte der französische Adel bevorzugt in den Westen Deutschlands, um sich dort zu einem militärischen Gegenschlag zu sammeln. Friedrich Karl empfing Ende Februar 1791 die Emigranten um den Prinzen Condé zuvorkommend an seinem Hof, gewährte ihnen Aufenthalt und stellte ihnen gar das Wormser Palais zur Verfügung, das dann rasch ein Sammelpunkt der vertriebenen französischen Aristokratie wurde. Mit dieser Parteinahme stand für Frankreich fest: Der Mainzer Kurfürst unterstützt die Gegenrevolution. In den französischen Zeitungen häuften sich die Ausfälle gegen Friedrich Karl und auch in der Nationalversammlung drohte man offen in Richtung Mainz.

Die Emigranten waren nicht nur außenpolitisch ein Problem, sondern sie sorgten auch im Innern für gehörige Unruhe. In der Mainzer Bevölkerung schwand das Ansehen der Regierung, die es zuließ, dass sich die adligen französischen Emigranten auf Mainzer Gebiet aufhielten. Die ungebetenen Gäste fielen der Bevölkerung zunehmend zur Last:

„In jedem Gasthof, wohin ich komme, klagt man über die Franzosen. Dass sie nicht bezahlen, kann ihre unglückliche Lage einigermaßen entschuldigen; dass sie aber in einem fremden Land grob sind, ist, aufs gelindeste gesagt, sehr unvorsichtig."

Wie man innerhalb der Mainzer Bevölkerung über die Emigranten und Friedrich Karls Entgegenkommen dachte, zeigen uns die Aufzeichnungen des Mainzer Fruchtmessers Caspar Röth. Dieser bezeichnete die Emigranten derb als „Krebsgeschwür", „Pest und Unglücksvögel über Europa" und lastete dem Kurfürsten die für diese aufgewandte „ungeheure Summe Geldes auf Kosten der Untertanen" an.

Die Bevölkerung spürte die unliebsamen Gäste unmittelbar, denn eine Folge der Emigrantenflut in den geistlichen Kleinstaaten war vor allem die Verteuerung der Lebensmittel. Noch im April 1792 klagte zum Beispiel Georg Forster darüber, dass sich wegen der vielen Emigranten in Mainz die Lebensmittelpreise verdoppelt hätten. Und Forster gehörte noch zu den Besserverdienenden.

Auf die feindliche Haltung der geistlichen Rheinstaaten zur Französischen Revolution reagierte die französische Propaganda im Jahr 1791 verstärkt mit Zeitungsartikeln und Flugblättern, die von Straßburg und Landau aus in den angrenzenden deutschen Staaten verbreitet wurden. So sorgte beispielsweise das im August 1791 verfasste Flugblatt „Letzter Ruf der freigewordenen Franken an die unterdrückten Deutschen" für Furore. Der Mainzer Kurfürst war wegen seines antirevolutionären Engagements ein bevorzugtes Ziel der französischen Presse. Die Franzosen hatten in Mainz geheime Informanten, so dass sich die Artikel aus Frankreich durch genaue Kenntnisse der lokalen Verhältnisse auszeichneten. Im Sommer 1791 häuften sich die Ereignisse im Zeichen der Revolution. Ende Mai 1791 hatte die „Gelehrte Lesegesellschaft" Propagandamaterial aus Frankreich erhalten, über deren Verbleib unter den Mitgliedern ein Streit ausbrach, der die Spaltung der Lesegesellschaft zur Folge hatte. Einen Monat später tauchten in Mainz regierungs-kritische Schmähschriften auf, und auch die Straßburger Zeitung „Geschichte der gegenwärtigen Zeit" berichtete seit Juli 1791 verstärkt über die dortigen politischen Verhältnisse.

Allein im Zeitraum vom 25. Juli bis 20. September 1791 befassten sich 6 von 40 Ausgaben in zum Teil mehreren Berichten pro Ausgabe mit dem Kurstaat. Am 8. August 1791 war zum Beispiel zu lesen:

„Im ganzen Kurfürstentum ist man mit unserem hochwürdigen Erzbischofe höchst unzufrieden. Die Ursachen, warum? überschreibe ich Ihnen nächstens. – Vor einigen Wochen war an allen Ecken der Stadt ein gedruckter Zettel in abgemessenen Zeilen angeschlagen. Jede Strophe endigte sich immer mit den Worten: Massacrons la noblesse, l'Electeur & ses maitresses. Laßt uns die Adeligen, den Kurfürsten und seine Lustdirnen ermorden."

Am 20. September 1791 veröffentlichte und kommentierte die Zeitung eine weitere aus Mainz gemeldete Schmähschrift, die in frivolen Reimen den Kurfürsten und seine Mätresse, die Gräfin von Coudenhoven, mit der leeren Staatskasse in Verbindung brachte. Einleitend war zu lesen: „Die Mainzer ersetzen den

Mangel fränkischer Energie durch häufige Pasquillen, die von ihrer Unzufriedenheit zeugen." Den folgenden Spruch hatten nach dem Bericht oppositionelle Mainzer auf einen neuen Brunnen des Kurfürsten geschrieben:

„Rinne, Brünnchen! in den Stein,
Dein Kessel wird nie voller sein.
Zahlt Mainzer! Steuern noch so sehr,
Doch bleiben eure Kassen leer;
Doch hätt' dein Kessel nur kein Loch,
Ich wett': er füllte sich wohl noch.
Und hätt' die C − −
Wie wohl wär dir's, du armes Mainz!"

Die Straßburger Zeitung berichtete ihren Lesern an anderer Stelle derselben Ausgabe über den schlechten militärischen Zustand, in dem sich die Stadt Mainz befand:

„An den Festungswerken der Stadt Mainz wird zwar hie und da etwas geflickt; allein der Löcher sind so viel, dass sämtliche Kassen des Kurfürsten zu ihrer Ausfüllung nicht hinreichen würden. Die Garnison zu Mainz beläuft sich auf nicht völlig 2000 und das ganze Militär des Kurfürsten auf nicht völlig 2500 Mann."

In weiteren Artikeln thematisierte die Zeitung die „Despotereien" des Kurfürsten gegenüber Mainzer Bauern oder dessen gezielte Förderung des Aberglaubens durch die Wiederzulassung einer Wallfahrt.

Die Straßburger Zeitung erhielt ihre detaillierten Informationen durch einen regelmäßigen Austausch mit der Mainzer Opposition. Wahrscheinlich kamen diese Mitteilungen aus den gut informierten Gelehrtenkreisen, die über Verbindungen nach Straßburg verfügten. Die Pasquille selbst dürften ihrem derben Inhalt nach allerdings nicht aus Kreisen der Gelehrten stammen. Die Schmähschriften waren ein verbreitetes Mittel der

Mainzer, sich gegenüber der Obrigkeit zur Wehr zu setzen, wie ein Zeitgenosse zu berichten wusste: „Gegen Bedrückungen rächt sich der Mainzer in Pasquillen, so wie er sich auch des Mittels bedient, die Torheiten der Großen zu züchtigen. Dergleichen Pasquille werden sehr häufig ausgestreut."

Die Mainzer Regierung musste sich deshalb nicht nur mit den Unmutsäußerungen in Mainz auseinandersetzen, sondern auch hinnehmen, dass Vorfälle dieser Art oder Interna von Hof und Universität von ihren Gegnern nach Frankreich gemeldet und dort zu propagandistischen Zwecken benutzt wurden. In einem Brief an Johannes von Müller vom 23. September 1791 äußerte sich Albini empört über die „Straßburger Abscheulichkeiten". Er ahnte, woher sie kamen: „Diese Dinge können nicht anders als unmittelbar von Mainz kommen: Wenn man doch so einen Schurken entdecken könnte."

Weder die Urheber der Schmähschriften noch die Informanten der französischen Presse konnten gefunden werden. Bereits im Juli 1791 hatte die Regierung mit großem Aufwand versucht, die Verbreitung von Schmähschriften zu verhindern. So berichtet der württembergische Resident Plitt an Herzog Karl Eugen von Württemberg: „Einige gegen den Regenten in der Residenzstadt Mainz ausgestreute Pasquille veranlassten vor einigen Wochen starke Sensation, welche zu stillen jede Nacht 150 Mann patrouillieren mussten." Doch nicht nur die geschriebenen Unmutsäußerungen sollten im Keim erstickt werden, auch das freie Wort zensierte die Regierung. Noch im selben Monat ließ sie Plakate anschlagen und ermahnte die Bevölkerung, „alle Reden und Gespräche gegen Religion, Sitten, Staat und landesherrliche Verordnungen" zu unterlassen beziehungsweise Gehörtes anzuzeigen. Angesichts dieser Plakate fragte sich zurecht der dänische Professor Sneedorf, der sich gerade in Mainz aufhielt, ob er sich wirklich in einem aufgeklärten Land befinde.

Fast absurde Züge hatte eine weitere Bestimmung, die öffentliche politische Diskussionen einschränken sollte. Der Student Josef Schlemmer berichtete am 21. August 1792, der

Kurfürst habe verboten, dass man nach 10 Uhr abends noch im Wirtshaus sitze und diskutiere. Die gewitzten Mainzer umgingen allerdings das Verbot durch so genannte Stehschoppen. Obwohl in dem großen Nachbarland Frankreich revolutionäre Veränderungen vor sich gingen, sorgte sich der Mainzer Hofkanzler Albini nicht um ähnliche Unruhen im eigenen Land. Er befürchtete trotz vereinzelter Beschwerden oder kleinerer Unruhen im Kurstaat nicht, dass die Ideen der Französischen Revolution bei der Bevölkerung auf fruchtbaren Boden fallen könnten: „Wir haben die größte Ruhe, und ich glaube, man ist mit dem Gouvernement zufrieden. Das beste Mittel gegen alle Revolution ist eine gute Regierung, strenges Recht und ein väterliches Gemüt." Albini wusste aber auch, dass es an der Universität und in gelehrten Kreisen Anhänger der Revolution gab: „Ich fürchte jedoch hier nichts als unsere gelehrten Schwärmer. Die Bürgerschaft ist gut".

Die Umtriebe im Umfeld der Universität wurden der Regierung unheimlich. Als sich die Anzeichen von Revolutionsbegeisterung an der Universität mehrten, beschloss Albini im Spätsommer 1791 eine spezielle Zensurbehörde für die Universität einzurichten. Er ernannte Professor Georg Adam Merget zum Zensor, obwohl dieser im Juli 1791 bereits verdächtigt worden war, „er habe in seinen Vorlesungen Grundsätze geäußert, die nach der neuen Philosophie und heterodoxen Moral schmecken." Es verwundert daher wenig, dass Merget erst auf Anweisungen Albinis oder Anzeigen von anderer Seite aktiv wurde und sich ansonsten zurückhielt. Die wichtigsten Informanten des Zensors waren hingegen die französischen Emigranten und der Prorektor der Universität, Franz Joseph Bodmann. Um nicht nur auf solche Zuträger angewiesen zu sein, bemühte sich Albini im September 1791, die Zensur mit Hilfe der Thurn und Taxischen Post auszudehnen. Der Hofkanzler vermutete schon früh, dass Professoren politische Korrespondenz mit Frankreich führten und ließ aus diesem Grund unter anderem die Post der politisch unbequemen Professoren Blau und Dorsch überwachen und teilweise öffnen.

Albini achtete bei den zensorischen Maßnahmen darauf, taktvoll vorzugehen, um kein Aufsehen in der Öffentlichkeit zu erregen. Im Oktober 1791 schrieb er an Johannes von Müller:

„Was contra bonos mores und offenbar aufwieglerisch ist, darf zu Mainz nicht passieren, wollen wir andernwärts etwas erinnern, so müssen wir es tun, ohne dabei öffentlich zu erscheinen, gehen wir von dieser Regel ab, so wird Emmus [der Kurfürst] heftig kompromittiert."

Am liebsten hätte Albini es gesehen, wenn in der Öffentlichkeit kein Wort über die Ereignisse in Frankreich gefallen wäre. Um die Gelehrten nicht unnötig zu verärgern, war er aber zu manchen Zugeständnissen bereit. So untersagte er zum Beispiel nicht, dass man in der Bevölkerung die erste französische Revolutionsverfassung von 1791 las, weil er zur Einsicht gekommen war, dass sich deren Verbreitung ohnehin nicht verhindern ließ. Ebenso erlaubte man Professor Nau den Bezug einer Straßburger Zeitung unter der Bedingung, dass er sie nicht herumreiche. Ein Verbot wäre in diesem Fall nicht konsequent gewesen, da in der „Gelehrten Lesegesellschaft" profranzösische Zeitungen offiziell zugänglich waren und auch Georg Forster und Professor Wedekind den Pariser „Moniteur" bezogen. Albini reagierte meist mit derselben Taktik der Vermeidung und Verheimlichung auf politische Konflikte: „Dissimulieren ist jetzt das beste Mittel". Dadurch wollte er erreichen, dass der unreflektierte Traditionalismus der Bevölkerung erhalten blieb und diese nicht von politisierenden Gelehrten beeinflusst wurde. Wenn möglich, sollten Konflikte ohne großes Aufsehen bereinigt werden, im Zweifelsfall wollte man lieber Milde walten lassen. Allerdings regierte Albini nicht allein. Die hohe Geistlichkeit verfuhr mit ihrer Zensur weniger taktisch und verbreitete entgegen Albinis Vorstellungen in der Öffentlichkeit die Titel der verbotenen Schriften. Johann Nikolaus Becker beschrieb in seinem 1792 anonym erschienenen Reisebericht ironisch die ungeschickte Vorgehensweise der klerikalen Zensoren:

„Dass man aber die verbotenen Bücher im Dom den Leuten zur Schau anklebt, kann ich nicht billigen, denn hierdurch wird mehr geschadet als genützt. Sieht ein junger Mensch, dass dieses oder jenes Buch verboten ist, so wird er desto mehr gereizt, es zu lesen."

Auch in einem anderen Reisebericht wird die Bekanntmachung eines zensierten Werkes in der Domkirche kritisiert. Überhaupt nahm die Zensur in dem Maße zu, wie die Angst des Kurfürsten vor revolutionären Ereignissen wuchs. Die Postzensur setzte 1791 in Mainz im Vergleich zu den meisten anderen deutschen Territorien ein Jahr früher ein, was auf die angespannte innen- und außenpolitische Lage hinweist, in der sich die Mainzer Regierung befand.

Der Hofkanzler verstieß selbst gegen sein Prinzip der „Dissimulation", als er auf den bloßen Verdacht hin im Mai 1791 die Post des Theologieprofessors Anton Joseph Dorsch aus Straßburg während dessen Abwesenheit öffnen ließ. Spitzel hatten den Hofkanzler darüber informiert, dass im Haus des Professors ein Brief aus Straßburg angekommen war. Daraufhin ordnete er eine Hausdurchsuchung an, ließ den Brief in seinen Besitz bringen und öffnen.

Der Inhalt des Briefes war für Albini sicher enttäuschend, da er sich als harmlos herausstellte. Doch selbst hinter dem harmlosen Inhalt vermutete die Regierung noch einen geheimen Sinn, den sie nicht entschlüsseln konnte. Albini war fest davon überzeugt, dass Dorsch nur aus politischen Motiven mit Straßburg korrespondierte und aktiv für die französische Propaganda arbeitete. Dorsch zog aus dem Vorfall seine Konsequenzen. Da er keine angemessene Entschuldigung erhielt, verließ er Mainz und ging nach Straßburg. Dort fand er als geistlicher Rat und Professor der Moral eine gleichwertige Anstellung und wurde Mitglied im Straßburger Jakobinerklub.

Der Vorfall verdeutlicht, dass die Regierung ihre Zurückhaltung ablegte, wenn sie staatsschädigende Umtriebe vermutete. Der Eingriff in die Privatsphäre Dorschs wurde in Mainz und in der gelehrten Welt mit Empörung aufgenommen.

Selbst zeitgenössische Reisebeschreibungen kamen auf den Vorfall kritisch zu sprechen.

Der Fall Dorsch war keine Ausnahme. Auch die Post anderer Personen, die Korrespondenz mit Frankreich unterhielten, wurde geöffnet. August von Kotzebue, der bis zum Sommer 1791 in Mainz tätig war, beschwerte sich, dass ihn die Post seines Straßburger Verlegers nur geöffnet erreiche. Als er sich darüber beklagte, wussten die Mainzer Behörden keine bessere Antwort, als die, dass die Post bereits geöffnet in Mainz angekommen sei. Anscheinend wurde Kotzebue, der ein erklärter Gegner der Revolution war, von den Mainzer Zensoren wegen eines vorübergehenden Aufenthalts in Paris als gefährlich eingeschätzt.

Die Einschränkungen, die mit der kurfürstlichen Restaurationspolitik seit Ausbruch der Revolution einhergingen, führten nicht nur unter den Intellektuellen, sondern auch in Teilen der Bevölkerung zu einem starken Ansehensverlust des Kurfürsten. Ein Reiseschriftsteller, der sich über die Unbeliebtheit des Kurfürsten verschiedentlich informierte, führte dies zusammenfassend auf die Einschränkungen der Freiheit „im Denken, Lesen, Schreiben und Sprechen" zurück.

8. Politisierung und politische Partizipation Mainzer Gelehrter

Der Ausbruch der Französischen Revolution wurde von den aufgeklärten Gelehrten in Mainz positiv aufgenommen. Selbst Personen aus dem Umfeld des Kurfürsten bejubelten die Veränderungen, die in dem großen Nachbarland vor sich gingen. Johannes von Müller, der berühmte Schweizer Historiker, der 1788 zum engen Berater Friedrich Karls aufgestiegen war, schrieb über den Sturm auf die Bastille: „Der 14. Julius ist der schönste Tag seit dem Untergang der römischen Weltherrschaft!" Auch Johann Jakob Wilhelm Heinse, der Autor des aufklärerischen Romans „Ardinghello", begrüßte die Revolution. Heinse war zunächst Vorleser des Kurfürsten, 1788 stieg er zum Bibliothekar und Hofrat auf. Obwohl er auch noch während und nach der Mainzer Republik in seinen Aufzeichnungen Zustimmung zu revolutionären Bestrebungen und zu einer republikanischen Staatsform bekannte, ja selbst die Jakobinerdiktatur in Frankreich aufgrund der herbeigeführten politischen Errungenschaften rechtfertigte, ging er später öffentlich auf Distanz zur Mainzer Republik, um sich nicht zu kompromittieren und seine Stellung nicht zu gefährden.

Wie andere aufgeklärte Gelehrte und Schriftsteller in Deutschland distanzierten sich auch viele Mainzer Gelehrte mit zunehmender Dauer und Radikalisierung der Revolution von den Vorgängen in Frankreich, flüchteten 1792 vor der Übergabe von Mainz aus der Stadt oder verharrten in Mainz, ohne sich durch politische Teilnahme eine Blöße zu geben. Einige der Mainzer Gelehrten jedoch blieben unbeirrt Revolutionsanhänger. Es gab Professoren, die nicht davor zurückscheuten, in der Lesegesellschaft oder an der Universität Partei für die Revolution zu ergreifen. Ihre Radikalisierung war eine Reaktion auf die restaurative Politik des Kurfürsten, auf die Enttäuschung über das Ausbleiben weiterer Reformen.

Von einem aufgeklärten Absolutismus konnte jetzt keine

Rede mehr sein: Die Zensoren erbrachen Briefe und verboten Bücher. Spitzel beobachteten misstrauisch Versammlungen der Akademiker. Die Staatsgewalt verfolgte jeden, der in der Öffentlichkeit das Wort gegen die Obrigkeit erhob, aber ein besonders scharfes Auge lag auf den Professoren. Die Professoren unterlagen dabei an der Universität einer stärkeren Kontrolle als in der Lesegesellschaft. Die Zahl der zensierten Schriften stieg ab 1789 an, und in den Vorlesungen derjenigen Professoren, die den französischen Grundsätzen anhingen, saßen Spitzel und notierten jede politische Aussage, die ihnen brisant erschien. Vor allem die Professoren der theologischen und der philosophischen Fakultät traten kritisch hervor und äußerten sich im Rahmen ihrer Lehrveranstaltungen über Kirche und Staat.

Die nun folgenden Lebensläufe Mainzer Universitätsgelehrter spiegeln die Kontinuitäten und Veränderungen politischer Einstellungen während dieser ereignisreichen Umbruchzeit wider. Allen ist gemein, dass sie in den 1780er Jahren an die Universität kamen und sich aufgrund ihrer Erfahrungen und ihrer Entwicklung 1792 für einen Beitritt in den Mainzer Jakobinerklub entschieden.

Der Theologe Felix Anton Blau

Felix Anton Blau stammte aus dem damals kurmainzischen Walldürn im Odenwald. Der am 15. Februar 1754 geborene Sohn aus bürgerlichem Haus studierte an der Mainzer Universität und legte 1780 eine Dissertation mit dem Titel „de regula fidei catholicae" vor, die das aufgeklärte Rezensionswerk „Literatur des katholischen Deutschlands" kommentierte: Man sehe daran, „dass die innere Denkfreiheit bei Katholiken lange nicht so eingeschränkt sei, als sie es zu sein scheint." Die theologische Fakultät der Universität Mainz war mehrheitlich anderer Meinung als der aufgeklärte Rezensent, die Aufklärer waren vor der Reform noch deutlich in der Minderheit. Der Druck der Dissertation führte zu einer fakultätsinternen Auseinandersetzung. Die Zensoren, die die anstößigen Sätze der Schrift übersehen hatten, erhielten im Auftrag des Kurfürsten einen strengen Verweis, und Blau musste sämtliche anstößige Thesen widerrufen.

Blau erhielt 1781 trotz seiner anstößigen Thesen in Mainz einen Lehrstuhl für Philosophie und wurde zwei Jahre später als Dogmatiker an die theologische Fakultät berufen. Ein aufgeklärter junger Dozent war Professor an einer Universität geworden, die sich anschickte, eine große Reform durchzuführen.

Mit Ausbruch der Französischen Revolution war es vorbei mit den Freiheiten des Geistes – in verstärktem Maß wurden nun auch die Vorlesungen überwacht. Davon waren vor allem die drei kritischen Theologen Blau, Dorsch und Nimis sowie der Philosophieprofessor Hofmann betroffen.

Der politische Kurswechsel ließ auch die Inquisitoren wieder erstarken. Am 19. August 1790 fasste die theologische Fakultät unter Führung des Exjesuiten und Dekans Johann Jung den Beschluss, Blau mit Sätzen zu konfrontieren, die man in Mitschriften von Studenten gefunden hatte. Blau warf man vor, dass er der Kirche nur bedingte Unfehlbarkeit zugestehe. Jung wandte bei den Spitzeleien wenig schmeichelhafte Methoden an, um dem Aufklärer Blau Schwierigkeiten zu bereiten: „Jung ließ (...) von einigen wohlbezahlten Schülern Blaus dessen Vorträge nachschreiben, und da sich unglücklicherweise keine auffallenden Ketzereien darin befanden, so interpolierte er selbst welche".

Doch der gewitzte Blau widerlegte den Vorwurf durch die Aufzeichnungen anderer Studenten. Er hatte in der Vorlesung seine Auffassung hinter den Zitaten mehrerer Schriftsteller verborgen, so dass er behaupten konnte, er habe nicht seine Meinung vorgetragen, sondern die anderer Autoren. Aus heutiger Sicht erscheint das Argument schwach, doch es hatte Methode. Auch an anderen Universitäten zitierte man lieber andere Autoritäten, um gefahrlos eigene Gedanken zu verbreiten.

Trotz der mangelhaften Nachweise von Blaus Religionskritik setzte das Generalvikariat eine Kommission zur Untersuchung der Vorwürfe ein, die daraufhin die von Blau verfassten Bücher überprüfte. Obwohl Blau auch den Inhalt seiner Bücher mit dem Argument verteidigte, nur die Meinung anderer Autoren wiedergegeben zu haben, wurden sie verboten. Es war nicht das letzte Mal.

Über ein weiteres zensiertes Werk Blaus, die „Kritische Geschichte der kirchlichen Unfehlbarkeit", gab der Referent des Generalvikariats, Scheidel, am 10. März 1791 zu Protokoll, dass darin

> „die Unfehlbarkeit der Kirche ausdrücklich geleugnet und als nicht hinlänglich gegründet in Schrift und Tradition ausgegeben werde, und nicht anders urteile auch der Verfasser von dem Primat des Papstes und der Hierarchie selbst."

Was hatte Blau geschrieben? In dem Werk unterschied er die katholischen Theologen in zwei Gruppen. Die einen seien „jene Steifgläubigen, die es sich noch nie erlaubt haben, irgend einen Zweifel gegen den Katholizismus oder gegen ein katholisches Dogma im Ernst zu hegen". Die anderen seien diejenigen, „in deren Kopf und Herz die wohltätigen Wirkungen der Aufklärung gedrungen sind, die über Katholizismus und katholisches Dogma unbefangen und freimütig nachzudenken gewohnt sind".

Problematischer als diese Kritik an orthodoxen Theologen erschienen den Zensoren Blaus Passagen zur Unfehlbarkeit der Kirche. Blau wies darin nach,

> „dass die Kirche oft Entscheidungen, ohne hinreichenden Grund zu haben, gewagt [habe]; oft bloße Schulmeinungen zu Glaubenssätzen erhoben [habe]; (...) Der Theologe muss und kann, wie der Kanonist, nach dem Ursprung, nach den Veranlassungen und Gründen der Kirchenentscheidungen forschen; und wenn er auf kirchliche Lehrsätze verfällt, die er weder in der Bibel noch in der alten Tradition finden kann, so muss er, ebenso wie der Kanonist, berechtigt sein, den Schluss zu machen, dass die Kirche dabei die Entscheidungsgewalt usurpiert habe."

Die orthodoxen Geistlichen fürchteten, dass Blau diese ketzerischen Gedanken auch den Studenten vortragen würde. Es war besonders Johann Jung, der diese Bedenken öffentlich machte. Der Professor für Kirchengeschichte zählte zum orthodoxen Lager. Der dänische Kirchenhistoriker Frederik Münter zeichnete von ihm bei seinem Besuch im Sommer 1791 ein wenig schmeichelhaftes Bild: Jung sei ein alter gelehrter Fuchs, der seinen Mantel nach dem Wind hänge. Und weiter: „Er ist gräulich eitel. (...) Er sieht ganz freundlich und ehrlich aus, hat's aber faustdick hinter den Ohren."

Am 16. Januar 1792 stand die Dogmatik-Vorlesung von Blau auf Antrag Jungs im Generalvikariat abermals zur Debatte. Außerdem wurde ihm die Mitverfasserschaft der vom Mainzer Ordinariat bereits am 16. Juni 1791 kritisierten Schrift „Beitrag zur Verbesserung des äußeren Gottesdienstes in der katholischen Kirche" vorgeworfen, die er zusammen mit Professor Dorsch anonym in Frankfurt herausgegeben hatte.

Mit Blaus Thesen setzten sich 1791/92 nicht nur die geistlichen Instanzen auseinander. Der einflussreiche Staats- und Konferenzminister des Kurfürsten, Johannes von Müller, war sehr ungehalten über den theologischen Streit. Dies geht aus seinen Notizen vom 5. September 1791 zur Diskussion um Blaus Angriff auf die kirchliche Unfehlbarkeit hervor. Er wies darin auf den politisch ungünstigen Zeitpunkt für solche Streitereien hin. Müller verfolgte wie Albini eine Beschwichtigungspolitik, um zu verhindern, dass Unruhen in die Öffentlichkeit getragen wurden:

„Ich halte es für besser, so wenig als möglich dergleichen Dinge zum Gegenstand öffentlicher Diskussionen eben jetzt zu machen; man sollte das Publikum gar nicht aufmerksam darauf machen. (...) Theologische Händel jetzt uns auf den Hals zu laden, scheint wahrhaftig der Zeit nicht angemessen."

Müller versuchte Blau in Schutz zu nehmen. Er betonte, dass eine persönliche Feindschaft die Auseinandersetzung zwischen Jung und Blau bestimmen würde. Er griff Blaus Verteidigungsstrategie auf, indem er darauf hinwies, dass Jung Zitate hervorgehoben habe, als ob sie Blaus Meinung seien.

Wie schlecht es 1791 um aufgeklärte Kräfte an der theologischen Fakultät stand, schildern übereinstimmend mehrere Reiseschriftsteller und Gelehrte, die Professor Blau als einzigen Aufklärer der Fakultät bezeichneten:

> „Der einzige theologische Lehrer, welcher ausgebreitet Kenntnisse mit einem aufgeklärten Geiste verbindet und das heilige Dunkel der Dogmatik mit der Lampe der Philosophie zu beleuchten wagt, ist Herr Kanonikus und Professor Blau".

Diese Einschätzung teilte der dänische Professor Sneedorf, der einige Tage in Mainz verbrachte. Bevor er Mainz verließ, schrieb er am 20. Juli 1791 in sein Reisetagebuch: Den aufgeklärten Kräften in Mainz werden Hindernisse in den Weg geworfen, weshalb „sie nicht mehr als jeder andere ausrichten können."

Die ständigen Auseinandersetzungen und Zwänge zur Rechtfertigung deprimierten Blau. In zwei Briefen an den Gelehrten Frederik Münter schildert er seine Lage in Mainz. Münter hatte bei seinem Besuch im Sommer 1791 einen guten Eindruck von Blau bekommen. In seinem Tagebuch notierte er am 5. August 1791:

> „Von allen Gelehrten, die ich in Mainz kennen gelernt habe, ist mir Professor Blau der liebste gewesen. Ein sanfter, stiller, sehr aufgeklärter Mann, der gerne im Stillen Gutes wirkt, den Druck fühlt, der auf ihm liegt, und das System, so sehr es irgend möglich ist, auf die Seite der Vernunft beugt."

Blau hielt mit Münter brieflichen Kontakt. Am 13. Oktober 1791 äußerte sich Blau in einem Brief zuerst noch hoffnungsvoll, dass der Kurfürst sich nicht noch weiter vom Weg der Aufklärung entferne, weil „der Trieb zu glänzen bei unserem Fürsten doch zu groß" sei. Blau wünschte sich aber die Zeit herbei, in welcher der aufgeklärte Koadjutor Dalberg die Nachfolge Friedrich Karls antreten sollte. Der aufgeklärte Statthalter Karl Theodor von Dalberg war am 1. April 1786 zum Koadjutor gewählt worden. Dalberg sollte nach Friedrich Karls Tod Mainzer Kurfürst werden, und alle Aufklärer in und um Mainz sehnten dessen Herrschaftszeit herbei.

In dem nächsten Brief vom 19. April 1792 klagte Blau schon in resignierendem Ton darüber, dass der aufgeklärte Kurs nun endgültig einer orthodoxen Haltung gewichen war:

„Eine richtige (...) Bemerkung ist es, dass seit der französischen Revolution die Freiheit zu sprechen und zu schreiben bei uns sehr abgenommen, und daher diese die ganz entgegengesetzte Wirkung bei uns hervorgebracht habe. (...) Man gewöhnt sich an den Grundsatz, dass die Jesuitenerziehung weit besser gewesen sei, weil sie den Köpfen mehr Zwang anzulegen verstanden hätten."

Aufgrund seiner kritischen Haltung zum Ancien régime gehörte auch Blau zu denjenigen unter den Professoren, welche die Ankunft der Franzosen begrüßten. Blau ließ sich nach Gründung des Jakobinerklubs am 23. Oktober 1792 zwei Wochen Zeit, bevor er sich am 7. November zum Eintritt entschloss. Hierfür war die Rückkehr seines Freundes Dorsch aus Straßburg entscheidend. Dieser hatte auf Blau eingewirkt, um den Klub durch die Mitgliedschaft des beliebten und geachteten Mannes aufzuwerten. Darüber schreibt ein Zeitzeuge:

„Als aber der Dorsch (...) von Straßburg zu Mainz ankam, der mit dem Professor der Gottesgelehrtheit Blau ein Busenfreund war, so ließ sich dieser Blau auch in den Klub aufnehmen. Dieser war einer der gelehrtesten Männer von Mainz, und jedermann staunte, dass er diesen Schritt gewagt hatte."

Blaus Beitritt war für die jungen Theologen im Priesterseminar und an der Universität ein Vorbild.

Er beließ es nicht nur bei der Mitgliedschaft. Er beteiligte sich aktiv an der von den Franzosen errichteten Administration und am Prozess der Politisierung während der Mainzer

Republik, indem er Reden hielt, Flugschriften verfertigte und Artikel verfasste. Als gewählter Abgeordneter des Rheinisch-deutschen Nationalkonvents beteiligte er sich in verschiedenen Ausschüssen. Ende März 1793 misslang ihm die Flucht aus der eingeschlossenen Stadt. Blau wurde von den Preußen aufgegriffen, misshandelt und auf die Festung Königstein gebracht. Der ebenfalls mitgefangene Wörrstadter Arzt Georg Ludwig Koeler schilderte die Misshandlungen, die besonders Blau während des Gefangenentransports am 8. April 1793 von Frankfurt zur Festung Königsstein erdulden musste:

„Gegen niemand wurde die Wut so weit getrieben als gegen Blau, Scheuer und Arnsberger. Wir alle, aber besonders sie, mussten stundenlang einen Regen von Steinen, Kot und geflissentlich herbeigebrachten Eiern aushalten. (...) Vor der Stadt eröffnete sich nun eine andere kannibalische Szene. Jeder Soldat, mit einem Haselstock bewaffnet, schlug auf die armen Gefangenen mit der unbeschreiblichsten, schändlichsten Wut zu. Jeder zerschlagene Stock wurde im nächsten besten Zaune ergänzt. An der Spitze dieser Mörderschar zeichnete sich vorzugsweise der kommandierende Leutnant aus – und ihn begleitete, um sich eine kleine Zerstreung zu machen, einer seiner Herren Kameraden. Beide zerschlugen ihre spanischen Rohre auf Blau und seinen beiden Begleitern."

In der Festung sperrten die Schergen ihn mit sieben Gefährten in eine Zelle, die gerade einmal 4,80 auf 3,60 Meter groß war. Die Misshandlungen und die bis zum 12. Februar 1795 dauernde Festungshaft ruinierten seine Gesundheit und waren Schuld am frühen Tod, der ihn im Jahr 1798 im nun wieder französischen Mainz ereilte. Georg Wedekind stellte bei der Obduktion von Blaus Leiche fest, dass er an den Folgen der Misshandlungen gestorben war, und er hoffte auf eine Aufarbeitung dieses Schicksals:

„Mag sein künftiger Biograph mit gerechtem Unwillen die Grausamkeiten einiger blinder Schwärmer und einiger herzloser Bösewichter schildern, welche durch kannibalische Misshandlungen den Grund zu seinem Tode legten!"

In den dazwischenliegenden Jahren befand sich Blau im Pariser Exil. Nach einem Brief an einen früheren Kollegen und Mitstreiter im Jakobinerklub zu schließen, konnte sich Blau mit der neuen Direktoriumsverfassung arrangieren. In Paris war Blau für das französische Innen- und Justizministerium tätig. Zusammen mit seinen beiden früheren Kollegen, den ehemaligen Mainzer Professoren Dorsch und Nimis, redigierte er den regierungsnahen „Pariser Zuschauer". Für die Zukunft des linksrheinischen Deutschlands sah Blau die einzige Perspektive im Anschluss an Frankreich.

An Blaus Grab würdigte der ehemalige Student Friedrich Lehne dessen Verdienste als vernunftgeprägter Aufklärer und Demokrat: „Wie ein lenkender Genius soll künftig dieses sokratische Beispiel vor uns herwandeln; wenn der Sturm der Leidenschaften unsere Vernunft betäubt, soll er uns zuflüstern: ‚Wie würde Blau gehandelt haben?' und sie wird erwachen." Späte Würdigung erhielt der Verstorbene auch im folgenden Jahr, zum Fest der Erkenntlichkeit. Am 10. Prairial VII (29. Mai 1799) fand im Mainzer Dekadentempel eine Feier statt, zu der Blaus lorbeerbekränzte Büste aufgestellt wurde, um auf diese Weise an den verdienten Republikaner und Demokraten zu erinnern.

Der Philosoph Anton Joseph Dorsch

Der aus einer Heppenheimer Beamtenfamilie stammende Anton Joseph Dorsch hatte wie Blau als Landeskind sein Studium der Theologie an der Mainzer Universität absolviert. Bereits als Siebzehnjähriger dichtete der am 13. Juni 1758 Geborene Epigramme gegen den Adel und den orthodoxen Klerus, die 1775/76 in der schöngeistigen Mannheimer Zeitschrift „Schreibtafel" erschienen:

„Grabschrift des Hrn. v. ...

Hier unter dieser Marmorplatte
Ruht ein vornehmer Taugenicht.
Wo seine Seel' ist, weiß ich nicht,
Man zweifelt, ob er eine hatte.

Herr von ***

Herr von *** zahlt seine Schulden nie
Gevatter glaubt es nicht;
Er kennt seines Adels Pflicht.
Mit Stolz und Undank zahlt er sie."

„An den Herrn Pfarrer zu *

Ohn' einigen Beweis wird die Philosophie
Von dir des Teufels Werk geheißen;
Dass du ein Tor bist sagst du nie,
Und hörst nicht auf es zu beweisen."

Dorsch erhielt 1780 die Weihe zum Priester und promovierte
1781 an der Universität Mainz. Im Jahr 1784 erhielt er die Phi-
losophieprofessur, nachdem er zuvor eine Bildungsreise nach
Frankreich unternommen hatte. Die Mittel für die Reise stellte
der Kurfürst, der im Rahmen der Reformen einigen begabten
Jungakademikern In- und Auslandsreisen ermöglichte.

Der junge Professor fiel bald durch aufgeklärte Reformvor-
schläge auf. So fragte er beispielsweise 1786 in einer kleinen
Untersuchung, „Ob Philosophie in deutscher oder lateinischer
Sprache auf deutschen Universitäten vorzutragen sei?" und
kam zu dem Schluss, dass nach dem Prinzip der wahren Volks-
aufklärung jedermann, ohne ein Lateiner oder Gelehrter von
Profession zu sein, durch den muttersprachlichen Vortrag an der
Philosophie Anteil nehmen sollte.

Der Konflikt mit Vertretern der Orthodoxie erfolgte aber erst,
als Dorsch in verschiedenen Schriften kritische Gedanken über

die Kirche und den Staat zu Papier brachte. So verteidigte er 1788 in einer Abhandlung „Über die sittlichen und vermischten Ursachen der Verschiedenheit der Geisteskräfte unter den Menschen" das Prinzip der Gedanken- und Meinungsfreiheit:

„Im Reich der Wahrheit und der Gedanken darf keine irdische Macht herrschen. Nichts ist der wahren Würde der Menschheit, dem recht verstandenen Interesse der Wahrheit und Tugend mehr zuwider, als Geist der Inquisition und Unduldsamkeit."

Dorsch war wie seine Kollegen Blau und Hofmann ein Anhänger Kants. Im Wintersemester 1788 stellte er in einer seiner Vorlesungen zum ersten Mal Bezüge zur Kantischen Philosophie her. In den folgenden Semestern las Dorsch mehrfach über Kant oder bediente sich der Lehrbücher bekannter Kantianer. Damit war Mainz zusammen mit Würzburg eine der ersten katholischen Universitäten, an der die Kantische Philosophie gelehrt wurde, ein Umstand, der bei den orthodoxen Geistlichen auf Kritik stieß und sie zum Gegenschlag ausholen ließ.

Im Sommer 1790 holte der geistliche Fiskal Turin von der Mainzer theologischen Fakultät ein Gutachten über die Frage ein, ob sich die Grundsätze der Kantischen Philosophie mit den Fundamenten der katholischen Religion vereinbaren ließen.

Der Doktor der Theologie Georg Nimis, ein Schüler Dorschs, der später wie sein Lehrer Mitglied im Mainzer Jakobinerklub wurde, hatte eine Disputation auf Kants Philosophie gehalten, wobei nach Dorschs Worten „die sacra facultas bis auf Professor Blau gar nichts verstand", aber das Unverstandene gleichwohl „nach der wohlhergebrachten theologischen Klopfkastermethode" verketzerte. Auch Johannes Neeb, ein weiterer Schüler Dorschs, entwickelte sich in Mainz zum Kantianer und verbreitete dessen Lehren ab 1792 als Professor in Bonn. Neeb hatte 1791 in Mainz promoviert und folgte am 22. Mai 1792 dem nach Straßburg emigrierten van der Schüren auf den philosophischen Lehrstuhl. Als Mainz 1798 französisch wurde, wechselte Neeb an den Lehrstuhl für Philosophie an der neuerrichteten Zentralschule. Der republikanisch gesinnte Neeb hielt in Mainz öffentliche Reden zu republikanischen Festen. In einer seiner Reden von 1799 rechnete er mit Napoleon ab, den er mit dem antiken Aristides verglich, den man für zehn Jahre in die Verbannung schickte. Diese gefährliche öffentliche Anspielung blieb für Neeb allerdings folgenlos.

Doch kehren wir zu Neebs Lehrer zurück. Bis zum Sommer 1791 war die Fakultätskommission über Dorsch und seine Kantvorlesungen noch zu keinem Entschluss gekommen. Ein Reisender berichtet darüber: „Prof[essor] Dorsch hat wegen seiner Vorlesungen über die Kantische Philosophie gleiche Verdrießlichkeit gehabt, wie Blau. Es ward eine Kommission angestellt, zur Untersuchung: ob die Kantische Philosophie mit der katholischen Dogmatik übereinstimme."

Dorsch klagte auch Johannes von Müller sein Leid über die Schikanen seiner Kollegen:

„Seit sechs Jahren, in welchen ich Philosophie lehre, war Forschen nach Wahrheit und Mitteilung derselben nach bester Überzeugung mein unermüdetes Streben. Feinde des Lichtes legten mir manche Hindernisse in [den] Weg, über die ich mit philosophischem Mute zu siegen wusste. Nun aber hat sich eine Kabale von neuem wider mich oder vielmehr wider meine Lehre entsponnen, die mich für den Ausgang zittern macht. Ich erkläre seit einem Jahre die kritische Philosophie, von deren Wahrheit ich mich nicht nur durchdrungen fühle, sondern welche ich zugleich für die beste halte, uns über die wichtigsten Angelegenheiten des Lebens zu beruhigen."

Dorsch weist darauf hin, dass die Kantischen Lehren an katholischen Universitäten durchaus nichts Ungewöhnliches mehr seien und belegt das mit den Lehrplänen in Salzburg, Würzburg, Bonn und Heidelberg. Auch an Georg Forster trat Dorsch heran, worauf dieser versuchte, ihm im August 1790 einen Lehrstuhl in Göttingen zu vermitteln. In einem Brief vom 6. August 1790 an seinen Schwiegervater, den Göttinger Professor für

Beredsamkeit Christian Gottlieb Heyne, erläuterte er Dorschs Situation in Mainz:

„Seit mehreren Jahren liest er [Dorsch] hier Kants Philosophie und mit ungeteiltem Beifall. Jetzt erwachen die Pfaffen, und er ist zu ehrlich, um seine Grundsätze zu verleugnen. Früher oder später werden Sie in Göttingen doch einen Lehrstuhl für die Kant'sche Philosophie errichten müssen."

Heyne teilte Forster in seiner Antwort mit, dass er diese Bitte nicht erfüllen könne. Es war ein unrealistisches Unterfangen. Weshalb hätte auch ein katholischer Theologe an der aufgeklärten und angesehensten protestantischen Universität des deutschen Reichs lehren sollen?

Die Situation wurde für Dorsch allmählich unhaltbar. Er merkte, dass er – im Gegensatz zu früheren Jahren – vom Hof keine Unterstützung mehr erhielt und verließ Mainz im Herbst 1791 in Richtung Straßburg. Dort schwor er am 27. November 1791 den Bürgereid. Der Auslöser für seine Entscheidung war die bereits oben genannte Affäre im Mai 1791 um einen an ihn gerichteten Brief aus Straßburg, den die Regierung hatte öffnen lassen. Nach Dorschs Weggang verbreiteten seine Gegner die verschiedensten Gerüchte über dessen Tätigkeit in Frankreich. Ein Zeitgenosse stellt 1792 dazu fest: „Es scheint jedoch, dass Dorsch noch viele Feinde in Mainz hat."

In Straßburg traf Dorsch mit Gleichgesinnten wie Eulogius Schneider zusammen. Hier kam er schnell wieder in Amt und Würden: Der konstitutionelle Bischof Brendel stellte ihn als bischöflichen Vikar und Professor der Moral im konstitutionellen Priesterseminar an.

Während seiner kurzen Straßburger Zeit von Ende 1791 bis zum Herbst 1792 entfaltete Dorsch eine bemerkenswerte öffentliche Tätigkeit. In seinen Reden und Schriften überwog die Politik deutlich gegenüber theologischen Inhalten. 1792 erschienen unter anderem folgende zwei Schriften von ihm: „Über den Verteidigungszustand Frankreichs" sowie „Aussichten für die freien Franken im gegenwärtigen Kriege zur Beruhigung der patriotischen Bürger im niederrheinischen Departement". Am 26. Oktober 1791 trat Dorsch in die „Gesellschaft der Konstitutionsfreunde" ein und hielt eine Rede über die Geschichte der Vaterlandsliebe. Als sich die Gesellschaft am 7. Februar 1792 in Jakobiner und Feuillants spaltete, schloss sich Dorsch den Jakobinern an.

In Straßburg hatte Dorsch seine politische Heimat gefunden. Von hier aus versorgte er die zurückgebliebenen Freunde in Mainz, unter anderen Blau und Eickemeyer, mit Informationen über die Ereignisse in Paris und Straßburg. Um seine Freunde durch Briefe aus Straßburg nicht zu kompromittieren, schickte er zumindest in einem Fall einen Brief über einen Umweg nach Mainz, indem er die Herrmannsche Buchhandlung in Frankfurt mit der Weiterleitung des Briefes beauftragte.

Auch mit Johannes von Müller korrespondierte er. In einem Brief aus Straßburg an Müller, der dem Inhalt nach auf Ende 1791 zu datieren ist, kündigte Dorsch an, dass man sich in Frankreich mit dem Gedanken trage, in die benachbarten Kurfürstentümer einzumarschieren:

„Die Generäle Lu[c]kner und Kellermann brennen vor Begierde, einen Spaziergang auf die Pfaffenstraße zu machen, und dann wollen sie besonders dem deutschen Adel und den reichen Bangen ihre Besuche machen."

Dorsch behielt Recht. Als Mainz von den französischen Truppen besetzt worden war, sandte der Straßburger Jakobinerklub Dorsch nach Mainz, um die dortige Revolutionierung voranzutreiben. Dorsch traf am 3. November 1792 in Mainz ein, konnte der Pflanzung des Freiheitsbaumes beiwohnen und abends im Jakobinerklub als Abgesandter des Straßburger Jakobinerklubs den Hörern mitteilen, dass er zur Gründung und Befestigung der Revolution in Mainz beitragen wolle.

Der französische General Custine ernannte Dorsch zum Präsidenten der Administration, damit war er höchster ziviler Repräsentant in Mainz. In dieser Funktion verlor Dorsch allerdings viele Sympathien, da er sich nun der gemäßigten Linie des Generals näherte, der das Feudalsystem erst nach einem Volksentscheid beseitigen wollte, und in Gegensatz zu denjenigen Jakobinern geriet, die eine sofortige Revolutionierung forderten. Im Klub geriet er in einen Konflikt mit dem radikaleren Jakobiner Andreas Joseph Hofmann.

Als problematisch für seine Glaubwürdigkeit erwies sich Dorschs misslungene Flucht Ende März 1793 aus Mainz, unmittelbar bevor die verbündeten deutschen Truppen die Stadt einschlossen. In Begleitung der Professoren Wedekind und Blau und anderer Deputierter des in Mainz zusammengetretenen Rheinischdeutschen Nationalkonvents hatte Dorsch versucht, nach Straßburg zu entkommen, musste aber dann in die Stadt zurückkehren, während anderen die Flucht gelang und einige – wie Blau – von deutschen Truppen verhaftet und eingesperrt wurden. Der Fluchtversuch wurde Dorsch von Mitgliedern des Konvents verübelt, eine Auseinandersetzung aber zurückgestellt. Dorsch konnte sich mit einem Attestat des französischen Kommissars Merlin de Thionville entschuldigen, wonach er diesen als Dolmetscher und Sekretär begleiten sollte. Erst als die Festung von den Franzosen an die Deutschen übergeben wurde, gelang es Dorsch, mit den Franzosen aus der Stadt zu kommen und nach Paris zu gelangen.

Der Fluchtversuch wurde nach dem Scheitern der Mainzer Republik auch im Straßburger Jakobinerklub thematisiert. Der Jakobiner Friedrich Christoph Cotta, der in Mainz im Stab des Generals Custine propagandistisch tätig gewesen war, zeigte dem Überwachungskomittee (comité de surveillance) den damaligen Fluchtversuch beziehungsweise die gelungene Flucht der ehemaligen Mainzer Professoren Dorsch und Wedekind an. Cotta warf den beiden vor, als Repräsentanten des Rheinischdeutschen Nationalkonvents ihre Stellung unzulässigerweise verlassen zu haben und forderte ihren Ausschluss aus dem Jakobinerklub.

Dorsch hielt sich zur Zeit der Eingabe in Paris auf, wo ihn die wegen seiner „Flucht" geäußerte Kritik nicht mehr erreichte. Ohnehin hatte er sich durch seine staatliche Funktion in Mainz das Vertrauen der Volksrepräsentanten Merlin de Thionville und Jean Baptiste François Reubell erworben, die seine Arbeit schätzten.

In der französischen Hauptstadt war Dorsch außerdem in einigen Missionen für das Außenministerium in der Schweiz, Luxemburg und in Belgien tätig. Politisch setzte er sich später für den Anschluss des Rheinlands an Frankreich in einer Reunion ein, um dadurch schnelle politische Fortschritte zu erreichen. Der Cisrhenanenbewegung, die den Gedanken einer unabhängigen rheinischen Republik unter französischem Schutz vertrat, setzte Dorsch im Oktober 1797 seine Schrift „Quelques réflexions sur l'etablissement de la République cis-rhénane" entgegen. Der zu den Cisrhenanen neigende Georg Friedrich Rebmann griff Dorsch wegen seiner Haltung publizistisch an. Der Frieden von Campo Formio im selben Monat zwischen Frankreich und Österreich verwirklichte Dorschs Vorstellungen. Nun fiel das linke Rheinufer an Frankreich und wurde in vier Departements aufgeteilt. Das ergab neue Wirkungsmöglichkeiten für Dorsch, der eine Funktion als Kommissar bei der Zentralverwaltung in Aachen ausübte. In dieser Stellung gründete er einen „Vereinigungszirkel", in dessen erster Sitzung er eine Rede „Über die politische Freiheit" hielt, die im Druck erschien.

In der napoleonischen Zeit übte Dorsch staatliche Funktionen in Kleve und Münster aus. Sein Schicksal war eng mit Frankreichs Geschick verbunden. Als die Deutschen die linksrheinischen Gebiete zurückeroberten, zog er sich nach Paris zurück. 1819 verstarb er in der französischen Hauptstadt.

Der Philosoph Andreas Joseph Hofmann

Andreas Joseph Hofmann war gewiss eine der schillerndsten Gestalten unter den Mainzer Jakobinern. Ein ungewöhnlicher Mann mit einem bewegten, ja dramatischen Leben. Am 14. Juli 1752 wurde er im Örtchen Zell am Main bei Würzburg als Sohn eines Chirurgen geboren. Das Hochstift Würzburg befand sich noch mitten im mittelalterlichen Dämmerschlaf, fest in der Hand der katholischen Orthodoxie. In diesem Klima wuchs Hofmann auf. Vielleicht war es gerade diese früh erfahrene Rückständigkeit, die ihn später zu einem so entschlossenen Kämpfer für die Volksaufklärung werden ließ. Kein Bildnis, nicht einmal ein Schattenriss ist von Hofmann überliefert. Ein Freund, der Wiesbadener Badearzt Karl Reuter, schildert seine Erscheinung als „von mittlerer Größe, aber von sehr kräftigem, gedrungenem Körperbau mit einem Lutherkopf". Zudem sei er ein „gerader und aufrichtiger, unbeugsamer Charakter voll Mannesmut" gewesen, der im direkten Streitgespräch seine Partner „mit stechenden Augen scharf zu fixieren" liebte, „als ob er auf ihrem Gesicht die Wirkung seiner Worte beobachten wollte".

Der Sohn aus einer fürstbischöflichen Beamtenfamilie war früh auf sich gestellt. Als Jugendlicher schon verlor er seine Eltern, sein nur zehn Jahre älterer Onkel, der Würzburger Professor für Moraltheologie Franz Xaver Fahrmann, übernahm die Erziehung. Hofmann wuchs im gleichen geistigen Milieu wie der bekannte Jakobiner Eulogius Schneider auf, denn ein Bruder Fahrmanns hatte den talentierten Schneider entdeckt und gefördert.

Der Gelehrte schickte seinen Neffen zuerst für ein Jahr auf ein Jesuitenseminar, wo er Unterricht in Poetik und Rhetorik erhielt. Später wechselte Hofmann als Student der Rechte auf die Universität nach Mainz und schloss 1777 seine Studien in Würzburg ab. Praxiserfahrung sammelte der erst 16-jährige Jungjurist am Reichshofrat in Wien. In der kaiserlichen Hauptstadt fühlte er sich wohl, hier war nichts zu spüren von der Enge seiner fränkischen Heimat. Kaiser Joseph II., der seit 1765 zusammen mit Übermutter Maria Theresia in den österreichischen Erblanden die Regierungsgeschäfte führte, versuchte sich nach dem Vorbild Friedrichs II. von Preußen selbst als Aufklärer.

Doch bald schon musste Hofmann erkennen, dass es mit den angestrebten Reformen nur sehr mühsam voranging. Statt

147

weiter an seiner akademischen Karriere zu arbeiten, schrieb er in öffentlichen Blättern wie der „Realzeitung" oder den „Litterarischen Monaten". In satirischem Tonfall forderte er die katholische Orthodoxie heraus. Besonders in seinem eigenen „Theaterjournal", 1781 gegründet, prangerte er die Wiener Rückständigkeit an, so dass schließlich alte Parteigänger der inzwischen verstorbenen Kaiserin ihn bei ihrem Sohn anschwärzten. Damit verlor Hofmann alle Chancen auf einen Lehrstuhl, zuletzt verwies man ihn gar des Landes. 1784 ist er wieder in Mainz – zunächst als Professor für die Geschichte der Philosophie, ab 1791 hatte er dann den Lehrstuhl für Naturrecht. 1788 heiratete Hofmann Catherina Josepha Rivora, die Tochter eines Schöffen aus Winkel. Aus der Ehe gingen drei Töchter hervor, von denen zwei früh verstarben.

Wie viele seiner Kollegen an der Universität erkannte Hofmann bald, dass die Möglichkeiten aufgeklärter Reformen unter dem Krummstab begrenzt waren. Als schließlich an seinem 37. Geburtstag, dem 14. Juli 1789, die Menge in Paris die Bastille stürmte und die Revolution losbrach, gehörte Hofmann sofort zu den Anhängern der neuen Prinzipien: Volkssouveränität und Demokratie.

In seinen Vorlesungen tat er sich jetzt keinen Zwang mehr an. Die vorschnelle Freude der adligen französischen Emigranten und des Kurfürsten in Mainz über den Fluchtversuch Ludwigs XVI. im Juni 1791 kommentiert er sarkastisch vom Katheder herab: „Laßt die Despoten nur klatschen; in ein paar Tagen klatschen sie nicht mehr!" Bald darauf prophezeit er zur Freude seiner revolutionsbegeisterten Studenten: „Es wird eine Zeit kommen, meine Herren, wo man öffentlich und laut von angeborenen Rechten der Menschheit sprechen wird. Nach zwei Jahren denke ich in diesen Mauern die Geschichte des Kurfürsten öffentlich zu predigen."

Es kam, wie es komme musste: Hofmanns Vorlesungen wurden überwacht. Prorektor Hettersdorf – der ihn schon in früheren Jahren denunzierte – führte unter den Studenten ein Verhör durch. Der Anlass war die Kritik des Professors an Adel

und Klerus. Hofmann hatte nach Aussage des Studenten Klein-
schmitt gesagt, man „könnte aus metaphysischen Gründen
haarklein beweisen, dass das Gebet nichts nütze." Nach Klein-
schmitt sagte Hofmann außerdem: „Die Adligen sind der ge-
ringste Teil von einem Volk; denn sie ernähren sich von dem
Schweiße der anderen."

Der Prorektor hatte bei seinen Verhören keinen leichten
Stand, da die Aussagen der Philosophiestudenten stark voneinander abwichen. Manche wollten das Gesagte nicht in dieser
Schärfe gehört haben, andere sagten gar aus, sie hätten niemals
etwas Anstößiges vernommen. Hettersdorf befragte insgesamt
sieben Studenten, die sich nach seiner Einschätzung durch
„Rechtschaffenheit und Vernunft" auszeichneten. Drei Studenten belasteten Hofmann, vier entlasteten ihn und sagten aus,
nichts Gefährliches gehört zu haben.

Der spätere österreichische Staatskanzler Fürst Klemens
Wenzel von Metternich war von Ende 1790 bis zum Sommer
1792 Student in Mainz. Metternich hatte zuvor in Straßburg
studiert und musste dort wegen der politischen Vorgänge im
Zuge der Revolution die Universität nach dem 15. November
1790 verlassen. Wie nicht anders zu erwarten, erinnert er sich
in seinen Memoiren kritisch an Hofmanns Vorlesungen:

„Einige Professoren, namentlich aber ein gewisser Hofmann, der
dazumal (1792) eines der Häupter der Mainzer Klubisten war, be-
flissen sich, ihre Vorlesungen über Recht mit Anspielungen auf die
Emanzipation des menschlichen Geschlechts zu verflechten, wie
sie unter Marat und Robespierre so gut in Gang gebracht worden
war."

Das Verhalten des renitenten Professors trugen „Wohlmey-
nende" und andere Denunzianten dem Kurfürsten zu. Am 3.
März 1792 teilt dieser der Universität mit, dass auf Hofmanns
gefährliche Lehren besonders aufmerksam zu achten sei. Der
absolutistische Inquisitionsapparat setzte sich in Bewegung; die
Akte, die nun angelegt wurde, trägt die Aufschrift: „Die von

Professor Hofmann in seinen Collegiis vorgetragen sein sollenden gefährlichen Äußerungen betreffend."

Doch Hofmann hat Glück: Der Fürstbischof und sein Hof müssen noch im Herbst desselben Jahres fliehen; am 21. Oktober 1792 zogen die „neuen Franken" in der Stadt ein. Für Hofmann und die Seinen war es eine Befreiung. Zwei Tage später schon riefen sie einen „Jakobinerklub" ins Leben, in dem Hofmann eine wichtige Rolle spielen sollte. Unerschrocken kritisierte er hier vor Hunderten von Zuhörern das Regime des Kurfürsten. Furchtlos brandmarkt er auch die Fehler und Vergehen des französischen Militärs.

Seine Popularität war enorm. Hofmann habe, rühmt ihn der Student und spätere Publizist Friedrich Lehne,

„durch seine Reden und Schriften die Flamme der Freiheit angefacht; er hat vor zehn Jahren schon die Menschenrechte verteidigt und gegen alle ihre Feinde, gegen Höflinge, gegen Speichellecker, Pfaffen, Jesuiten und sonstige Waffen des Despotismus und gegen den Despoten selbst mit Hintansetzung aller Vorteile verfochten. Er hat gesagt und behauptet, die uneingeschränkte Monarchie, die Königsmonarchie sei das Gift der Freiheit, Republikanismus sei die Seele des besseren Wirkens, der Weg zur Vollkommenheit."

Von Hofmanns Redestil schwärmt der junge Joseph Schlemmer: „Überhaupt wechselte in seiner ganzen Rede eine Stärke der Wehmut und eine Heftigkeit und beides oft vereint mit dem reinen, festen Ton, dass ich sagen muss: Ich habe noch nie so einen Redner gehört."

Wie seine Kollegen und einige Studenten war auch Hofmann während der Mainzer Republik publizistisch aktiv. Noch Ende 1792 erschien sein „Aristokratenkatechismus. Ein wunderschönes Büchlein, gar erbaulich zu lesen, für Junge und Alte", eine revolutionäre Kampfschrift, in der er in volkstümlicher Form das Ancien régime und dessen Missbrauch der Religion als Instrument zur Sicherung der absolutistischen Herrschaftsverhältnisse anprangerte.

Innerhalb des zeitweise 500 Mitglieder starken Klubs sympathisierten besonders die radikalen Studenten mit ihrem Lehrer. Denn so kritisch er sich nach allen Seiten wand – ein Mann des Kompromisses war Hofmann zu keiner Zeit. Er vertrat rigorose jakobinische Positionen und griff wortgewaltig alle Gegner dieses Kurses im Klub oder in der Administration an.

Tatkräftig, mit Leidenschaft, half Hofmann im Februar und März 1793 bei den Wahlen zum Rheinisch-deutschen Nationalkonvent, dessen gewählte Deputierte aus dem „befreiten" Gebiet zwischen Landau und Bingen kamen. Er überzeugte die Stadt- und Landbevölkerung erfolgreich von Freiheit und Gleichheit, sie vertrauten ihm und wählten ihn in den Konvent. Wie jeder der 128 Deputierten leistete er im Mainzer Deutschhaus direkt am Rhein (und vis-à-vis vom Schloss, wo der Jakobinerklub tagte) den republikanischen Eid: „Ich schwöre, dem Volke und den Grundsätzen der Freiheit und Gleichheit treu zu sein und die Pflichten eines Stellvertreters des freien Volkes gewissenhaft zu erfüllen."

Auch unter den Abgeordneten hatte Hofmann die Mehrheit auf seiner Seite und erhielt bei der Präsidentenwahl mehr Stimmen als Georg Forster. Am 18. März – es wird zum Freiheitsdatum der deutschen Geschichte, 55 Jahre später kommt es zur Märzrevolution in Berlin! –, am 18. März 1793 ruft Präsident Andreas Josef Hofmann vom Balkon des Deutschhauses den rheinisch-deutschen Freistaat aus. Doch diesem ist nur eine kurze Existenz beschieden, denn preußische Truppen belagern bereits Mainz, nach wenigen Monaten kapituliert die französische Garnison.

Als Präsident der Republik ist Hofmann für die triumphierenden deutschen Alliierten der Staatsfeind Nummer eins. Ihm gelingt jedoch die Flucht. Im Pariser Exil engagiert sich Hofmann unermüdlich weiter. Er steht an der Spitze einer Gesellschaft der aus Mainz geflohenen Republikaner, der Societé des Refugiés Mayançais, die sich unermüdlich darum bemühen, das Schicksal ihrer in Deutschland eingekerkerten

Freunde zu erleichtern. Außerdem arbeitet sie auf die Vereinigung der linksrheinischen Gebiete mit Frankreich hin.

Kurzzeitig kämpft Hofmann als Kommandeur eines Reiterregiments gegen die aufständischen Royalisten in der Vendée; dabei wird er mehrere Male verwundet. Da er gut Englisch spricht, erhält er den Auftrag, in England die militärische Stärke des Gegners auszuspionieren. Im Frühjahr 1794 bricht er, versehen mit einem holländischen Pass, in geheimer Mission nach England auf. Dort holt ihn die Vergangenheit ein. Am 2. Juni, beim Besuch eines Londoner Konzerts – es wird Musik von Joseph Haydn gespielt –, begegnet er einem seiner früheren Studenten: dem Grafen Klemens Wenzel von Metternich, der sich gerade als diplomatischer Reisebegleiter in London aufhält. Als Metternich seinen ehemaligen Mainzer Lehrer erkennt, informiert er die Polizei. „Das war Metternichs erste diplomatische Tat", so Hofmann später dazu. Doch er kann entkommen und wechselt sofort seine Wohnung. Auf der Flucht durch England erkrankt er und ist erst im Februar 1795 soweit genesen, dass er nach Paris zurückreisen kann. Der Weg führt über Hamburg: Hier kommt er beim großen Friedrich Gottlieb Klopstock unter, der selbst vor vier, fünf Jahren noch die Revolution der edlen Franken hymnisch gefeiert hatte. In einem späteren Brief schickt der greise Dichter ihm seine neueste Ode zu, adressiert vom „Bürger Klopstock an den Bürger Hofmann".

Obwohl die Jakobiner inzwischen an den Rand gedrängt sind, findet Hofmann in Paris auch unter der gemäßigten Direktoriumsregierung Beschäftigung, zuletzt sitzt er im Polizeiministerium als Directeur de la police des étrangers. Dort trifft er erstmals auf General Napoleon Bonaparte, Kommandant von Paris, dem er regelmäßig Rapport erstatten muss. Schon damals missfällt ihm das hochfahrende Wesen des Korsen: „kalt, schweigsam, zugeknöpft, aristokratisch". Da er mit ihm nicht zusammenarbeiten kann, legt er bald sein Amt nieder.

Hofmann hat Heimweh. Er wünscht sich die „Befreiung" Deutschlands, wenigstens den Anschluss des linken Rheinufers an Frankreich. In seiner Schrift „Sur les nouvelles limites de la république française", die 1795 in Paris erscheint, spricht er sich für den Rhein als Grenze aus, die Frankreich benötige, um die innere Ruhe und äußere Sicherheit zu wahren.

Dennoch muss sich Hofmann noch über zwei Jahre gedulden. Erst Ende 1797 erfüllt sich sein Wunsch: Frankreich verleibt sich das linksrheinische Deutschland ein (1801 wird die neue Grenze im Vertrag von Lunéville endgültig besiegelt) und teilt es in vier Departements, wobei das Donnersberg-Departement den einstigen rheinisch-deutschen Freistaat mit Mainz als der Hauptstadt in sich aufnimmt. Nach über vier Jahren im Exil kehrt der ehemalige Konventspräsident nach Mainz zurück – als Steuer- und Finanzchef des neuen Departements.

Doch die politischen Verhältnisse in Frankreich sind nicht mehr die von 1792/93. In einer Rede vom 27. Juli 1798 gibt Hofmann dennoch unmissverständlich zu verstehen, dass er selber der alte Feind der Despoten geblieben ist: „So falle jeder, der uns von der Republik zum Königtum zurückführen oder in der Republik den Diktator machen will. Es lebe die Republik!"

Die Mainzer schätzen den unbeugsamen Charakter des Jakobiners und wählen ihn 1801 in den Stadtrat. Als ihn Konsul Napoleon Bonaparte am 25. September 1801 zum Mitglied der Legislative ernennt, schlägt er dieses ehrenvolle Amt aus. Die zunehmende Machtfülle des kleinen Cäsars stößt ihn ab. Er ahnt, dass Napoleon zur Alleinherrschaft strebt: 1802 wird der Korse Konsul auf Lebenszeit, zwei Jahre später krönt er sich in Notre-Dame zum Kaiser.

Wenn ihm auch in der Politik kein Erfolg mehr beschieden ist, so will Hofmann wenigstens die von den Franzosen zur Zentralschule heruntergestufte Mainzer Universität neu beleben. Doch nach seiner Pariser Reise im Jahr 1802 sieht er die Hoffnungslosigkeit des Unterfangens ein. 1803 gibt er auch sein Amt als oberster Steuereintreiber auf; sein erster Kassierer hat eine halbe Million Franc veruntreut. Hofmann trifft keine Schuld außer der, ein zu großes Vertrauen in die Ehrlichkeit seiner Beamten gesetzt zu haben.

Nach der Rückkehr des linksrheinischen Gebiets 1814 an Deutschland zieht sich Hofmann nach Winkel im Rheingau zurück, auf das Hofgut seiner Tochter Charlotte, dem heutigen Winkeler Rathaus. Die Tochter war seine nächste Verwandte. Seine Frau Catharina Josepha Rivora starb bereits 1799. Hofmanns Exilzeit belastete die Ehe: 1788 heirateten die beiden, von 1793 an mussten sie voneinander getrennt leben und sahen sich erst kurz vor Catharinas Tod wieder.

Während die Restauration Europa überkrustete und in Deutschland Hofmanns Schüler Metternich herrschte, blieb der Expräsident seinen Überzeugungen treu. Und so erinnerte man sich denn auch seiner in den Tagen der Demagogenverfolgungen – und überwachte seine Korrespondenz und durchsuchte sein Haus. „Ja, wäret ihr zehn Jahre früher gekommen!", soll Hofmann die Polizisten spöttisch begrüßt haben. „Wer ihn damals hörte und sah und wieder heute", schreibt der Philosoph Johannes Neeb 1839 in seinen Erinnerungen, „hält es in Beziehung auf Hofmann für den Unterschied eines Tages: in seinem 83. Lebensjahre derselbe freigesinnte, feste, offene Mann, ohne Furcht und Rückhalt, als wie damals in seinem 30. Jahre."

Kontakt hielt Hofmann im Vormärz auch zu den jungen Oppositionellen wie den Idsteiner Brüdern Ludwig und Wilhelm Snell. Hoffmann von Fallersleben besuchte in den 1840er Jahren mehrere Male den betagten Gelehrten, den er als „merkwürdigsten Mann des Rheingaus" bezeichnete, und ließ sich von ihm aus der Revolutionszeit berichten: „Der alte Hofmann spricht mit jugendlichem Feuer über das, was war und ist, und wie es heute billig sein sollte." Ganz in der Nähe von Hofmanns Alterssitz in Winkel sammelte sich derweil der oppositionelle Hallgarten-Kreis, in dem Demokraten wie Robert Blum oder Friedrich Hecker zusammenkamen. Ob sich auch Hofmann an diesen Treffen beteiligte, ist nicht überliefert. Anteil an ihnen hat er gewiss genommen, kannte er doch den Initiator des Kreises, Johann Adam von Itzstein, der 1792/93 als Mainzer Student ebenfalls Mitglied im Jakobinerklub gewesen war.

Auch sein alter Feind, der österreichische Staatskanzler Fürst Metternich, verweilte zeitweise in der Nähe Hofmanns auf seinem Johannisberger Gut. Als er 1846, versöhnlich gestimmt, seinen alten Professor und politischen Gegner zu sich aufs Schloss einlud, wies Hofmann dies stolz zurück und erklärte, der Kutscher Europas möge sich gefälligst zu seinem früheren Lehrer hinabbegeben.

Dann der letzte Triumph – und der letzte große Schmerz: die Revolution von 1848, die Niederlage ein Jahr später. Am 6. September 1849 stirbt Andreas Josef Hofmann. Auf eigenen Wunsch begräbt man ihn ohne Geleit eines Geistlichen in der Nähe der Kirche zu Winkel. Eine große Anzahl Freunde, Bekannter und Verehrer fand sich ein, um Abschied zu nehmen. Der Advokat Dr. Ernst Leisler, ein Freund der Familie und liberaler Politiker, hält die Leichenrede. Seine Tochter Charlotte setzt ihm einen Stein mit einer Inschrift. Stein und Grab sind längst verschwunden, aber der Text der Inschrift ist überliefert. Möge Hofmanns „Hoffnung auf den Sieg des Rechts, der Freiheit und der Humanität sich erfüllen", lautet die letzte Zeile.

Der Universalgelehrte Georg Forster

Georg Forster war neben dem Dichter Heinse und Johannes von Müller der Bekannteste unter den Gelehrten am Mainzer Hof oder der Universität. Der Ruhm des am 26. November 1754 in Nassenhuben bei Danzig Geborenen war in erster Linie auf die Teilnahme an der zweiten Entdeckungsreise James Cooks zurückzuführen, die er mit seinem Vater Johann Reinhold Forster publizistisch in dem Werk „Reise um die Welt" verwertete. Johann Reinhold war ein ausgebildeter Pfarrer, ein bekannter Weltreisender und Naturforscher. Seit 1780 war er Professor für Naturgeschichte in Halle, wo er durch freimaurerische Aktivitäten und Auseinandersetzungen mit der preußischen Regierung auffiel, die ihm – zu Unrecht, wie sich später zeigen sollte – den Ruf eines „Jakobiners" einbrachten.

Zu Georg Forsters gutem Ruf in der gelehrten Welt trugen weitere Reisen sowie schriftstellerische und wissenschaftliche Werke bei. Vor seiner Mainzer Tätigkeit war Forster Professor für Naturwissenschaften am Kasseler Collegium Carolinum. Hier nahmen ihn die Freimaurer als Mitglied auf. In den Jahren 1784-87 erhielt Forster einen Ruf an die Universität Wilna (Polen), war dort aber unzufrieden mit seiner Tätigkeit und auch mit den rückständigen gesellschaftlichen und politischen Verhältnissen.

Als Johannes von Müller 1788 zum Legationsrat der kurfürstlichen Regierung aufstieg, vermittelte er seine alte Stelle als Universitätsbibliothekar an Georg Forster. Dieser ergriff gerne die Gelegenheit. In Mainz angekommen, dämpfte sich die Freude über die neue Stelle freilich schnell. Die Verhältnisse an seiner neuen Arbeitsstätte waren enttäuschend. Die Bibliothek wies große quantitative und qualitative Mängel auf, die nur mit erheblichem finanziellen Aufwand zu beseitigen waren. Forster versuchte diese Missstände abzustellen, scheiterte aber an den geringen finanziellen Mitteln. Er sah, dass dem Kurfürsten nicht wirklich daran gelegen war, die Universität nachhaltig zu erneuern. Der Gesamtaufwand für die Bibliothek betrug einschließlich Forsters Gehalt lediglich 2.865 Gulden. Für die Bibliothek selbst standen jährlich nur 600 Gulden zur Verfügung, das war ein Drittel von Forsters Jahresgehalt. Im Jahr 1792 erhielt der Universitätsbibliothekar Georg Forster jährlich 1.800 Gulden, das war mehr, als die höchstbezahlten Professoren wie der Medizinprofessor Soemmering (1500 Gulden) oder Juraprofessor Hartleben (1645 Gulden) erhielten.

Offenbar flossen unkoordiniert Gelder aus dem Universitätsfonds in weniger dringliche Anschaffungen, so dass Georg Forster klagte:

„Denken Sie, dass von einem Fonds von drei bis vier Millionen, welcher aus den aufgehobenen Klöstern entstand, 750.000 Gulden geradezu weggefressen sind, ohne dass die Universität sagen kann, sie hätte einen wesentlichen Vorteil davon!"

Hier klingt nicht nur die Unzufriedenheit des Universitäts-
bibliothekars durch, der vom Zustand seiner Arbeitsstätte enttäuscht war und keinen Einfluss auf die Verteilung der Gelder
hatte. Forster warf der reformfeindlichen kurfürstlichen Administration absichtliche Geldverschwendung vor, um dadurch
langfristig die Universität beim Kurfürsten im Misskredit zu
bringen. So wurde zum Beispiel ein kostspieliges Medaillen-
kabinett angelegt, anstatt die Bibliothek instand zu setzen. Nach
Forsters Ansicht steckte dahinter der Zweck,

„Tätigkeit, Arbeitsamkeit und Aufklärung im gelehrten Stand wie
überhaupt zu unterdrücken, alles in der alten Konfusion hübsch zu
erhalten, den Ausländern selbst, die der Kurfürst aus gutem, besten
Willen herrief, die Hände zu binden und dann sagen zu können: sie
tun ja nicht mehr als wir, es ist durch ihre Berufung nichts für
Mainz geschehen."

Trotz dieser Umstände strebte Forster bis zuletzt danach, die
Situation der Bibliothek zu verbessern. Doch selbst in seinem
Umfeld erhielt Forster stumpfsinnige Argumente auf sein Bemühen, den Bücherbestand zu erneuern. Am 16. Juni 1792
schrieb er: „Die Barbarei geht weiter als man glaubt; Leute, von
denen man ein ganz anderes Urteil erwarten sollte, sagten auf jene
Vorstellung: ‚Laßt sie doch erst die alten Bücher alle auslesen.'"
Das wichtigste Anliegen war ihm im Jahr 1792 jedoch die
Nutzung der ehemaligen Jesuitenkirche als Bibliothek. Die Be-
schaffenheit der Kirche erschien ihm ideal, um die durch die
bisherigen ungeeigneten Räumlichkeiten bereits teilweise be-
schädigten Bibliotheksbestände zu retten. Ein ehemaliges Gottes-
haus als Bibliothek? Forster hatte mit diesem Plan bereits den
Unwillen innerhalb der katholischen Bevölkerung erregt, die in
dem Vorhaben des Protestanten Forster einen Angriff auf ihre
Religion vermutete und sich mit Schmähungen gegen die Universität wehrte. Am 12. Februar 1792 berichtet Forster, dass die
Bibliothek wegen Protesten nur in das alte Jesuitenkolleg und
nicht in die Jesuitenkirche kommen wird:

„Das Publikum hängt noch zu sehr daran, und man hat sogar der Universität einen anonymen Drohungsbrief zugestellt, worin unter andern stand: so viele Kirchen habe man ihnen schon entrissen, nun wolle man auch die Lieblingskirche zur Bibliothek machen; ist das der Dank des Protestanten für das gute Mainzer Brot, das er genießt?"

Forster hielt aber unermüdlich an seinem Vorhaben fest. Noch kurz vor dem Einzug der Franzosen in Mainz verfertigte er eine Denkschrift an den Kurfürsten und fügte bereits den Plan eines Baumeisters bei.

Neben seiner unbefriedigenden Aufgabe als Bibliothekar war der Gelehrte als Übersetzer und Schriftsteller tätig. In seiner Mainzer Zeit entstanden die „Ansichten vom Niederrhein", ein literarischer Reisebericht, in dem Forster Eindrücke verarbeitete, die er im Sommer 1790 unter anderem in den Krisengebieten Lüttich und Brüssel gewonnen hatte. Forster wird dort zum ersten Mal mit revolutionären Zuständen konfrontiert, die er dann in seinem Werk verteidigt: „Das Volk ist selten zurückhaltender oder billiger als der Despot; (...) mit welchem Recht will man Mäßigung von ihm erwarten, wenn man es geißelt, bis es in Wut gerät und seinen unbarmherzigen Treiber nun zu zertreten drohet?"

Forster betrachtete die Revolution als Folge der Verhältnisse. Er lehnte die einseitige Sicht der gegenrevolutionären Propagandisten ab, die Gewalttaten und Anarchie als negative Begleiterscheinungen der Revolution hervorhoben und dabei übersahen, dass der „Ehrgeiz kriegführender Despoten" tausende Opfer mit sich brachte.

An den parteilichen Schilderungen über die revolutionären Veränderungen in den Nachbarländern Deutschlands hatte die Zensur offensichtlich nichts auszusetzen, zumal in Forsters Werk keine Schlussfolgerungen für die Mainzer Verhältnisse gezogen wurden. Das Schweigen ist dennoch erstaunlich, schließlich hatte sich der Kurfürst mit Truppen an der Niederschlagung ebendieses Aufstands beteiligt.

In einem anderen Werk Forsters, dem dritten Teil von „Cooks Weltreise", fand die Mainzer Orthodoxie dagegen einen Religionsverstoß. Forster hatte im Zusammenhang mit den Ureinwohnern Amerikas den in der Bibel genannten Adam „als das Geschöpf irgendeiner orientalischen Phantasie" bezeichnet und den Exkurs mit den Worten „Wir lassen diese Träume, um uns an Tatsachen zu halten" beendet. Der geistliche Rat Turin bat Johannes von Müller um eine Stellungnahme, die am 16. April 1792 erfolgte. Müller gab darin deutlich zu verstehen, dass er nicht gewillt war, einen Mann wie Forster wegen dieser Sätze zur Verantwortung zu ziehen, die in protestantischen Ländern von den Glaubensvertretern selbst angenommen wurden und im Druckort Berlin die Zensur passierten. Außerdem befürchtete er, dass ein zensorisches Vorgehen gegen Forster „den Franzosen und ihrer Partei" als ein weiteres Indiz für die Intoleranz des Kurfürsten dienen würde, und beließ es bei einer Ermahnung Forsters, ähnliche Hinweise auf die Bibel in Zukunft zu vermeiden.

Forster bekennt sich in seinen Briefen offener zur Französischen Revolution als in seinen Büchern. Die negativen Erscheinungen der Französischen Revolution sind nach seiner Meinung auf den vorhergehenden Absolutismus zurückzuführen: „Kein Fehler, kein Irrtum, kein Mißbrauch ist, dessen die Nationalversammlung beschuldigt werden kann, wovon nicht der Fluch auf die vorhergehenden Despotismus zurückfällt." Auch die angespannte Situation des Jahres 1791 veranlasst Georg Forster zur Kritik an den politischen Verhältnissen im Mainzer Kurstaat: „Alles ist hier leer und flach und schief obendrein; die natürliche Folge der Greuel einer geistlichen Verfassung." Forster erwartet dennoch für Mainz und die anderen deutschen Staaten keine baldige Revolution, da die Zustände andere seien als in Frankreich: „Bei uns sind Mängel, Missbräuche, Bedrückung, Aussaugung des Untertans usw. zwar auf einem hohen, aber noch nicht auf den höchsten Punkt gestiegen." Lediglich dem Verhalten des Adels sei es zu verdanken, wenn sich das ändere: „Allein die adlige Partei hat eine wahrhaftige Wut, ihr Übergewicht zu behaupten und fühlen zu lassen, die zuverlässig den Umsturz unserer Verfassung um ein halbes Jahrhundert beschleunigen wird."

Forster störte sich an der einseitigen Berichterstattung der „Mainzer Zeitung", die nicht nur die Französische Revolution kritisch behandelte, sondern auch Nachrichten aus Frankreich verfälschte, wie er in einem Brief bemerkte. Forster war über die politischen Vorgänge in Frankreich gut informiert, da er selbst französische Zeitungen bezog und durch seinen Kontakt mit dem Diplomaten Georg Ernst Lucius über einen wichtigen politischen Informanten verfügte. Dieser war Legationssekretär und Geschäftsträger der niederländischen Generalstaaten in Kurmainz und gehörte zu den bestinformierten Diplomaten in Mainz. Lucius stand auch als einziger in Kontakt mit dem französischen Gesandten in Mainz, Dorothée Villars, der vom 12. Mai bis zum 14. Juli 1792 als diplomatische Vertretung Frankreichs anwesend war. Wie den französischen Gesandten verdächtigte man auch Lucius als Anhänger der Revolution, politische Propaganda in der Mainzer Bevölkerung zu verbreiten.

Auch im privaten Kreis sprach Forster mit Freunden und Studenten über Politik und bezog Position für die Revolution: „Georg Forster (...) versammelte um sich zahlreiche Akolythen der Revolution. Ich besuchte sein Haus und war Zeuge der Verführung, der viele jugendliche Geister zum Opfer fielen", berichtet der spätere österreichische Kanzler Metternich, der während seiner Mainzer Studienzeit Forster zu Hause besuchte und das Erlebte in seinen Memoiren festgehalten hatte.

Einer dieser jugendlichen Revolutionssympathisanten, der sich in Forsters Haus aufhielt, war Justus Erich Bollmann. Bollmann hielt sich von Anfang August bis Mitte Oktober 1791 in Mainz auf. Er wollte hier seine medizinischen Kenntnisse vorantreiben und mit gelehrten Persönlichkeiten zusammentreffen. Dabei fand er schnell Anschluss an den geschätzten Georg Forster, zu dessen abendlichen Zusammentreffen mit Freunden und Gleichgesinnten er sich regelmäßig einfand:

160

„Fast jeden Abend bringe ich in dieser Familie [Forster] zu, wo mehrere gescheite und interessante Menschen freien Zutritt haben." Bollmann hatte am 13. April 1791 an der Universität Göttingen seine medizinische Promotion abgelegt und danach eine Studienreise angetreten, die ihn über die Universitätsstädte Würzburg und Mainz nach Straßburg und Paris führen sollte. Der junge Mann sympathisierte bereits vor Reiseantritt mit der Französischen Revolution, doch nach seinen Besuchen bei Forster war er ein überzeugter Revolutionsanhänger. Seine Briefe spiegeln die Radikalisierung seiner politischen Ansichten während und nach seinem Mainzer Aufenthalt wider.

Ständige Teilnehmer dieses Zirkels, der allabendlich von sieben bis neun Uhr zusammenkam, waren neben Forsters Frau Therese der Legationssekretär Huber und einige Gelehrte: „Nehmen sie noch hinzu, dass fast täglich Durchreisende diesen Zirkel noch brillanter machen." Durch seine medizinischen Studien traf Bollmann auch mit Professor Wedekind zusammen, den er wie Forster und Huber zu seinem ständigen Umgang zählte, und der ihn so faszinierte, dass er länger als geplant in Mainz blieb. Da dieser Personenkreis sein wichtigster Umgang in Mainz war, stellten sie auch die wichtigste Informationsquelle Bollmanns über die hiesigen politischen Verhältnisse dar. In einem Brief zeigt er sich gut informiert:

„Der Kurfürst hier begünstigt ausnehmend die Aristokraten! Ob dies von Scharfblick in die Zukunft zeugt? Und nimmt, zum nicht geringen Ärgernis viel[er] gescheiter Leute, die strengsten Maßregeln, sein Land gegen die vermeintliche Propaganda zu schützen. Briefe werden erbrochen; Messen für den Untergang der französischen Konstitution gelesen; alle Fremde scharf examiniert; alle öffentliche Reden über Religion und Staat streng verboten! Alle Bewegungen durch schlaue Spione belauscht etc., kurzum der Despotismus unterlässt nichts, sich zu verschanzen, nicht ahnend, dass Widerstand die Kräfte nur erhöht, und dass diese Verschanzungen die Losung sind, um ihn zu stürzen."

Diese negative Bewertung der kurfürstlichen Restaurationspolitik wiegt umso schwerer, als Bollmann wenige Wochen zuvor in Würzburg an der Regierung des dortigen Landesherrn, einem Bruder des Mainzer Kurfürsten, nichts auszusetzen hatte. Zunehmend gewannen die politische Positionen des jungen Mediziners in seinen Briefen an Profil. Aus Mainz bekennt er seinem Vater: „Übrigens bin ich Demokrat mit ganzer Seele." Die Revolution in Frankreich und die französische Verfassung lobt er, allerdings – und hier übernimmt er Forsters Einstellung zu dieser Zeit – hält er den Zeitpunkt für eine Revolution in Deutschland noch für verfrüht: „Ich wünsche nicht meinem Vaterlande solche gewaltsamen Auftritte [wie in Frankreich], auch sind die, vermöge der Natur der Dinge, noch wohl ferne!" Auch wenn Bollmanns politische Haltung durch seine späteren Erfahrungen in Frankreich ernüchtert wurde, haben ihn die beiden Mainzer Monate im Umfeld des Forsterschen Freundes- und Gesinnungskreises in seinen demokratischen Anschauungen nachhaltig beeinflusst.

Ein interessantes Zusammentreffen im Hause Forster gab es am 20. und 21. August 1792. An diesen Tagen war Goethe in Mainz und verbrachte zwei Abende in der Gesellschaft von Forster, Soemmering und anderen. Er war Begleiter im Gefolge des Herzogs von Weimar, um am Feldzug gegen Frankreich teilzunehmen. Deshalb wurden politische Themen in den Gesprächen vermieden, weil jeder wusste, dass „ungleiche Gesinnungen" vorhanden waren. Goethe erkannte schnell die politische Haltung der anderen und vermerkte es in seinen Aufzeichnungen: „Große republikanische Spannung der Gemüter. Mir ward unwohl in der Gesellschaft." An einem der beiden Abende trafen Forster und Goethe mit drei Studenten zu einem Gespräch zusammen. Einer der Studenten, Josef Schlemmer, kommentierte das zufällige Treffen in seinem Tagebuch: „Der Dichter des Götz auf Seiten der Gegner der Freiheit." Für den Studenten war es eine Enttäuschung, dass sich sein Dichteridol politisch anders orientierte.

Seit März/April 1792 befand sich Caroline Böhmer, eine Freundin von Forsters Frau Therese, in Mainz und hielt sich fast jeden Abend im Kreis der Familie Forster auf. Am 12. August 1792 berichtet sie einem Freund anlässlich des Frankreichfeldzugs über die politische Haltung Forsters: „Für das Glück der kaiserl[ichen] und königlichen Waffen wird freilich nicht gebetet – die Despotie wird verabscheut, aber nicht alle Aristokraten". Das klingt noch moderat. Nur wenige Monate später konkretisiert sich Forsters politische Einstellung offenbar. In einem Privatbrief schreibt er, dass er eher für als gegen die Jakobiner sei, weil ohne diese in Paris schon die Gegenrevolution ausgebrochen wäre. Er ahnte wenige Tage vor der Kriegserklärung Frankreichs an Österreich, dass durch die unvorsichtige Politik des Kurfürsten Mainz mit in den Krieg hineingezogen werden würde. Politischen Realitätssinn bewies Forster auch mit der Vorhersage, dass der Kurfürst beim Anrücken der Franzosen fliehen und die Stadt ohne Verteidigung an den Feind gehen werde. Genau das trat ein halbes Jahr später tatsächlich ein.

Als die Franzosen im Oktober in Mainz einzogen, fragte sich Forster, ob er Partei ergreifen sollte. Er entschloss sich zum Handeln.

Während der Mainzer Republik entwickelte sich Forster zu einem der bedeutendsten Politiker. Sein Eintritt in den Jakobinerklub am 5. November 1792 war ein mutiger Schritt für den berühmten Mann, wandte sich doch nun der größte Teil des gelehrten Deutschland, darunter viele Freunde und sein Vater, der vermeintliche „Jakobiner", von ihm ab. Für die Mainzer Intellektuellen hingegen hatte die Entscheidung Forsters zugunsten der Mainzer Revolution Vorbildcharakter. Forster wuchs schnell in die neue „Aufgabe" hinein. Als Redner im Jakobinerklub kam er bei den Zuhörern an. Auch seine politischen Veröffentlichungen in der zusammen mit Professor Wedekind herausgegebenen Zeitung „Der Patriot" und seine selbst herausgegebene „Neue Mainzer Zeitschrift" zeichneten sich durch Allgemeinverständlichkeit und revolutionäres Pathos aus.

Privat ist es für Forster eine schwierige Zeit. Seine Frau Therese hat schon seit Mitte 1792 ein Liebesverhältnis mit seinem Freund Ferdinand Huber. Am 5. Dezember verlässt Therese Georg Forster mit zwei Töchtern und reist über Straßburg in die Schweiz. Caroline Böhmer, die Freundin des Ehepaars Forster. ist empört über diesen Schritt von Therese, die ihren Mann in dieser schwierigen Situation verlässt und ihn auch politisch gefährdet, da ihr Weggang seine politische Glaubwürdigkeit in Frage stellt. Caroline schreibt einem Freund:

„Menschlichem Ansehn nach ist es der falscheste Schritt, den sie [Therese, d.V.] je getan hat und der erste Schritt, den ich ohne Rückhalt missbillige. Sie, die über jeden Flüchtling mit Heftigkeit geschimpft hat, die sich für die Sache mit Feuereifer interessierte, geht in einem Augenblick, wo jede Sicherheitsmaßregel Eindruck macht und die jämmerliche Unentschiedenheit der Menge vermehrt."

Von diesem Zeitpunkt an unterstützt Caroline Böhmer den allein gelassenen Freund. Sie durchlebt mit dem prominenten Jakobiner die kommenden schweren Monate, unterstützt ihn moralisch und hilft ihm im Haushalt. Obwohl sie nicht Mitglied im Jakobinerklub werden kann – Frauen sind nicht zugelassen – steht sie politisch auf der Seite Forsters, das belegen ihre Briefe. Zudem hat sie in dieser Zeit eine Liaison mit einem Leutnant des französischen Heeres, Jean Baptiste Dubois Crancé, aus der ein Sohn hervorgeht. Erst als Forster am 25. März 1793 als Gesandter des Konvents nach Paris aufbricht, verlässt auch Caroline wenige Tage darauf die Stadt. Auf dem Weg nach Frankfurt wird sie von den Preußen gefangen genommen und kommt für einige Monate als politischer Häftling auf die Festung Königstein. Nur der persönliche Einsatz mehrerer Freunde, darunter ihr späterer Ehemann August Wilhelm Schlegel, und ihres Bruders erwirkt schließlich ihre Freilassung im Juli 1793.

Doch wenden wir uns wieder Forster zu. Im Klub war er weniger volkstümlich und politisch gemäßigter als etwa Andreas Joseph Hofmann. Dafür zählte die sachliche und konsequente politische Argumentation zu seinen Stärken. Als zeitweiliger Präsident des Jakobinerklubs, Vizepräsident der von den Franzosen eingesetzten Administration und als Vizepräsident des gewählten Rheinisch-deutschen Nationalkonvents setzte sich Forster maßgeblich für demokratisch-republikanische Grundsätze und den Anschluss an Frankreich ein.

Mit zwei Deputierten reiste Forster am 25. März 1793 nach Paris, um dem Nationalkonvent das Anschlussgesuch zu überbringen. Am selben Tag noch schreibt er seiner Frau Therese stolz über seine Akzeptanz im Konvent, und auch seine weitere politische Zukunft sieht er durchaus positiv:

> „Ich habe große Liebe im Konvent, zumal unter den Bauern. (...) Allein, wenn es möglich ist, lass' ich mich hernach zum Deputierten als Sitz und Stimme habendes Mitglied des frz. [französischen] Nationalkonvents für hiesige Gegend, nachdem sie vereint sein wird, wählen."

Es kam anders. Forster sollte die Stadt des ersten gewählten deutschen Parlaments nie wiedersehen. Durch die Belagerung und Rückeroberung von Mainz war er gezwungen, in Paris zu bleiben. Seinen jakobinischen Positionen blieb er auch während der Jakobinerdiktatur treu, trat aber mit Ausnahme diplomatischer Tätigkeiten nicht mehr aktiv in Erscheinung. Bereits 1794 verstarb Forster vereinsamt in Paris an einer Lungenentzündung.

In seinen letzten Schriften bewertete er den Verlauf der Französischen Revolution. Er verteidigte die jakobinische Terreur als ein notwendiges Mittel, um die politische und geistige Freiheit zu erreichen. An der Revolution soll nach Forster die Mehrheit des Volkes beteiligt sein. Das schreibt er in seiner Schrift „Über die Beziehung der Staatskunst auf das Glück der Menschheit." Er zieht dabei eine revolutionäre Beseitigung des Despotismus in Betracht, falls die Herrscher dem Volk nicht freiwillig die volle Freiheit geben, was sie nach seiner Einschätzung nie tun werden: „Welchem Fürsten könnte es je einfallen, dem Zepter zu entsagen und das Volk seiner eigenen Tugend und Weisheit zu überlassen?" Jedoch suchte auch Forster einen Weg, der die gewaltfreie politische Umsetzung seiner Ziele ermöglichen konnte. In den „Parisischen Umrissen" entwickelte er Überlegungen zur Humanität der Revolution.

Der Mediziner Georg Christian Gottlieb Wedekind

Der am 8. Januar 1761 in Darmstadt geborene Georg Christian Wedekind wuchs in einer Göttinger Professorenfamilie auf. Sein Vater Rudolf Wedekind lehrte Philosophie an der angesehenen Universität. Nach dem Medizinstudium in Göttingen und Erlangen und zwischenzeitlicher Tätigkeit als Arzt erhielt Georg Wedekind 1787 eine Professorenstelle für Medizin in Mainz. Außerdem war er Leibarzt des Kurfürsten – eine Vertrauensstellung. Als Wedekind nach Mainz kam, war er bereits Freimaurer und überzeugter Aufklärer. Hier schloss er sich dann rasch den Kreisen um die offiziell aufgelösten Illuminaten an. In autobiographischen Aufzeichnungen bestätigt er seine Sympathie für die Illuminaten, da „fast alle sich durch Libertät auszeichnende Männer der Zeit Illuminaten waren". Seine Mitgliedschaft bei den als Gruppierung teilweise weiterbestehenden Illuminaten stritt er später ab; sie ist aber inzwischen erwiesen. Seine Verbundenheit mit den Illuminaten zeigte Wedekind recht deutlich, obwohl er wusste, dass der Kurfürst sie ablehnte. Wedekind schreibt dazu später: „Mein freundschaftliches Verhältnis bestand auch mit Ex-Illuminaten, die alle de[m] Koadjutor [Dalberg] sehr anhingen. Ich beging den Fehler, in Unterredungen und bei jeder Gelegenheit die Partei der Illuminaten zu nehmen." Diese freimütigen Bekenntnisse bereiteten ihm bald große Probleme. Ende 1788 brachten ihn seine Gegner am Hof und an der Universität in Schwierigkeiten. Selbst sein ehemaliger Förderer und Kollege Christoph Ludwig Hoffmann wandte sich gegen ihn. Er beschuldigte Wedekind, ihm wertvolle Manuskripte gestohlen zu haben. Eine Untersuchung folgte, die Wedekind nicht mehr zur Ruhe kommen ließ. Der Prozess zog sich über drei Jahre hin und war noch nicht abgeschlossen, als die Franzosen im Oktober 1792 in Mainz einzogen. Durch die Anschuldigungen, die Wedekind schwerlich widerlegen konnte, versuchten ihn seine Gegner von der Universität und dem Hof zu entfernen. Für Wedekind war die Anstifterin der ganzen Kabale die Vertraute des Kurfürsten, Sophie von Coudenhoven, der er durch seine Parteinahme für die Illuminaten und den freundschaftlichen Umgang mit dem aufgeklärten Koadjutor von Dalberg suspekt war.

Sein Kollege Theodor Pauli hatte ihn gleich nach seiner Ankunft in Mainz als „Illuminat verdächtig zu machen gesucht", klagt er in einem Brief gegenüber Johannes von Müller, der ihm aber auch nicht helfen konnte. Seinen Gegnern genügte die Tatsache, dass er regen Umgang mit Ex-Illuminaten pflegte.

Die Folgen des „Manuskriptprozesses" waren für Wedekind beträchtlich. Er musste seine Stelle als Leibarzt aufgeben, der Kurfürst empfing ihn nicht mehr und auch an der Universität schikanierten ihn einige seiner Medizinerkollegen. In einem Brief an den Bonner Universitätskurator Franz Wilhelm von Spiegel versuchte er seiner Entfernung vom Hof etwas Positives abzugewinnen: „Bloß Höfling zu sein, ist gewiß die elendste Bestimmung des Menschen". Um sich den unliebsamen Ereignissen in Mainz vorübergehend zu entziehen, bewarb sich Wedekind im August 1790 bei Johannes von Müller um die Stelle eines Feldarztes beim Lütticher Exekutionskorps. Wedekind war überzeugt, dass er durch diese Veränderung seiner „äußeren Lage" gegenüber seiner jetzigen Situation nur Vorteile haben würde. Allerdings wurde Wedekinds Bewerbung nicht entsprochen; der Grund dafür dürfte wohl seine Verpflichtung an der Universität und das schwebende Prozessverfahren gewesen sein.

Wedekind war ein beliebter Dozent. Besonders seine Medizinvorlesungen wurden gerne gehört. Er hatte eine beträchtliche Zuhörerschaft aus allen Fakultäten, und auch Mainzer Bürger aller Schichten kamen, um ihn zu hören. Wie sehr gerade die

Studenten ihren Lehrer schätzten, zeigt die Tatsache, dass sich 34 Kandidaten der Medizin am 19. Juli 1789 in einer Petition an den preußischen Gesandten Freiherr vom Stein wandten, in der sie ihn baten, sich in der Prozesssache beim Kurfürsten für Wedekind einzusetzen. Der Gesandte verwies sie direkt an den Kurfürsten. So zogen die Studenten am 25. Juli 1789 in dessen Aschaffenburger Sommerresidenz und gelangten immerhin bis zum Staatsminister Johannes von Müller, der dann aber in Wedekinds Angelegenheit nicht weiterhelfen konnte oder wollte. Wedekinds Beliebtheit bei den Studenten ging zum Teil darauf zurück, dass er mit ihnen regen Umgang über den Hörsaal hinaus pflegte. Die Sympathie war gegenseitig. Die meisten von ihnen charakterisierte er als wissbegierig und unverdorben. Da die Mitschriebe des 18-jährigen Philosophiestudenten Martin Dotzenheimer aus der Diätik-Vorlesung Wedekinds im Wintersemester 1789/90 erhalten sind, weiß man einiges über die didaktischen und aufgeklärten Akzente, die er darin setzte und die zu seiner Beliebtheit beitrugen. Die Diätik begrenzte sich noch nicht auf den Bereich der Ernährung, sondern umfasste die gesunde Lebensführung im Alltag. Wedekind integrierte in seiner Vorlesung auch Passagen, in denen er alle freien Völker glücklich pries, womit er – ohne es direkt zu nennen – seine Sympathie mit der Französischen Revolution zu erkennen gab. Nach späteren Angaben eines Denunzianten soll Wedekind, ebenso wie die Professoren Blau, Metternich und Hofmann, über politische Anspielungen in den Vorlesungen Studenten für seine prorevolutionären Ziele gewonnen haben. Das waren gezielte Aktionen zur Mitgliedergewinnung für den „Propagandaklub". Solche „vorbereitenden" Aktivitäten erklären, weshalb sich zur Gründung des Mainzer Jakobinerklubs am 23. Oktober 1793 von zwanzig Personen neben Wedekind und drei anderen Professoren auch schon elf Studenten einfanden. Wedekind kannte das politische Potenzial der Studenten. Noch in den 1820er Jahren, im hohen Alter, schrieb er, dass seine Studenten, wie alle jungen Intellektuellen, damals für die Revolution geschwärmt hätten:

„Aber alle junge[n] Männer von Kopf u[nd] Herz waren begeistert von der Morgenröte der franz[ösischen] Revolution. Die Dissonanz zwischen dem Kastengeist des Adels u[nd] dem Freisinn der Gebildeten aus dem Bürgerstand trug viel bei, die Neigung für Freiheit und Gleichheit zu nähren, den Franzosen Freunde zu machen."

Wedekinds Wendung vom Aufklärer zum Revolutionär ist in engem Zusammenhang mit der ungerechten Behandlung und den Schikanen am Hof und an der Universität zu sehen. Als sich die Franzosen unter Custine Mainz näherten, hatte sich Wedekind längst gegen den Kurfürsten und zugunsten der Revolution entschieden. Für seine Gesinnung wurde er sogar zum Spion und lieferte dem französischen General Custine heimlich Informationen über den Zustand der Festung.

Nach dem Einzug der Franzosen in Mainz am 21. Oktober 1792 gehörte Wedekind zu den Begründern und aktivsten Mitgliedern des Jakobinerklubs und entwickelte sich zu einem der führenden Köpfe der demokratischen Bewegung. Von Wedekind stammten allein 11 der 48 gedruckten Mainzer Klubreden. In den ersten Tagen hielt Wedekind im Klub fast täglich eine Rede zur politischen Belehrung der Anwesenden, wobei er medizinische Metaphern und Bilder verwendete, wenn er etwa vom Ancien régime als faulendem Körper sprach oder davon, dass allein die Revolution in Mainz zu einer „Gesundung" der politischen Verhältnisse führen könne.

Seit Mitte November 1792 war Wedekind Redakteur des wichtigsten theoretischen Organs der Mainzer Jakobiner, der Wochenzeitung „Der Patriot". Als solcher erläutert er prinzipielle Fragen der Mainzer Revolution und zeichnet sich – wie in allen seinen Publikationen – durch eine sachliche Sprache, klare Argumentationsführung und Allgemeinverständlichkeit aus.

Wedekind entwickelte sich in den Wochen nach dem Einzug der Franzosen zu einer führenden Persönlichkeit des Jakobinerklubs. Wie kaum ein anderer der Mainzer Jakobiner vertrat er die Prinzipien einer repräsentativen Demokratie.

Es gelang ihm noch vor Einschließung der Festung durch deutsche Truppen Ende März 1793, nach Straßburg zu entkommen. Am 4. April trat er bereits in den dortigen Jakobinerklub ein, erhielt Anstellung in einem Militärkrankenhaus und arbeitete als Armeearzt. Während der Jakobinerdiktatur 1793/94 hielt sich Wedekind in seinem Straßburger Exil politisch zurück. Später distanzierte er sich nicht prinzipiell vom Jakobinismus, sondern nur von dessen Terror. Im Jahr 1796 arbeitete er als Redakteur der „Rheinischen Zeitung" in Straßburg, bis er 1798 ins wieder französisch gewordene Mainz zurückkehren konnte. Hier war er in verschiedenen Positionen als Arzt tätig und veröffentlichte weiterhin politische Schriften. Zu dieser Zeit bekannte er sich weiterhin zur ersten Phase der Revolution und blieb auch nach dem Staatsstreich Napoleons ein Anhänger der republikanischen Staatsform. Doch die Enttäuschungen über die politische Entwicklung unter Napoleon und das Scheitern seiner beruflichen Ziele desillusionierten Wedekind, so dass er sich zunehmend von Frankreich und der Politik abwandte. „Ein Ideal verschwand nach dem anderen", sollte er später in einer biographischen Skizze darüber schreiben. Dem Verlust der Ideale folgte die Aufgabe seiner ursprünglichen politischen Prinzipien. Eine Zeit lang hing er noch einem liberalen Konstitutionalismus an. 1808 folgte er dem Ruf des Großherzogs von Hessen-Darmstadt und wurde dessen Leibarzt. Ein Jahr später erhob ihn sein neuer Dienstherr in den Freiherrenstand. Wedekind rechtertigte diesen Schritt später in einer Schrift über die Vorzüge des Verdienstadels (1816). Auch in seiner Geburtsstadt Darmstadt hielt Wedekind weiterhin Kontakt zu ehemaligen Jakobinern. 1816 regte er beim Großherzog die Gründung der Darmstädter Freimaurerloge „Johannes der Evangelist zur Eintracht" an, in die auch der ehemalige Mainzer Jakobiner Mathias Metternich eintrat. Er geriet jedoch aufgrund seiner jakobinischen Vergangenheit in Konflikt mit mehreren Logenmitgliedern, so dass er und Metternich bereits 1817 wieder die Loge verließen. Die Residenzsstadt Darmstadt blieb die letzte seiner Lebensstationen. Hier verstarb er im Jahr 1831.

Der Mediziner Jakob Fidelis Ackermann

Am 23. April 1765 wurde Jakob Fidelis Ackermann im kurmainzischen Rüdesheim als Sohn eines wohlhabenden Gastwirts geboren. Nach dem Besuch des Kölner Gymnasiums absolvierte er eine umfangreiche Bildungsreise: Von 1784 bis 1789 studierte Ackermann Medizin in Würzburg, Mainz, Göttingen, Wien und Pavia. Wie aus seinem Stammbuch hervorgeht, bewegte er sich während seiner Mainzer Studienjahre in einem aufgeklärt-kritischen Freundeskreis. Sein Mainzer Lehrer war der bekannte Anatom Samuel Thomas Soemmering, bei dem er auch eine Zeit lang wohnte. Nachdem Ackermann 1788 promoviert hatte, erhielt er 1789 in Mainz eine Stelle als Privatdozent. Da er gute Fähigkeiten besaß, traute man ihm dereinst die Nachfolge Soemmerings zu.

Als Dozent wohnte Ackermann nicht mehr bei Soemmering, sondern bei Wedekind. Ackermann ließ sich von ihm politisch beeinflussen, allerdings wurde er – anders als sein Freund Wedekind – nicht sofort aktiv, als sich die französischen Truppen im Oktober 1792 Mainz näherten. Als Mainz am 23. Oktober an die Franzosen übergeben wurde und sich zwei Tage darauf unter Mitwirken Wedekinds ein Jakobinerklub bildete, blieb Ackermann in seinem Heimatort Rüdesheim und harrte der Dinge, die da kommen mochten. Als aber Anfang November in Mainz die Fakultätssitzung anstand, musste er Farbe bekennen. Obwohl sich sein Lehrer Soemmering wie die meisten der älteren Professoren innerhalb der Fakultät von den revolutionären Bestrebungen distanzierte, trat Ackermann auch auf Drängen seiner Freunde Ende November in den Klub ein. Hier zählte er nicht zu den Aktivsten, dennoch blieb er bis zuletzt Mitglied. Auch wirkte er beim großen Mainzer Freiheitsfest vom 13. Januar 1793 mit und betätigte sich bei den in Mainz und Umgebung von der Bevölkerung verlangten Eidleistungen auf die Demokratie. Da Ackermann im Klub nicht das Wort ergriff oder schriftlich von seiner Haltung Zeugnis gab, ist seine politische Orientierung innerhalb der Mainzer Revolutionsanhänger schwer einzuordnen. Er unterstützte die „Revolutionierung", ohne in den Vordergrund zu treten oder sich an internen Auseinandersetzungen im Klub zu beteiligen. Das und die Tatsache, dass er sich nach dem Ende der Mainzer Republik nicht mehr politisch betätigte, lässt vermuten, dass er eher ein Mitläufer denn ein aktiver Jakobiner gewesen war. Ackermann gelang es zwar, aus dem zurückeroberten Mainz zu entkommen, allerdings erkrankte er auf seiner Flucht schwer. Das zwang ihn, Anfang 1794 nach Rüdesheim zurückzukehren. Weshalb Ackermann nicht wie seine Gesinnungsfreunde direkt nach Frankreich floh, bleibt sein Geheimnis. Offenbar hoffte er auf die kurfürstliche Milde, auch dürften ihm die Kontakte nach Frankreich gefehlt haben. Dennoch setzte er sich mit seiner Rückkehr einem großen Risiko aus, denn dass ehemalige Jakobiner in Mainz eine Bestrafung erwartete, konnte ihm nicht verborgen geblieben sein. Das Ancien régime reagierte, wenn auch nicht gerade prompt. Im August 1794 leiteten die kurfürstlichen Behörden eine Untersuchung über Ackermanns politische Tätigkeit während der Mainzer Republik ein. Und die Mühlen der kurfürstlichen Justiz mahlten gründlich. Immerhin konnte sich Ackermann trösten, dass er nicht wie andere Festungshaft erleiden musste – ein Beleg dafür, dass ihn die Justiz eher als Mitläufer einstufte. Dennoch saß er in Rüdesheim lange Zeit untätig fest, seine Bibliothek wurde beschlagnahmt und ihm selbst jede ärztliche Tätigkeit untersagt. Die nun folgende Zeit des Wartens auf ein Urteil konnte er wohl auch deshalb gut überstehen, da er relativ vermögend war.

Erst am 22. Dezember 1795 erging das Urteil über Ackermann. Die Strafe fällt hart aus, denn sie besagt,

„dass Dr. medicinae Ackermann wegen seiner während der französischen Okkupation der Stadt Mainz bezeigten französischen Anhänglichkeit von dem Ehrenassessorale bei der medizinischen Fakultät zu amorieren, demselben alle Praxis in dem Mainzer Kurstaate zu untersagen, auch für unfähig zu allen Diensten in dem Kurstaate zu erklären sei."

Der Schuldspruch stellte Ackermann beruflich kalt. Vorerst zog er sich zu wissenschaftlichen Arbeiten zurück. Durch seine Ausdauer gelang es ihm dann in einem längeren Prozess, sich beim Kurfürsten zu rehabilitieren. Erst am 12. Dezember 1797 verzieh ihm Friedrich Karl seine während der Mainzer Republik gezeigte Parteilichkeit und berief ihn auf den Lehrstuhl für Anatomie in der Nachfolge des inzwischen ausgeschiedenen Soemmering.

Ackermann nahm wieder seine Hochschullaufbahn auf. Lange konnte er sich jedoch nicht an seinem Lehrstuhl erfreuen. Noch im selben Monat fiel Mainz für über 16 Jahre an Frankreich. Die Universität wurde in fachbezogene Zentralschulen umgewandelt, wobei Ackermann zeitweilig Präsident einer Kommission war, die den Universitätsfonds verwaltete. Über seine politische Haltung der späteren Jahre, etwa gegenüber Napoleon, ist nichts bekannt. Im Jahr 1804 folgte er einem Ruf an die Universität Jena, ein Jahr später wechselte er an die Universität Heidelberg. 1815 verstarb er in seinem Heimatort Rüdesheim.

Der Mathematiker Mathias Metternich

Der am 8. Mai 1747 in dem kurtrierischen Steinefrenz (Westerwald) nahe Montabaur geborene Mathias Metternich stammte aus bäuerlichem Milieu. Seine Herkunft schloss normalerweise einen Bildungsweg zum Professor aus. Ein adliger Förderer, der seine Begabung erkannte, ermöglichte ihm jedoch den Besuch des Jesuitengymnasiums in Hadamar. Anfang der 1770er Jahre kam Metternich nach Mainz, wo er zuerst als Lehrer an der Pfarrschule St. Emmeran und seit 1780 an der Normalschule wirkte. Neben seiner Lehrtätigkeit studierte er an der Universität in Mainz und später in Göttingen Mathematik und Philosophie. 1786 berief man ihn als außerordentlichen Professor für Mathematik und Physik an die Universität Mainz. Damit gehörte er der philosophischen Fakultät an.

Metternich war Mitglied der Mainzer Illuminaten und der „Gelehrten Lesegesellschaft". Außerdem traf er in einem seit

1789 bestehenden Zirkel, den politische Gegner „Propagagandaklub" nannten, regelmäßig mit Mainzer Oppositionellen zusammen.

In der „Gelehrten Lesegesellschaft" gab sich Metternich öffentlich als Revolutionsanhänger zu erkennen. Als sich diese 1791 wegen unterschiedlicher Haltung ihrer Mitglieder zur Französischen Revolution spaltete, gehörte er zusammen mit seinem Kollegen Hofmann zu den Initiatoren der Teilung in eine demokratische und eine aristokratische Lesegesellschaft. Nach Angaben eines Denunzianten nutzten Metternich und andere Professoren den Hörsaal zur Verbreitung ihrer politischen Gesinnung unter den Studenten. Bei all diesen Aktivitäten ist es erstaunlich, dass Metternich nicht wie andere Kollegen in Schwierigkeiten mit der Obrigkeit geriet.

Als sich die Franzosen Mainz näherten, jubelte Metternich. Und er zeigte seine Freude öffentlich. So trug er bereits am 5. Oktober als erster eine französische blau-weiß-rote Kokarde, und wiederholte dies, als die Franzosen in Mainz am 21. Oktober einzogen. Auch führte er zusammen mit Professor Wedekind und Hofgerichtsrat Hartmann einen Zug von Freiheitsfreunden an, die sich am 3. November „unter Begleitung von Musik und Absingung des Liedes ça ira" aufmachten, um einen Freiheitsbaum in Mainz zu errichten.

Während der Mainzer Republik 1792/93 entwickelte sich Metternich schnell zu einem der führenden Jakobiner. Zeitweise war er Präsident des von ihm mitgegründeten Klubs und in Vertretung Forsters im März 1793 Vizepräsident des Rheinisch-deutschen Nationalkonvents. Sein Hauptaugenmerk galt der Revolutionierung der Bevölkerung, die er durch zahlreiche Flugschriften und durch die Herausgabe der Zeitung „Der Bürgerfreund" zu überzeugen versuchte. Die Zeitung erschien bereits wenige Tage nach Einzug der Franzosen vom 26. Oktober 1792 bis zum 16. April 1793. In dem verständlich geschriebenen Blatt pries er die demokratische Staats- und Gesellschaftsordnung und griff „reaktionäre" Positionen an. In den ersten Ausgaben der Zeitung kommentierte Metternich einleitend die französische Menschenrechtserklärung aus dem Jahr 1789. Daneben erläuterte er die neuen politischen Veränderungen in Mainz und veröffentlichte Polemiken, Berichte und Gedichte.

Als Aktivist stand Metternich natürlich ganz oben auf der Fahndungsliste seiner Gegner. Er hatte nicht das Glück entfliehen zu können. Nach der Rückeroberung der Festung Mainz durch preußische Truppen wurde Metternich aufgegriffen, misshandelt und auf die Festung Ehrenbreitstein gebracht. Erst im Februar 1795 ließ man ihn frei und schob ihn nach Frankreich ab. 1795/96 war er als französischer Beamter in der Pfalz und im Elsass tätig. Im Oktober 1796 fiel er kaiserlichen Truppen in die Hände, was ihm erneute Festungshaft bis zum Frühjahr 1797 einbrachte. Doch Metternich hielt beharrlich an seiner Überzeugung fest. In den Jahren 1797/98 unterstützte er die Cisrhenanische Bewegung durch Aufrufe und mit der Herausgabe verschiedener Zeitungen. Dazu zählen die „Politischen Unterhaltungen am linken Rheinufer" und die „Neuen politischen Unterhaltungen am linken Rheinufer" (Juli 1797 bis April 1798). Nachdem Mainz wieder an Frankreich gefallen war, kehrte er im Januar 1798 in die Stadt zurück und erhielt im Februar 1799 als Professor eine Anstellung an der aus der Universität hervorgegangenen Zentralschule.

In der Ära Napoleons zog sich Metternich aus der Politik zurück. Mit den ehemaligen Mainzer Jakobinern wie etwa Georg Wedekind hielt er weiterhin Kontakt. In einem seiner Kinder – der Vater hatte den Sohn als Ausdruck seiner profranzösischen Orientierung „Germain François" genannt – lebte Metternichs politische Haltung weiter. Diese Metternischsche Familientradition führt kontinuierlich „von Mainz nach Hambach", von der Mainzer Republik zum Hambacher Fest von 1832 und darüber hinaus, wie es übrigens in den Stammbäumen vieler linksrheinischer Revolutionsanhänger der Fall ist. Germain François Metternich engagierte sich in der Organisationsbildung des Vormärz und gehörte zu den bekannten Revolutionären von 1848/49. Die politische Entwicklung seines Sohnes erlebte der Vater aber nicht mehr, denn er starb 1825 in Mainz. *(78)*

Der Theologe Johann Georg Nimis

Das Kurmainzer Walldürn im Odenwald war am 1. September 1754 der Geburtstort von Johann Georg Nimis. (Nur wenige Monate zuvor war hier sein späterer Kollege und Gesinnungsfreund Blau zur Welt gekommen.) Seine Eltern gehörten dem Kaufmannsstand an und waren vermögend genug, um den Sohn auf die Universität zu schicken. Nimis nahm sein Studium der Theologie in Heidelberg auf und führte es in Mainz fort. 1773 trat er in den Kapuzinerorden ein. Im Mainzer Kapuzinerkonvent war Nimis als Dozent der Theologie für den Ordensnachwuchs tätig. 1788 wurde er außerordentlicher Professor der Populartheologie an der Universität und nach seinem Ordensaustritt (1790) Ordinarius desselben Faches an der theologischen Fakultät.

Nimis zählte zum Kreis der radikalen Aufklärungstheologen um Blau und Dorsch, die nach 1789 an der Universität in Konflikt mit der Orthodoxie gerieten. Als sich Nimis 1790 in der Verteidigung seiner theologischen Dissertation positiv auf Kants Philosophie bezog, bekam Dorsch als verantwortlicher Professor Schwierigkeiten. Wie mehrere seine Kollegen behinderten Andersdenkende auch Nimis bei der Veröffentlichung seiner wissenschaftlichen Arbeit: Durch die strenge Zensur geriet sein Projekt eines mehrbändigen Religionshandbuchs ins Stocken. Die beiden ersten Bände erschienen 1788 und 1789, der dritte wurde nur noch angekündigt. Sind auch die näheren Hintergründe der Zensur nicht bekannt, so dürfte dieser Eingriff doch auch bei Nimis zu einer ähnlichen Abkehr vom Glauben an die Reformierbarkeit des Absolutismus geführt haben wie bei Blau und Dorsch.

Seine Politisierung wurde durch den Kontakt mit ehemaligen Illuminaten vorangetrieben. Wie bereits oben berichtet, wendet sich der Tiefenbacher Pfarrer und ehemalige Illuminat Joseph Brunner am 9. Juni 1792 in einem Brief direkt an Nimis und skizziert ihm den Plan einer geheimen, nach den Prinzipien der Illuminaten organisierten Gesellschaft. Mit Unterstützung Blaus sollte Nimis in Mainz eine Akademie gründen, die den fortschrittlichen Kräften im Falle des Scheiterns der Französischen Revolution die weitere Möglichkeit bot, Einfluss in Mainz zu nehmen. Offenbar hielt Brunner Nimis für den geeigneten Mann, um das wagemutige Projekt durchzuführen. Doch der Plan erübrigte sich durch den kurz darauf erfolgten Einzug der Franzosen in Mainz. Deutlich wird dennoch, dass auch Nimis zu den „oppositionellen" Personen an der Universität gehörte. Anders als seine Gesinnungsfreunde war er allerdings in der Öffentlichkeit wesentlich vorsichtiger mit entsprechenden Bekenntnissen.

Beim Einzug der Franzosen in Mainz gehörte Nimis nicht zu den ersten, die dem Jakobinerklub beitraten. Wie Forster und andere wollte er erst prüfen, welche Personen in den Klub eintraten, welche politische Linie darin verfolgt wurde. Er folgte schließlich am 11. November 1792 seinen Freunden, fiel allerdings nicht durch besondere Aktivität auf. Trotz seiner politischen Zurückhaltung verbüßte er nach der Übergabe von Mainz wie auch die meisten anderen zurückgebliebenen Jakobiner bis zum Februar 1795 eine Festungshaft. Außerdem verlor er seine Lehrerlaubnis an der Universität.

Nach seiner Haftentlassung ging Nimis nach Paris, wo er 1795/96 mit Dorsch und Blau den „Pariser Zuschauer" herausgab. Möglicherweise hatte er sich dort weitergebildet, gab er doch später als Studienort neben Heidelberg und Mainz auch Paris an.

In den Jahren 1797/98 übte Nimis in der linksrheinischen Pfalz Verwaltungsfunktionen aus und arbeitete als Richter. Bereits in Fragen der Reunion mit Frankreich war Nimis wesentlich aktiver als während der Mainzer Republik. In Pirmasens gründete er einen konstitutionellen Zirkel und schloss sich vorübergehend der Cisrhenanenbewegung an. Seit Mitte 1798 zog er sich aus der Politik zurück und lebte bis zu seinem Tod im Jahr 1811 als Notar in Neustadt.

Der Mathematiker Karl Joseph Westhofen

Im Jahr 1759 wurde Karl Joseph Westhofen im kurmainzischen Weißkirchen bei Königstein geboren. Über seine Herkunft und seinen Bildungsweg ist wenig bekannt. 1783 erhielt er eine Professur für Mathematik an der Mainzer Universität. Damit gehörte er wie Metternich der philosophischen Fakultät an, wo er mit Radikalaufklärern Kontakt hatte. In der Öffentlichkeit machte er mit politischen Äußerungen nicht auf sich aufmerksam, traf sich jedoch mit anderen Revolutionssympathisanten. Westhofen taucht auch in dem „Illuminatenverzeichnis" von 1792 auf, das ihn in einer Reihe mit Metternich und Hofmann nennt. Nach dem Einzug der Franzosen in Mainz zählte er gemeinsam mit Metternich und seinem Kollegen von der medizinischen Fakultät, Wedekind, sowie elf Studenten zu den Gründungsmitgliedern des Jakobinerklubs. Bereits am 27. Oktober 1792 bildete sich innerhalb des Klubs ein Ausschuss für die Geschäftsführung und die Korrespondenz, in dem die Gelehrten dominierten. Neben Westhofen gehörten ihm die Professoren Metternich, Wedekind, Hofmann und Forster an. Westhofen war beileibe kein Mitläufer. Er zeichnete sich zwar nicht durch häufige Wortmeldungen im Klub aus, doch für die Administration war er wiederholt als Kommissar tätig. Sein politisches Engagement belegt auch seine Kandidatur und Wahl zum Rheinisch-deutschen Nationalkonvent, für die er wie alle Kandidaten politische Überzeugungsarbeit bei den Wählern leisten musste. Im Konvent allerdings isolierte er sich vollständig von den übrigen Mitgliedern, als er am 21. März 1793 in offensichtlicher Verkennung der politischen Realitäten ernsthaft Einwände gegen eine Reunion mit Frankreich vorbrachte. Der Konvent hatte bereits am 18. März die Unabhängigkeit des linken Rheinufers zwischen Landau und Bingen beschlossen; der Beschluss vom 21. März über die Vereinigung mit Frankreich war für die Mehrheit der Konventsmitglieder die einzige Chance, die politischen Veränderungen nachhaltig zu sichern. Westhofens Bedenken bestanden im Kern darin, dass er den

Kriegszustand für den falschen Zeitpunkt hielt, um eine solche Vereinigung vorzunehmen. Für den Fall, dass die Mehrheit des Konvents der Vereinigung zustimme, forderte Westhofen Bedingungen, wie etwa die Schonung der Mainzer Emigranten, die Nichteinführung der (inflationären) Assignaten, die Nichtverfügbarkeit der „Deutschen" (sic!) für den Kriegsdienst und die Beibehaltung der rechtlichen Zustände. Westhofens Einschränkungen stießen auf Unverständnis, hätten sie doch größtenteils die Reunion ad absurdum geführt. Die Reaktion im Konvent war deutlich. Schon während seiner Rede war Westhofen durch Missfallensäußerungen unterbrochen worden, am Ende wurde er fast von der Rednerbühne vertrieben. Sein Verhalten mutet als Protestakt an, will man ihm nicht völlige Unkenntnis der politischen Gewichtungen im Konvent unterstellen. Mit seinen Ansichten isolierte er sich. Näheres über seine Motive ist nicht bekannt, doch hatte er sich schon am 12. März aus der Liste der Mitglieder des Jakobinerklubs streichen lassen. Zwar schied Westhofen nicht aus dem Konvent aus, dennoch enthielt er sich bis zur Rückeroberung von Mainz jeglicher weiterer politischer Stellungnahme.

Westhofens Ablehnung der Vereinigung mit Frankreich und die Abkehr von den Jakobinern rechnete ihm die kurfürstliche Justiz nach seiner Verhaftung nicht positiv an. Solche Differenzierungen sind von Richtern, deren erstes Ziel die Abrechnung mit den politisch Andersdenkenden war, auch nicht zu erwarten.

Nach eigenen Angaben verbrachte er 21 Monate in Haft. Ob Westhofen dann nach Frankreich emigrierte, ist unklar. An der Universität konnte er nicht mehr unterrichten, auch wenn er sein Gehalt vorerst weitergezahlt bekam.

Wie auch andere ehemalige Jakobiner ließ sich Westhofen im 1798 wieder französisch gewordenen Mainz als Notar nieder. Später wechselte er an die in Nachfolge der Mainzer Universität errichtete Zentralschule. Westhofen verstarb 1814 in Mainz.

9. Studenten am Vorabend der Mainzer Republik

Die Verhältnisse an der Universität waren 1792 nicht mehr mit denen der ersten Jahren nach der Reform zu vergleichen. Der restaurative Kurs, den die Regierung seit 1789 gegenüber der Universität einschlug, schadete ihrem neu erworbenen Ansehen: „Die hiesige Universität hatte einen recht guten Ruf selbst unter Protestanten, aber sie entspricht diesem Ruf immer weniger." Mit dieser Kritik über den Zustand der Mainzer Universität stand der Reiseschriftsteller Alois Wilhelm Schreiber am Vorabend der Mainzer Republik nicht allein.

Die Studenten reagierten prompt und blieben der Universität fern. Die rückläufigen Studentenzahlen an der Mainzer Universität spiegeln den Prestigeverlust wider. Nachdem im Jahr 1786 noch 687 Studenten gezählt wurden, waren es danach deutlich weniger. Zeitgenossen zählten in den Jahren 1789 bis 1792 im Durchschnitt weniger als 400 Studierende in Mainz, womit die Universität aber immer noch zu den größeren katholischen Universitäten gehörte.

Welche Auswirkungen hatte der Ausbruch der Revolution in Frankreich auf die Mainzer Studenten? Von dem harten Kurs, den der Kurfürst gegenüber seiner Universität einschlug, waren die studentischen „Revolutionsschwärmer" ebenso betroffen wie diejenigen Studenten, die mit der Bevölkerung ihre traditionellen Streitigkeiten austrugen. Die Studentenschaft zerfiel zu diesem Zeitpunkt in zwei Lager. Ein Teil renommierte auf die herkömmliche Weise – ganz die Herren Studenten, die den bürgerlichen Philistern zeigten, wer das Sagen hatte. Ein anderer, kleinerer Teil hingegen hielt nichts von den studentischen Privilegien, war ganz von revolutionärem Geist erfüllt und diskutierte erregt die Neuigkeiten, welche Reisende und Zeitungen von den französischen Revolutionsschauplätzen berichteten.

Die Gruppe revolutionsbegeisterter Studenten fiel in der Öffentlichkeit weniger stark auf als ihre auf traditionelle Weise

Unruhe stiftenden Kommilitonen. Da sie ihre politische Haltung meist nur heimlich in Zirkeln und Freundeskreisen diskutierten und selten an die Öffentlichkeit trugen, nahm sie die Regierung nur in geringem Maße wahr. Die Tatsache, dass die Revolutionsanhänger unter den Studenten in den „offiziellen" Quellen, wie den Polizeiakten der Jahre 1789 bis 1792, kaum auftauchten, bedeutet nicht, dass es sie nicht in größerem Maße gab. Das bestätigt schon ihr mehrheitlicher Anteil an den Gründungsmitgliedern des späteren Mainzer Jakobinerklubs. Der Nachweis für ihre politische Haltung am Vorabend der Mainzer Republik ist vielmehr in anderen Zeugnissen zu finden: in Tagebüchern, Briefen, Memoiren und Gedichten, vor allem aber in den Stammbüchern der Mainzer Studenten.

Orden und Landsmannschaften

Traditionelle Studentenverbindungen wie Orden und Landsmannschaften spielten in Mainz nur bis zum Ausbruch der Französischen Revolution eine Rolle. Von der Existenz eines studentischen Ordens ist zum ersten Mal für die Jahre 1777 bis 1781 die Rede. Es handelte sich dabei um einen Amicistenorden, mehr als seine Existenz weiß man von ihm aber nicht. Dafür haben sich von den späteren studentischen Verbindungen aus der zweiten Hälfte der 1780er Jahre Verbindungszeichen in den Stammbüchern erhalten.

Der Medizinstudent Fritz Luis Kissel trägt sich im März 1787 mit dem Constantistenzeichen VCR ein. Die Abkürzung stand für „Vivat Fratres Constantiae" oder zu deutsch: „Hoch, die Brüder der Constantisten" (Beständigkeit). Dieses vereinzelte Zeichen genügt aber noch nicht als Nachweis für die tatsächliche Existenz eines ganzen Ordens in Mainz. Im folgenden Jahr hingegen tragen sich gleich mehrere Studenten mit einem Harmonistenzeichen (drei Punkte über und vier Punkte unter einem trennenden Strich) ein. Offenbar existierte ein solcher Orden in Mainz. Zu den Eintragenden zählten die drei Medizinstudenten G. Gladbach, Carl Ferdinand

181

Ochsenheimer und Franz Josef Grosmann, wobei die beiden Stammbuchbesitzer, Jakob Fidelis Ackermann und C. A. Jordans, wahrscheinlich ebenfalls zu dem Orden zählten. Die Parole der Harmonisten war „recte faciendo neminem time", [„Handle recht, fürchte niemand"] dargestellt durch die vier Initialen an Spitze oder Griff zweier überkreuzter Degen. Die geringe Zahl an Einträgen von 1788 spricht allerdings dafür, dass der Orden klein war und auch nicht lange bestanden hatte.

Der Kurfürst, dem die Existenz der Studentenverbindungen zu Ohren gekommen war, verbot die „geheimen Orden" ausdrücklich am 12. November 1789. Sehr wahrscheinlich lösten sich die Verbindungen dann auf. Danach gibt es nur noch vereinzelte Hinweise über die Existenz von Studentenverbindungen. In Stammbüchern trägt sich je ein Mitglied einer westfälischen Landsmannschaft mit dem Zeichen „WV" („Westphalia vivat") und eines Harmonistenordens ein. Letzterer bezeichnete sich als „schwarzer Bruder", wie es bei Angehörigen dieses Ordens üblich war. Nach den Stammbucheinträgen zu schließen, hatten diese Verbindungen keine nennenswerte Mitgliederstärke. Es gibt keine Hinweise, dass in Mainz nach 1789 Orden oder Landsmannschaften eine bedeutende Rolle innerhalb der Studentenschaft spielten oder gar zu deren Politisierung beitrugen. Stattdessen entstanden nun neue politische Gruppenbildungen unter den Studenten. Dieser Befund deckt sich mit den Forschungs-Erkenntnissen anderer Universitäten dieser Zeit: Politische Strömungen existierten in den Orden kaum. Zudem hatten die Orden wenig Mitglieder, wenn die politische Studentenbewegung zahlenmäßig stark war, und umgekehrt.

Statt der Orden dominierten in Mainz unter den Studenten die privaten Freundschaftsbünde und literarischen Zirkel, in denen sich alles um die Politik drehte. Diese Zirkel hatten den Vorteil, dass sie – anders als die traditionellen Verbindungen – keine inneren und äußeren Strukturen (Namen, Gesetze, Zeichen und Farben) aufwiesen, die zu ihrer Identifizierung als geheime und verbotene Gesellschaft beitragen konnten.

Traditionelle Studentenunruhen

Traditionelle Studentenunruhen waren Auseinandersetzungen zwischen Studenten und der Bevölkerung – meist Handwerker (Gesellen) – oder dem Militär, die oft die provozierenden Studenten ausgelösten. Solche Zwischenfälle gab es bereits lange vor der Französischen Revolution, und sie waren auch danach nicht – wie manche Historiker glauben – politisch motiviert, sondern basierten auf traditionellen Gegensätzen. Bereits früher, zum Beispiel im Jahr 1782, war es in Mainz zu Auseinandersetzungen zwischen Studenten und Handwerksburschen gekommen. Dennoch standen für einen Landesherrn Unruhen seit der Französischen Revolution unter einem anderen Vorzeichen. Im Jahr 1790 ereigneten sich in mehreren deutschen Universitätsstädten Auseinandersetzungen zwischen Handwerkern und Studenten. Georg Forsters Vater Johann berichtet in einem Brief an seinen Sohn vom 12. September 1790 von Tumulten an den Universitäten Halle, Frankfurt/Oder, Jena und Göttingen.

In Mainz entstanden am 31. August 1790 Unruhen zwischen Handwerkergesellen und Studenten, die bis zum 3. September andauerten. Die Obrigkeit missverstand sie als politischen Aufruhr. Der Anlass für den so genannten „Mainzer Knotenaufstand" war die Provokation der Handwerkergesellen durch einige Jurastudenten. Daher der Name „Knote", denn das war der mundartliche Ausdruck für einen Handwerker. Der außenstehende Philosophiestudent Johannes Weitzel berichtet, dass Studenten „einigen Schreinern auf dem Tanzboden ihre Mädchen abgenommen und sie selbst vor die Tür geworfen" hatten. Andere Zeugen nennen schwerwiegendere Gründe. Nach deren Angaben stürmten Studenten am Abend des 30. August 1790 ein Wirtshaus, das als Treffpunkt von Lehrlingen bekannt war, und vergriffen sich an den Anwesenden. Danach zogen sie zu einer Lehrlingsherberge und richteten Sachschäden an.

Die Handwerker klagten bei der Regierung, fanden aber kein Gehör. So eskalierte der Streit am 31. August 1790. Die Handwerkergesellen stürmten das Universitätsgebäude und griffen dort die Nächstbesten an: Es traf die Falschen, denn sie verprügelten die anwesenden Philosophiestudenten und den Geschichtsprofessor Vogt. Teilweise verfolgten sie die Fliehenden auf den Straßen und suchten sie in ihren Wohnungen auf. In den folgenden Tagen weiteten sich die Unruhen aus. Die Handwerkergesellen trugen Waffen und verstärkten sich durch Gesellen weiterer Zünfte. Angetrieben von den Meistern versuchten sie die Gunst der Stunde zu nutzen und forderten von der eingeschüchterten Regierung die Wiederherstellung alter Zunftfreiheiten. Die Gesellen nannten sich nun Patrioten, führten Trikoloren mit sich und trugen französische Kokarden an den Hüten. Trotz dieser äußeren Radikalisierung beabsichtigten sie keine Revolution, sondern verfolgten vielmehr – wenn auch mit revolutionärer Symbolik – ein restauratives Ziel: die Wiedereinführung alter Zunftrechte. Die Handwerker wussten genau, mit welchen äußerlichen Merkmalen der Französischen Revolution sie die Obrigkeit in Schrecken versetzen konnten.

Das Verhalten der Studenten, deren Provokationen überhaupt erst den „Knotenaufstand" ausgelöst hatten, war dagegen in keiner Weise politisch motiviert oder gar von den Grundsätzen der Französischen Revolution geprägt.

Der Kurfürst, der sich zur Zeit der Unruhen in Aschaffenburg aufhielt, war wegen des ungenügenden militärischen Schutzes der Stadt gezwungen, aus dem Nachbarland militärische Hilfe anzufordern. Am 1. September wandte er sich in einem Schreiben an den Landgrafen von Hessen-Darmstadt und bat ihn mit einem Appell an „die nachbarliche Freundschaft" darum, „tausend Mann Infanterie" nach Mainz zu schicken. Tatsächlich leistete der Landgraf die geforderte Hilfe in fast vollem Umfang. Als die 600 bis 800 Mann starken Hessen-Darmstädter Truppen Mainz am 3. September erreichten, schöpfte die Mainzer Regierung wieder Mut und meldete nach Darmstadt, dass „die entstandene Gärung dahier, so wie sie jetzt schon sehr nachgelassen hat, auch ohne wirklichen Beistand des Militärs" zur Ruhe kommen werde.

Bei dem Studenten Johannes Weitzel, der zu dieser Zeit bereits Anhänger der Revolution war, hinterließen diese Ereignisse einen bleibenden Eindruck. Er hielt sie für revolutionär und ordnete sie „den Zeichen der Zeit" zu: „Eine nahe Tatsache gab mir einen Kommentar zu der entfernten französischen Revolution". Weitzel deutete die revolutionären Symbole der Handwerker als politische Bekenntnisse, zudem verdeutlichte ihm der „Knotenaufstand", wie aus einem relativ nichtigen Anlass größere Unruhen entstehen konnten.

Auch Georg Forster hatte die mehrtägigen Unruhen verfolgt und sie in zwei Briefen ausführlich beschrieben und kommentiert. Nach Forster waren die Philosophie- und Theologiestudenten an den Unruhen beteiligt, die wegen geringer Anforderungen in ihrem Studiengang „müßig und unaufmerksam, und folglich aufrührerisch und ungezogen" waren. Von den schuldigen Jurastudenten wusste Forster offenbar nichts.

Neben der Provokation der Handwerkergesellen sollen nach Forsters Einschätzung die Studenten bereits seit Wochen Bürger misshandelt und Sachschäden angerichtet haben. Da die Polizei, der ein Aufruhr gemeldet worden war, der Universitätsgerichtsbarkeit nicht vorgreifen durfte, versammelten sich einige Hundert „Arbeiter" und schlugen die Fenster der Universität ein. Der weitere Verlauf der Unruhen stimmt in Forsters Darstellung mit den anderen Quellen überein.

Forster war es unverständlich, dass die Handwerker, die doch provoziert worden waren, ihre folgende Bestrafung widerstandslos hinnahmen: „Und nun werden die schärfsten Strafen gegen sie beschlossen, und sie unterwerfen sich ihnen wie zahme Schafsköpfe und Esel, die sie sind."

Die Regierung verurteilte die Unruhestifter zu hohen Strafen. Anfangs erwog der Kurfürst gar, die Hauptschuldigen zum Tode zu verurteilen. Zwei der Anführer der beiden Parteien, der Medizinstudent Karl Anton Dörr und der Maurergeselle Georg Kaufmann, konnten offenbar entfliehen, denn sie wurden steckbrieflich gesucht und tauchten später nicht unter den Verurteilten auf. Für die Zurückgebliebenen waren die Strafen hart:

Die Gesellen mussten bis zu drei Jahre ins Gefängnis, die Studenten kamen mit leichteren Strafen davon. Doch für studentische Verhältnisse waren sie hart genug: Zehn Studenten verbüßten Strafen zwischen vier Wochen und einem Jahr. Die härtesten Sanktionen erhielten die Studenten Vries und Vriezeli, die ein Jahr auf der Festung Königsstein einsitzen mussten und relegiert wurden. Die Regierung verurteilte 38 Handwerker und ließ öffentlich die Fahne der Bäcker und der Schuhmacher zerreißen. Kurz darauf kam es noch einmal zu Unruhen. Dieses Mal griff das Militär vehement durch, ohne die universitäre Gerichtsbarkeit zu berücksichtigen. Bei erneuten Unruhen in der ersten Septemberhälfte 1790 schreckten die Soldaten nicht davor zurück, einige Studenten auf offener Straße körperlich zu züchtigen. Die Universität fühlte sich dadurch in ihrer Disziplinarhoheit beeinträchtigt und wies – freilich erfolglos – darauf hin, dass ein derartiges Verhalten auswärtige Studenten von einem Studium in Mainz abhalten werde.

Nachdem die Ordnung wiederhergestellt war, ergriff der Kurfürst Präventivmaßnahmen. Am 10. September verbot die Regierung „alle Redereien, Gespräche gegen Religion, Sitten, Staat und landesherrliche Verordnungen". Mit diesem Verbot stieß der Kurfürst allerdings die ganze Bevölkerung vor den Kopf und riskierte deren Unmut.

Friedrich Karl hatte Angst vor weiteren Unruhen. Er stellte deshalb einen Plan auf, wie bei kommenden Aufständen das Militär die Stadt gegen die eigenen Bürger verteidigen sollte. Der Kurfürst rechnete mit erneuten Aufständen der Bevölkerung und bereitete das Militär sogar auf Straßenkämpfe vor.

Diese Maßnahmen belegen, dass Friedrich Karl während der Unruhen bereits eine Revolution befürchtet hatte. Darauf weist auch der Bericht des kaiserlichen Gesandten Schlick hin, der am 3. September 1790 über die erste Reaktion des Landesherrn nach Wien berichtete:

„Es ist mir nicht möglich, die bei S[einer] K[ur]f[ürstlichen] G[naden] bei dieser Gelegenheit wahrgenommene Unruhe und

Furcht zu beschreiben. Alle (...) Angelegenheiten schienen ganz vergessen und eine ganze Zerstörung befürchtet zu werden."

Die harten Strafen gegen die am „Knotenaufstand" beteiligten Studenten konnten nicht verhindern, dass weiterhin manche Studenten die Bevölkerung provozierten. Im folgenden Jahr wäre es fast erneut zu Auseinandersetzungen zwischen Studenten und Handwerkern gekommen. Hofkanzler Albini gelang es aber im Juli 1791, die beiden Parteien im Vorfeld drohender Zusammenstöße auseinanderzubringen. Stolz konnte er am 9. Juli verkünden: „Es sind nun alle Anstalten getroffen, nichts regt sich mehr."

Im selben Monat setzten sich die kurfürstliche Regierung und die Universitätsleitung häufiger mit den unruhigen Studenten auseinander. Am 1. Juli 1791 erhielt Prorektor Bodmann von der Regierung eine Anweisung, die den Akademikern das Tragen von Stöcken, die mit Stiletten und Säbeln versehen waren, untersagte. Bodmann teilte der Regierung am 13. Juli mit, dass Anfang Juli nur durch Patrouillen größere Unruhen zwischen weiteren Studenten und Gesellen verhindert worden waren. Einen Tag später hatte der Prorektor ein Wirtshaus ausfindig gemacht, in dem sich ein „Klub Akademiker" traf und in welchem bis „in die tiefe Nacht hinein gezecht und gespielt und die Grundlage zu allerlei jugendverderblichen Unordnungen und Ratschlägen ausgeheckt" wurde. Bodmann empfahl der Regierung, das Haus überwachen zu lassen und die Studenten bei abermaligen Zusammenkünften zu bestrafen, indem man sie beim ersten Mal verwarnen und beim zweiten Mal anzeigen und einsperren solle. Dem Wirt aber sollte „die verderbliche Nachsehung und Tolerierung solcher heimlichen Zusammenkünfte und Exzesse" untersagt werden.

Problematisch war bei diesen traditionellen Unruhen und studentischen Provokationen, dass die Studenten auch in Mainz zumindest bis zum Knotenaufstand durch Privilegien gesichert waren und keinen ordentlichen Gerichten, sondern der universitären Gerichtsbarkeit unterstanden. Diese relegierte die Studenten im schlimmsten Fall, so dass sie nur gezwungen waren, an eine andere Universität zu wechseln. Die angestammten Privilegien mochten auch in Mainz manchen Studenten dazu verleitet haben, Dinge zu tun, die einem berufstätigen Altersgenossen eine harte Strafe eingetragen hätten. Allerdings war nach den harten Sanktionen im Zuge des Knotenaufstandes jedem Studenten klar, dass es diese Privilegien in der alten Form nicht mehr gab. Auch die traditionellen Auseinandersetzungen hatten unter dem Vorzeichen der Revolution einen anderen Charakter bekommen.

Der Knotenaufstand zeigte: Ein Teil der Studenten war noch im traditionellen Denken verhaftet. Das spiegelte sich auch in solchen frühen Unruhen unter Beteiligung von Handwerkern oder andernorts Soldaten wider, die einen traditionellen und keinen „fortschrittlichen" Charakter hatten. Das Muster war meist ähnlich: Die privilegierten Studenten provozierten die Handwerker (oder Soldaten beziehungsweise die Obrigkeit), es kam zu Ausschreitungen.

Nach 1791 kommt es kaum noch zu solchen traditionellen Unruhen, stattdessen wehren sich nun unter umgekehrten Vorzeichen die Studenten gegen den privilegierten Adel oder gegen die Willkür der Obrigkeit. Privilegien waren nun unter den Studenten verpönt. Die Ideen der Revolution hatten die Studenten erreicht.

Revolutionsbegeisterung und politische Aktivitäten

Nicht alle Studenten waren im „traditionellen" Denken verhaftet. Es gab auch anders Gesinnte. Diese tauschten sich vor allem in Zirkeln und Freundeskreisen, verborgen vor den Augen der Regierung, über die politischen Möglichkeiten aus. Dort sprachen sie über neueste Zeitungsmeldungen aus Paris, entwarfen revolutionäre Theaterstücke und Gedichte oder vertrauten ihre Bekenntnisse den Stammbüchern an. Die Professoren übten in den Hörsälen ebenfalls Einfluss auf die Studenten aus. Das nahmen auch Außenstehende wahr. Der

Lustspieldichter August von Kotzebue hielt sich bis zum Sommer 1791 in Mainz auf, dann kehrte er 1792 nach Russland zurück. Im Jahr 1794 verfertigte er ein „Mémoire über den Revolutionsgeist", in dem er von seinen Erfahrungen in Deutschland berichtete. Kotzebue warnte in der Denkschrift davor, junge Russen an deutschen Universitäten studieren zu lassen, da dort der „Revolutionsgeist" gefördert werde. Dabei muss Kotzebue besonders die Verhältnisse im Umfeld der Universität Mainz vor Augen gehabt haben. Aus seinen Beobachtungen zieht er folgenden Schluss:

> „Die deutschen Professoren legen ihre Gesinnung bei jeder Gelegenheit nur allzu deutlich an den Tag, und wenn sie in den meisten Ländern nicht geradezu die Grundsätze der Franzosen verteidigen dürften, so wissen sie doch ihre Vorlesungen der Geschichte und Philosophie mit solchen Sätzen auszuschmücken, welche eine indirekte Billigung jenes Systems enthalten. – Und auf welches Land streuen sie diesen Samen? Schon die Lebensart der Studenten macht sie geneigt zur Ungebundenheit, der sie so gern den Namen Freiheit leihen."

Dass die aufgeklärten Inhalte der theologischen und philosophischen Vorlesungen einen wichtigen Faktor für die Politisierung der Studenten darstellten, bezeugt auch Nikolaus Müller in seinen späteren biographischen Aufzeichnungen, indem er über seine Studieneindrücke in Mainz schreibt, die Aufklärung habe schon „die Geister und Gemüter für das neue Reich der Grundsätze und der Naturrechte empfänglich gemacht". Besonders nennenswert erscheint Müller dabei aus seiner Studienzeit die „erste Defension der Kantischen Lehre unter dem Präsidium des Professors A. Dorsch".

Es gibt allerdings keine Hinweise darauf, dass Studenten und Professoren vor der Mainzer Republik gemeinsam in oppositionellen Zirkeln zusammengetroffen wären. Da die Studenten zur „Gelehrten Lesegesellschaft" keinen Zutritt hatten, beschränkte sich ihr Meinungsbildungsprozess im Wesentlichen auf den Kontakt mit befreundeten Studenten. Lediglich von Forster ist bekannt, dass er Verbindungen zu Studenten hatte und mit ihnen politische Gedanken austauschte.

Auch Kotzebue wusste, dass die Studenten nicht nur in den Hörsälen mit der Politik oder kritischem Gedankengut konfrontiert wurden, sondern sich auch in „Kaffeehäusern, Schauspielhäusern" oder „Klubs" öffentlich oder heimlich mit Gleichgesinnten treffen, austauschen und räsonieren konnten. Die Obrigkeit erahnte nur, was sich unter den Studenten zusammenbraute. Sie reagierte lediglich und versuchte mit der Androhung von Strafen der Situation Herr zu werden. Ein klares Konzept hatte sie jedoch nicht.

Am 12. November 1789 erließ Kurfürst Friedrich Karl von Erthal eine Verordnung an die Universität, die den Studenten jegliche politische Schwärmerei und Mitgliedschaft in einer geheimen Gesellschaft untersagte. Die einzelnen Punkte der Verordnung beziehen sich nicht explizit auf revolutionsbegeisterte Studenten, dennoch lassen sie vermuten, dass ein Teil von ihnen bereits unter dem Eindruck der Revolution gestanden hatte. So beklagte der Kurfürst, dass „seit kurzer Zeit durch verschiedene Gelegenheiten an mehreren dieser Candidaten ein unanständiges schwärmerisch-ruhestörendes Betragen" wahrzunehmen sei, das bei erneutem Auftreten von den Professoren gemeldet werden sollte. Die „Schwärmereien" wurden in erster Linie den ausländischen Studenten zugeschrieben. Offenbar konnte sich der Kurfürst bei seinen Landeskindern keine Revolutionsbegeisterung vorstellen, so dass die kleine Gruppe ausländischer Studenten als Sündenbock herhalten musste. Wie sehr er sich damit täuschte, zeigte später die Tatsache, dass mindestens acht der elf studentischen Gründungsmitglieder des Jakobinerklubs gebürtige Mainzer waren.

Die Verordnung besagte an anderer Stelle, dass „die bis hierher von denen dahier Studierenden getragene farbige Kokarden und Federbüsche nunmehr gänzlich und ein für allemal abgeschafft werden". An dieser Stelle wird allerdings nicht deutlich, ob die Studenten landsmannschaftliche oder prorevolutionäre Kokarden getragen hatten. Ein weiterer Punkt der Verordnung kritisierte, „dass auf dahiesiger Schule unter den jungen Leuten ein geheimer Orden sich eingeschlichen" habe. Deshalb wurden den Studenten für die Zukunft jegliche geheimen Bündnisse untersagt.

Die Verordnung reagierte auf konkrete Vorfälle: Bis zum November 1789 belegen mehrere Quellen, dass der kurfürstlichen Verordnung vom November studentische Aktivitäten vorausgegangen waren.

Am 3. August 1789 war es vor dem „Concilium politicum universitatis" zur Verhandlung und Bestrafung einiger Jurastudenten gekommen, die den kursächsischen Gesandten Rudolf von Bünau beleidigt hatten. Der Vorfall um den Gesandten Bünau, der sich bei den Mainzer Bürgern durch sein sittenloses und unanständiges Benehmen seit längerem unbeliebt gemacht hatte, ist ein erstes Beispiel dafür, dass die Studenten auch vor öffentlichen Aktionen gegenüber dem Adel nicht zurückschreckten. Zum Zusammenstoß zwischen Studenten und dem Gesandten kam es am 25. Juli 1789 gegen Mitternacht. Der Mainzer General Klemens August von Gymnich berichtete empört über die renitenten Studenten:

„Da verwichene Nacht der kursächsische Gesandte (...) um halb 12 Uhr beim Roten Tor einpassiert und selber durch die Karmelitergasse fahren wollte, war solche mit ein paar hundert Juristen besetzt, welche daselbsten Nachtmusik machten und die Passage verweigerten, auch die vorderen Pferde nach der Löhrgasse zu wendeten. Worauf der Herr Gesandte um die Wache gerufen, welche auch eine Patrouille hingeschickt und den Daseienden gesagt: Sie mögen dem sächsischen Herrn Gesandten Platz einräumen!, welches sie aber nicht taten."

Dem Gesandten blieb so nichts übrig, als den Weg durch die Löhrgasse zu nehmen. Offenbar war für den Gesandten der Schrecken damit noch nicht ausgestanden. Aus anderen Quellen geht hervor, dass die Studenten noch in derselben

Nacht Bünau aus seinem Wagen gezogen und verprügelt hätten. Demnach hatte der Vorfall Züge von Selbstjustiz gegen einen allseits unbeliebten adligen Diplomaten angenommen. Bünau klagte bei der Mainzer Regierung, was die Verhandlung im August zur Folge hatte. Der Kurfürst erließ aus seiner Sommerresidenz Aschaffenburg strengen Befehl, die studentischen Rädelsführer ausfindig zu machen und zu bestrafen. Offenbar verlief die Suche erfolgreich. Kurze Zeit darauf wurden Untersuchungen eingeleitet. Das Ausmaß der Strafen ist nicht bekannt, aber allein das Vorgehen gegen die sonst durch Privilegien geschützten Studenten erregte großes Aufsehen in der Bevölkerung. Am 16. Oktober 1789 berichtete der Geschichtsprofessor Niklas Vogt in einem Brief an Johannes von Müller über die Bestrafung unbotmäßiger Studenten, die in der Bevölkerung eine „Sensation" erregt habe. Nach Vogt kompromittierte aber der ganze Vorfall den Kurfürsten.

Die zeitliche Nähe zum Ausbruch der Revolution in Frankreich und die Häufung der studentischen Aktionen im Zeitraum von August bis Oktober/November 1789 weisen darauf hin, dass revolutionäre Veränderungen in Frankreich die studentischen „Schwärmereien" auslösten. Die Mainzer Studenten waren mit ihren Übergriffen gegen Bünau deutschlandweit die ersten, bei denen sich zu einem so frühen Zeitpunkt eine Politisierung im Zusammenhang mit der Französischen Revolution nachweisen lässt.

Die Bestrafung der Mainzer Studenten vom Herbst 1789 konnte weitere Aktivitäten gegen den Adel nicht dauerhaft verhindern. Auch im Jahr 1792 traten einzelne Studenten mit Provokationen in Erscheinung. Anfang Februar 1792 bewarfen junge Leute einen Hofkutscher mit Steinen. Gewöhnlich gebrauchte die Gräfin von Hatzfeld diese Kutsche. An diesem Tag war sie aber leer, so dass die Steine, die durch das Fenster drangen, keinen Fahrgast verletzten. Derselbe Kutscher war im Januar bereits von einigen Jurastudenten geschlagen und beschimpft worden, weshalb der geistliche Rat Heimes vermutete, dass es sich um dieselben Täter handelte. Die Studenten waren alle ähnlich gekleidet. Sie trugen blaue Überröcke und abgeschnittene Seitenhaare und demonstrierten durch diese äußerliche Uniformität ihre Zusammengehörigkeit. Es ist anzunehmen, dass es sich hierbei um eine Gruppe von Revolutionssympathisanten handelte, die sich nach der Mode der Revolution kleideten. Darauf verweisen insbesondere die kurzen Haare und die blauen Röcke, auf diese Weise zogen sich auch andernorts Revolutionsanhänger an. Die blauen Röcke waren Bestandteil einer Kleiderkombination, die den Pariser Sansculotten nachempfunden war (Matrosen-Hosen und blaue Röcke mit roten Überschlägen) und auch die kurzen Haare hatten seit der Revolution die langen Haare beziehungsweise die Zöpfe abgelöst.

Über die genauen Gründe für diese Tat waren sich die Behörden nicht einig; die Papiere, die über diese Angelegenheit gewechselt wurden, sprachen von studentischem „Unfug". Sie suchten nicht nach den möglicherweise politischen Motiven für die Taten, obwohl doch zumindest eine Ähnlichkeit zu den Aktionen von 1789 gegen den Gesandten von Bünau vorlag und die Gräfin Hatzfeld neben der Gräfin Coudenhoven zu den begünstigten Frauen am Hofe des Kurfürsten zählte.

Nicht nur die Regierung musste auf die unruhigen Studenten reagieren. Auch einzelne Professoren machten sich ihre Gedanken, wie mit diesen Erscheinungen, die man nicht leicht einordnen konnte, umzugehen sei. Konkrete Verbesserungsvorschläge formulierte bereits 1790 der damalige Prorektor Peter Anton Frank in einer Denkschrift über den Zustand der Universität. Frank forderte eine Reform des Philosophiestudiums. Dazu zählte für ihn eine strengere Disziplin für die Schüler der philosophischen Vorbereitungsklasse und der Philosophiestudenten. Für die „zu einem höhern Schwunge in diesem Studium noch unreife Jugend", die bislang ihre Philosophiekurse an der Universität absolvierte, forderte er die Errichtung eines eigenen Gymnasium illustre, wo diese angemessen vorbereitet würden, was zudem den Effekt hätte, dass die Philosophie als eigenständige Disziplin an der Universität aufgewertet würde. Dieser Vorschlag Franks wurde jedoch nicht mehr aufgegriffen. Dem Kurfürsten war die Reformfreudigkeit hinsichtlich seiner Universität längst abhanden gekommen. Im Sommer 1791 drückte Prorektor Bodmann in seiner Denkschrift daher nicht zu Unrecht seine Befürchtung aus, dass der Kurfürst durch die verschiedenen Unruhen und Vorfälle sein „landesväterliches Herz" von der Universität abwenden könnte, und verstärkte umso mehr die Kontrollen und die Gangart gegenüber auffälligen und unruhigen Studenten. Bodmann wusste, weshalb er diese Befürchtungen äußern musste. Im selben Jahr sah er sich genötigt, Studenten zu verwarnen, die in ihren Äußerungen oder auf andere Weise ihre Revolutionssympathie zu erkennen gaben. Da war zum einen der Student Rougemaitre, der durch seine öffentlich geäußerte politische Haltung kurz vor der Relegation stand. Bodmann ließ ihn zu sich kommen und glaubte nach strengem Verweis, ihn „bekehrt" zu haben:

„Dem Studiosus Rougemaitre habe ich seine unbesonnene, gefährliche Discourse vorgehalten, und einstweilen schärfstens verwiesen, mit der verwarnenden Bedeutung, dass ich ex officio Leute genug aufgestellt hätte, die dessen Reden, Handlungen und sonstige Maximen genau beobachten sollten, wodurch dann derselbe bei der ersten Anzeige exemplarisch bestraft und von der hiesigen Universität als ein gefährlicher Meuterer förmlich relegiert werden sollte. Von seinen, unter vielen Tränen geäußerten reumütigen Befragen und meiner nachdrucksamen Vorstellung glaube ich für die Zukunft das Beste hoffen zu dürfen."

Doch Bodmann täuschte sich, wenn er glaubte, den Studenten politisch umerzogen zu haben. Jean Charles Rougemaitre wurde später in der Mainzer Republik zum Aktivisten. Im Mainzer Klub gehörte er zum Beispiel dem Korrespondenzkomitee an.

Noch deutlicher und vor allem provozierender bekannte sich ebenfalls im Sommer 1791 ein ungenannter Student, der mit aufgesteckter französischer weiß-blau-roter (sic!) Nationalkokarde an der Wache am Münstertor vorbeiging. Als ein Major der Wache die Kokarde erkannte, erstattete er Anzeige bei Prorektor Bodmann. Dieser gestattete dem Major, den Studenten in seinem Namen anzuweisen, die Kokarde unverzüglich abzulegen, oder ihn andernfalls festzunehmen. Da dies kein Einzelfall war, bat Bodmann in seiner Denkschrift den Kurfürsten um die Weisung, den Studenten „dergleichen Zeichen, welche nur auf einen nichts bedeutenden Esprit de Corps hinauslaufen", zu verbieten. Diese Einschätzung ist widersprüchlich, spielte er doch das Kokardentragen herunter, um im gleichen Atemzug den Einzelfall zu einem „Corpsgeist" unter den Studenten zu verallgemeinern, der auf Verbreitung solcher Gesinnung in größerem Maß schließen ließ. Die folgenden Vorkommnisse, wie die Übergriffe studentischer Gruppen gegen den Adel, belegten allerdings, dass die Studenten tatsächlich einen „Corpsgeist" im Zeichen der Französischen Revolution besaßen.

Wie die Bevölkerung störten sich auch die Studenten an der innen- und außenpolitisch unklugen Emigrantenpolitik des Kurfürsten. Während eines denkwürdigen Theaterbesuchs gaben sie ihrer Haltung deutlich Ausdruck. Das Mainzer Theater war häufiger Ort indirekter Unwillensäußerungen, die von der Bevölkerung im Parterre und den Studenten auf den billigen erhöhten Plätzen ausgingen und sich gegen den Adel in den Logen richteten. Als im Juni 1791 während der Aufführung eines Theaterstücks die Nachricht eintraf, dass der Fluchtversuch des französischen Königs Ludwig XVI. gescheitert war und man ihn in Varennes ergriffen und nach Paris zurückgebracht hatte, fand die Nachricht geteilte Aufnahme. Der spätere Jakobiner Johann Eickemeyer erinnerte sich in seinen Memoiren an die Reaktionen: „Da erblickte man vor Schreck erstarrte Menschen, todblasse Gesichter und die äußerste Verwirrung in den Logen, während das Parterre in lauten Jubel ausbrach."

Ganz ähnlich geartet war ein Vorfall im November 1791, an dem die Studenten ihren Anteil hatten.

Ende November kursierte für einige Tage im Rheinland die Falschmeldung einer angeblich gelungenen Flucht Ludwigs XVI. Die „Neuigkeit" wurde in verschiedenen Zeitungen gemeldet und kommentiert. Nachdem der Kurfürst am 23. November 1791 diese irrtümliche Nachricht erhalten hatte, war er derart euphorisiert, dass er kurzfristig den Spielplan des Theaters ändern ließ: „Statt des ‚Papagei' von Kotzebue ward am folgenden Tag auf Befehl des Kurfürsten die Oper ‚Richard Löwenherz' gespielt", in der – dem vermeintlichen Anlass entsprechend – ein König aus der Gefangenschaft befreit wurde. Durchdacht war die Spielplanänderung allerdings nicht, denn die Oper ‚Richard Löwenherz' von Grétry hatte schon bei Aufführungen in Paris und Versailles seit dem Oktober 1789 wiederholt für stürmische Auftritte gesorgt.

Gänzlich unsensibel für die Stimmung in der Bevölkerung begab sich der Kurfürst am Abend des 24. November mit seinen Gästen, einigen emigrierten französischen Prinzen, ins Theater, um die „Befreiung" nachzuempfinden. Doch Friedrich Karl bekam den Unmut der anwesenden Studenten rasch zu spüren. Denn als die Ouvertüre der Oper begann,

„brach ein vielhundertstimmiges Pereat los; es ertönte Pfeifen, Faustgepolter und ein so donnerndes Stampfen von oben herab – dem Paradiese [der Galerie], das die Studenten ausschließlich ein hatten [einnahmen] –, dass die Gardine fiel, und der Fürst mit den Prinzen verschwand."

Mit solch einer Blamage hatte der Kurfürst nicht gerechnet. Die Straßburger Zeitung „Geschichte der gegenwärtigen Zeit" war über den Vorfall vom 24. November aus Mainz informiert und berichtete wenige Tage später ähnlich darüber. Nach deren Darstellung verließen allerdings der Kurfürst und die Emigranten nicht gleich zu Beginn des Stückes das Theater. In dem Zeitungsbericht wurde auch hingewiesen, dass der Kurfürst bereits vor der Aufführung mit Störungen im Theater gerechnet hatte:

Die Kupferstichansicht in Paris

Gebäude der Mainzer Universität: Die Hochschule entwickelte sich nach ihrer Reform 1784 zu einer Hochburg der katholischen Aufklärung. Mit der Französischen Revolution gewannen auch demokratische Ideen unter den Professoren und Studenten an Einfluss. © Stadtarchiv Mainz

Die Mainzer Kanzlei zwischen Schloss und Schlosskirche St. Gangolf (rechts): Das 1814 abgerissene Gebäude beherbergte die Regierung des Kurfürstentums mit dem Hofkanzler an der Spitze. © Stadtarchiv Mainz

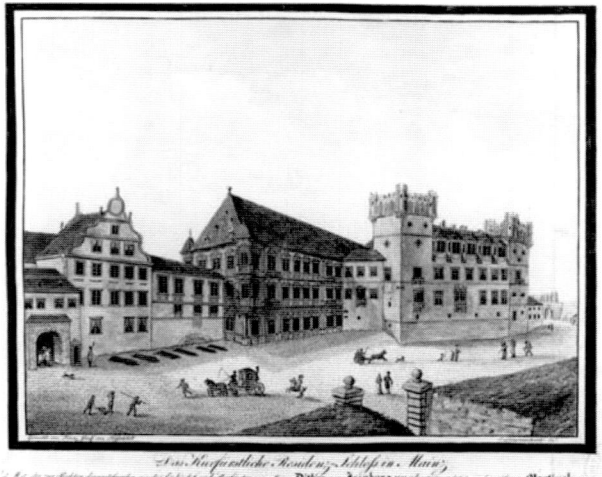

Martinsburg und kurfürstliches Schloss: Das Schloss war die Stadtresidenz der Mainzer Fürst-Erzbischöfe. Im Oktober 1792 kam hier der erste öffentliche Jakobinerklub in Deutschland zusammen. © Stadtarchiv Mainz

198

Stammbuch des Mainzer Studenten Ernst Daniel Glaubregg: Die Freundschaftsalben sind eine wichtige Quelle für den Wandel der studentischen
Mentalität in der Umbruchzeit am Ende des 18. Jahrhunderts.

© Archiv der deutschen Burschenschaft/Bundesarchiv Koblenz

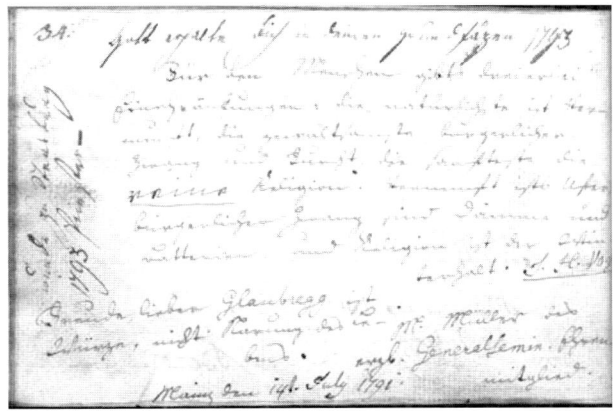

Eintrag des Priesterseminaristen Michael Valentin Müller von 1791 in das
Stammbuch von Glaubregg: „Für den Menschen gibt's dreierlei Einschränkungen: die natürlichste ist Vernunft, die gewaltsamste bürgerlicher Zwang
und Furcht, die sanfteste die *reine* Religion. Vernunft ists Ufer, bürgerlicher
Zwang sind Dämme und Batterien, und Religion ist der Winterhal:."

© Archiv der deutschen Burschenschaft/Bundesarchiv Koblenz

Der Universalgelehrte Georg Forster war seit 1788 Universitätsbibliothekar in Mainz. Er trat 1792 dem Jakobinerklub bei und entwickelte sich schnell zu einem der bedeutendsten Politiker der Mainzer Republik.

© Museum der Weltkulturen, Frankfurt/M.

Caroline Böhmer: Die engste Vertraute von Georg Forster in Mainz machte aus ihrer demokratischen Gesinnung keinen Hehl und wurde nach dem Fall der Mainzer Republik in der Festung Königstein inhaftiert. © AKG

„Viele Freunde der französischen Konstitution begaben sich aus Neugierde auch dahin [in das Theater], um zu sehen, was da vorgehen würde. Als die Polizei Wind davon bekam, dass – wenn das Klatschen übertrieben werden sollte – viele andere pfeifen würden, so wurden die Schildwachen im Innern des Saals wider aller Gewohnheit vermehrt."

Als der Kurfürst und der Adel bei der Befreiung des Königs in dem Stück klatschten, kam es trotz der Vorsichtsmaßnahmen zu Unmutsäußerungen, da man lediglich das Parterre, nicht aber die schlechten Plätze über den Logen überwachte: „Von mehreren Seiten hörte man Murren und Bst! Bst! Rufen". In dem Bericht wurden die kritischen Zwischenrufe zwar nicht ausdrücklich den Studenten zugeschrieben, dennoch besetzten vor allem sie die billigen erhöhten Galerieplätze, die sich über den teuren Logenplätzen befanden.

Der Zwischenfall im Mainzer Theater zog weite Kreise. Selbst in dem Weimarer „Journal des Luxus und der Moden" berichtete ein Korrespondent im Rahmen einer Theaternachricht von der Mainzer Opernaufführung, dass sich verschiedene Parteien geräuschvoll während der Aufführung bemerkbar machten, wenn auch in diesem Fall auf einer Ebene des Theaters:

„Mein Nachbar von der linken [ein junger Mainzer] zischte unaufhörlich; ein deutlicher Beweis seiner demokratischen Denkart; doch war ich mit diesem noch besser zufrieden als mit dem Chevalier, welcher mit Stimme und Händen solch ein Getös vor meinen Ohren machte, dass mein Gehör den ganzen Abend litt."

Der für den Kurfürsten peinlich verlaufene Theaterbesuch zog keine Untersuchungen nach sich. Offenbar wollte der Kurfürst die Situation nicht noch verschärfen. Ohnehin wäre es schwierig gewesen, alle Zwischenrufer ausfindig zu machen.

Die Studenten beließen es nicht bei Zwischenrufen im Theater. Einen Monat später stießen die adligen Emigranten und die Studenten auch physisch aufeinander.

Als französische Emigranten eine mitternächtliche Weihnachtsandacht in einer Kirche störten, erregten diese „den Unwillen der anwesenden Studenten in dem Grade, dass es zu Schlägen und dann vor der Kirche zu Waffengefechten kam, wobei die frechen Tempelschänder tüchtig durchgeprügelt wurden", so ein Zeitzeuge. Der Mainzer Student Nikolaus Müller erwähnte in seinen später geschriebenen Aufzeichnungen weitere Zwischenfälle: „In Mainz gibt es häufig Schlägereien zwischen Studenten und französischen Offizieren und derbe Zurechtweisungen gegen letztere."

Wenn von der Mainzer Bevölkerung auch keine revolutionären Unruhen zu erwarten waren, zwangen Unmutsäußerungen dieser Art sowie die außenpolitische Brisanz, die mit der Aufnahme von Emigranten einherging, die Regierung dazu, ihre Emigrantenpolitik zu revidieren. Als Friedrich Karl am 25./26. Dezember 1791 den von Koblenz eingetroffenen Prinzen Condé aufforderte, die Hauptstadt und die zu Kurmainz gehörigen Gebiete zu räumen, war für den Kurstaat bereits ein großer innen- und außenpolitischer Schaden entstanden, zumal die Ausweisung nicht konsequent erfolgte und einige Emigranten sich noch 1792 in Mainz aufhielten. Besonders nach der Kriegserklärung Frankreichs vom 20. April 1792 ließ es Friedrich Karl zu, dass sich im Mainzer Erzstift wieder Emigranten in großer Zahl sammelten. So konnte die Straßburger Zeitung „Geschichte der gegenwärtigen Zeit" noch im Mai 1792 darüber berichten, dass der Kurfürst weiterhin die Emigranten begünstige, und das Amt Rüdesheim musste wegen der schwankenden kurfürstlichen Politik am 15. Juni um Verhaltens-Befehle bitten, da französische Emigranten militärische Übungen abhielten.

Exkurs: Die Leiden des jungen Josef Schlemmer

Die überlieferten Tagebucheinträge des jungen Josef Schlemmer ermöglichen uns einen sehr privaten Einblick in die Gedankenwelt eines jungen Mainzers und dessen allmähliche Politisierung am Vorabend der Mainzer Republik. Schlemmer studierte an der Universität Mainz seit 1783 zuerst Philosophie und nahm dann ein Jurastudium auf, das er 1791 abschloss.

Aus Auszügen seiner Tagebucheinträge von 1792 – Schlemmer war inzwischen Praktikant beim Vizedomamt – geht seine zunehmende Begeisterung und Parteinahme für die Revolution hervor. Die Notizen spiegeln die inneren und äußeren Kämpfe wider, die Schlemmer mit sich und gegen Widerstände in seiner Familie austrug. Schlemmer stand der Französischen Revolution im Gegensatz zu seinen Eltern positiv gegenüber. Am 24. März 1792 notiert er deshalb enttäuscht in sein Tagebuch: „Sie [die Eltern] haben keinen Funken Begeisterung in sich."

Die Kontakte zu revolutionsbegeisterten Studenten bestärkten Schlemmer in seiner Haltung. Im Juli 1792 erhält er Besuch aus Homburg von zwei Revolutionsfreunden, dem Assessor Wilhelm Ludwig Kämpf und dem Studenten Isaac von Sinclair. Kämpf knüpfte später Verbindungen zum Mainzer Jakobinerklub und wurde deshalb aus seinem Homburger Amt entlassen. Der Hölderlin-Vertraute Sinclair war ein studentischer Revolutionsanhänger mit Leib und Seele. Während seiner späteren Studienzeit in Tübingen und Jena bekannte er sich zur Jakobinerherrschaft. In Jena arbeitete er bis zum August 1795 mit Gleichgesinnten daran, die Revolutionsideen unter den Studenten zu verbreiten.

Die beiden Homburger Gäste versuchen bei Schlemmer die letzten Zweifel an der Richtigkeit der Revolution zu beseitigen. Sinclair berichtet darüber in einem Brief an den Homburger Hofrat Franz Wilhelm Jung vom 15. Juli 1792, einen Tag nach dem Jahrestag des Sturms auf die Bastille:

„Der Assessor Kämpf und ich, wir machten ihn [Schlemmer] gleichsam mit Gewalt zu einem Demokraten, ich zweifle aber nicht, dass ein so ganz und gar nicht verbildeter Kopf, wenn er die Konstitution wird kennen lernen, von ihrer Göttlichkeit überzeugt sein wird. Und ein guter Mann und ein richtig denkend[er] Kopf mehr auf unserer Seite ist ein wichtiger Gewinnst".

Sinclair traf in Mainz weitere Revolutionsanhänger. Freudig berichtete er: „Überhaupt habe ich Gelegenheit gehabt zu bemerken, dass die Zahl der Verehrer der Konstitution unter unserer Nation merklich zunimmt." Es ist davon auszugehen, dass Sinclair in die eine oder andere Mainzer Feierlichkeit aus Anlass des Jahrestages zum Bastille-Sturm geraten war, wie er an vielen Orten von Sympathisanten begangen wurde. Für Schlemmer steht nach dem Besuch fest, dass die französische Sache die richtige ist. Schon wenige Tage später, am 20. Juli 1792, vertraut Schlemmer seinem Tagebuch an, dass er ein Parteigänger der Franzosen ist:

„Vom Glück und Unglück der französischen Waffen hängt das Glück eines halben Weltteils ab. Denn siegen sie, kann der Untertan auf Billigkeit und Gerechtigkeit, auf bessere Gesetze zu seinem Schutz hoffen. Verlieren sie, so ist die schrecklichste Sklaverei in monarchischen Staaten unausbleiblich."

Schlemmer hoffte nun auf einen Sieg der französischen Revolutionstruppen, da er bei einer Niederlage eine Restauration der absolutistischen Staaten kommen sah. Offenbar hatte Sinclairs Besuch seine Wirkung hinterlassen. Im August traf sich Schlemmer mit Sinclair in Homburg. Eine Freundschaft auf der Grundlage gleicher Gesinnungen war entstanden.

Schlemmers politische Haltung wurde von seiner Familie und seiner Verlobten Luise Bender zunehmend verurteilt. Dennoch hält er an seiner Überzeugung fest. Unter dem 21. August 1792 steht im Tagebuch:

„Was sind die Frauen doch so kleinlich! Solange sie Freiheit und Revolution in der optischen Entfernung der Geschichte oder in der Einbildungskraft, geweckt durch den Spiegel der Dichtkunst sehen, wenn ich ihnen die Räuber, den Götz, den Fiesko, den Egmont vorlas oder Klopstocks göttliche Oden, streckten sie die Arme danach aus und waren einig mit mir (...) Jetzt aber (...) erschrecken sie, hängen die Köpfe, wenden sich ab. Mich aber verdammen sie, weil ich nicht so wetterwindisch bin und festhalte an meinen Idealen."

Als kurz darauf die Revolution in Gestalt der französischen Truppen nach Mainz kommt, ist Schlemmer begeistert. Nach dem Einzug des französischen Generals Custine notiert er euphorisch: „Ich habe den ersten großen Mann gesehen." Schlemmer will sofort in den Jakobinerklub eintreten, doch er wird erpresst und zögert deshalb: Geht es nach dem Willen seines zukünftigen Schwiegervaters, muss Schlemmer jegliche Verbindung mit dessen Tochter abbrechen, wenn er sich für die Jakobiner entscheidet. Schlemmer widersteht diesem Druck: Am 19. November 1792 tritt er in den Klub ein und löst die Verbindung mit seiner Verlobten.

Geheime Organisationen:
Verbindungen, Klubs und Zirkel

Eine unentbehrliche Quelle für die politische Haltung Mainzer Studenten sind die Memoiren Johannes Weitzels, die er im Jahr 1821 veröffentlichte. Weitzel berichtet darin ausführlich über seine Zeit als Philosophiestudent an der Mainzer Universität, die im Wintersemester 1789/1790 begann und bis zum Einmarsch der Franzosen 1792 dauerte.

Weitzel hat seine Memoiren viele Jahre nach seinem Studium geschrieben, seine Erinnerungen aber durch Schriften aus der Studienzeit ergänzt und gestützt. Textpassagen dieser Schriften integrierte er als Zitate. Seine Memoiren bieten uns einen kleinen Ausschnitt aus dem bunten Treiben der Studenten und ihre Reaktionen auf die politischen Ereignisse.

Bereits als Schüler am Mainzer Gymnasium hatte Weitzel schlechte Erfahrungen mit der orthodoxen Geistlichkeit gemacht: Diese hatten herausbekommen, dass er die Schriften Rousseaus las und eigene, freisinnige Gedanken dazu verfasste. – Er entging nur knapp einem Schulverweis. Doch trotz dieser

Erfahrung erkannte Weitzel in Mainz auch Erfolge der Aufklärung:

„Die Art, wie der Aufstand der englischen Kolonien in Nordamerika und später die französische Revolution (...) aufgenommen wurden, zeigte die Natur dieses Geistes, der schon früher da war, und durch diese Ereignisse nicht, wie viele behaupteten, erst erzeugt worden ist."

Nach dieser Ansicht löste folglich nicht erst die Französische Revolution in Mainz ein kritisches Denken aus, sondern bereits die Aufklärung.

Weitzel belegte auf der Universität die gleichen Kurse wie sein Freund Friedrich Lehne, den er von früher Jugend an kannte. Hier freundete sich Weitzel mit Revolutionsanhängern wie den Hochschullehrern Eickemeyer und Hofmann an. Die Freundschaft zu Professor Hofmann überdauerte das Studium. 1798 verschaffte ihm Hofmann als Generaleinnehmer des Departements Donnersberg eine Stelle als Verwaltungsbeamter. Wie sein Freund Lehne und andere Studenten ergreift Weitzel sehr früh Partei:

„Mit dem Ausbruch der Gärungen in Frankreich hatte ich einen warmen Anteil an der Sache der Nation genommen, weil sie, nach meiner Überzeugung, die Sache der Gerechtigkeit und der Vernunft gewesen [ist]. Die ersten Jahre der Revolution mussten ein jugendliches Gemüt mit heiliger Begeisterung erfüllen."

Die Studienfreunde sitzen zudem „bis in die späte Nacht" beisammen, philosophieren und unterhalten sich „über die Zwecke und Mittel der französischen Revolution".

Weitzel war bewusst, welches Risiko er und seine Freunde mit dem politischen Zirkel eingingen. In seiner Biographie kommt er darauf zu sprechen:

„Unsere Gespräche, Briefe, Entwürfe, Feste und Spiele, (...) alles bezog sich auf das Weltereignis [die Französische Revolution] (...)

Wehe uns, wären unsere Briefe von dem scheuen Argwohne der Polizei erbrochen oder unsere Reden von ihr belauscht worden! Sie hätten nichts weniger als Hochverrat gefunden (...) Wir sprachen in unserem Kreise das Verdammungsurteil über mehr als einen Fürsten aus und machten aus der ganzen Welt eine einzige und unteilbare Republik."

Die politischen Zeugnisse enthielt Weitzel seinen Lesern nicht vor. Er zitierte einen Auszug einer von ihm umgeschriebenen Fassung von Shakespeares „König Lear". Das Stück stellte die Unterdrückung des dritten Standes durch Adel und Klerus dar. Jeder der drei Stände wurde von ihm durch eine der Königstöchter repräsentiert. Es handelt sich im Folgenden um Auszüge, nicht um aufeinanderfolgende Monologe. Die Stellungnahmen erfolgen in Weitzels Memoiren im jeweiligen Dialog mit König Lear.:

„Regan: Und Jakobiner sind's, die es nicht mit uns halten.
Das alte gute Recht, das die Geschichte lehrt,
Ist, dass der Bauer gibt, der Adel nimmt und zehrt. (...)

Goneril: Für fette Pfründen und Präbenden
Gedenk' den Himmel ich zu spenden.
Den Wechsel auf die andre Welt
Hab' ich für diese ausgestellt. (...)

Cordelia: Nicht länger dulde ich der Harten Übermut,
Ihr Pochen auf Geburt und auf bessres Blut.
Vor Gott und der Vernunft sind alle Menschen gleich."

Weitzel ließ in dem umgeschriebenen Drama Cordelia als Vertreterin des dritten Standes zum Widerstand gegen Adel und Klerus aufrufen. Das ganze Stück ist in diesem Sinn nach Shakespeares Handlungsvorgabe umgeschrieben. In Shakespeares Drama wird die von König Lear verkannte Cordelia zugunsten ihrer beiden Schwestern verstoßen. In Weitzels Fassung verstößt der König die Vertreterin des dritten Standes wegen ihrer radikalen Forderungen zugunsten von Adel und Klerus.

Eine Kreation Weitzels war auch im Vorspiel des Stücks der Auftritt eines Patrioten, der ausruft: „Les aristocrates à la lanterne!" Leider nennt Weitzel in seinen Memoiren nur wenige Namen Gleichgesinnter. Neben Lehne gehörten zu Weitzels Freundeskreis noch zwei Studenten namens Wittmann und Müller. Wie verhielt sich Weitzel nun, als die Franzosen vor Mainz standen? Obwohl Weitzel zu den Revolutionsanhängern unter den Studenten gehörte, blieb er nur noch wenige Tage nach Ankunft der Franzosen im Oktober 1792 in Mainz und besuchte den Jakobinerklub zweimal, um sich dann gegen eine Mitgliedschaft zu entscheiden. Er trat wegen seiner Abneigung gegen einzelne Mitglieder nicht ein, obwohl auch Studenten eingetreten waren, die er kannte und schätzte. Die Idee, für die der Mainzer Jakobinerklub stand, hielt er ohnehin für eine „reine, heilige Sache". Politisch orientierte sich Weitzel zu dieser Zeit an den Girondisten, ohne seine Meinung näher zu begründen. Damit wollte sich der spätere Liberale nachträglich in seinen Memoiren von den radikalen Jakobinern distanzieren. Weitzels Bekenntnis ist insofern auch ein Beispiel dafür, wie späteres Wissen die Erinnerung verzerrt, denn im Mainzer Jakobinerklub kam es zu keinen Parteibildungen nach französischem Muster in Jakobiner und Girondisten.

Auch wenn Weitzel nicht in den Jakobinerklub eintrat und bald Mainz verließ, sympathisierte er weiterhin mit der Französischen Revolution. So berichtete er, wie er im März/April 1793 in einem Gasthaus in Rüdesheim – das bereits wieder von den Preußen zurückerobert war – im Angesicht eines preußischen Offiziers das Glas hob und ausrief: „Die Freiheit und das französische Volk!" Daraufhin sei er vom Offizier gefragt worden, ob er wisse, wo Spandau liege, worauf Weitzel frech zurückfragte: „Wissen Sie, (..) wo die Bastille stand?" Was für eine Frechheit, die sich der Student gegenüber einem preußischen Offizier erlaubte! Die Dreistigkeit führte dazu, dass ihn die Preußen in Rüdesheim als „Patriot" verfolgten, er konnte jedoch entkommen. Seine forsche Art behielt er indessen bei. Kurze Zeit darauf verweigerte er adligen Emigranten, eine deutsche Zeitung ins Französische zu übersetzen, da diese von einer Niederlage der Republikaner berichtete. Wieder musste er fliehen. Weitzel setzte sich vorübergehend nach Frankreich ab, kehrte aber noch vor der Kapitulation der Festung Mainz (23. Juli 1793) zurück.

Nach der Rückeroberung von Mainz durch die verbündeten deutschen Truppen blieb Weitzel Anhänger revolutionärer Prinzipien. Im Jahr 1795 veröffentlichte er anonym in Frankfurt die Schrift „Geist der fränkischen Revolution", in der er sich selbst als Republikaner bezeichnete und die Errungenschaften der Revolution lobte.

Im Jahr 1798 verfasste Weitzel im nun wieder französischen Mainz die revolutionäre Schrift „Über die Bestimmung des Menschen und des Bürgers", worin er unter anderem schrieb: „Mit dem geistlichen Despotismus musste der weltliche untergehen (...) Die Geschichte des Lahmen und des Blinden in der Fabel ist die Geschichte des Zepters und des Rauchwassers." Weitzel blickte hier auf den ehemaligen Kurstaat zurück und prognostizierte das Ende des Absolutismus und der Kirchenherrschaft. Die Revolution beurteilte Weitzel als geschichtliche Notwendigkeit, in deren Dienst man sich trotz der vielen Opfer, die sie gefordert habe, stellen solle, „um ihre glückliche Vollendung zu beschleunigen".

Noch 1819 glaubte Weitzel eher an eine Revolution in Deutschland als an Reformen von oben: „Der Schwache und Unterdrückte spricht von Mäßigung und Recht, wovon der Starke aber, der unterdrücken kann, nichts hören will. Nur wenn ihm wieder Stärke entgegentritt, wird er besonnen."

Weitzel war nicht der Einzige, der über diesen studentischen Bund berichtete. Auch von seinem Jugendfreund und Kommilitonen Friedrich Lehne besitzen wir Informationen. Der Philosophiestudent Lehne zählte an der Mainzer Universität zu den revolutionär gesinnten Studenten. Bereits auf dem Mainzer

Gymnasium hatte er einige seiner späteren Mitstudenten kennen gelernt. Mit den Mitschülern und späteren Studenten Peter Nikolaus Theyer, Peter Wohlstadt, Johann Fügen und Karl Steinem trat Lehne in den Mainzer Jakobinerklub ein. Wie Weitzel begann er im Wintersemester 1789/90 an der Mainzer Universität sein Studium. Dort trat er mit seinem Schulfreund Theyer in den studentischen Zumbachschen Lesezirkel. Die beiden entwickelten sich in ihrer Studienzeit zu begeisterten Anhängern der Revolution. Theyer machte aus seiner Begeisterung kein Geheimnis. Nach Aussage eines Assessors der juristischen Fakultät war er „ein (...) durch die fanatischen Vorlesungen des Professors Hofmann für die Freiheitsgrundsätze ganz hingerissener Mann".

Lehne fiel in der Öffentlichkeit weniger auf, schrieb dafür aber mit gleichgesinnten Studenten revolutionäre Gedichte. Es ist anzunehmen, dass es sich hierbei um denselben Studentenbund handelt, von dem Weitzel in seinen Memoiren berichtet. Ein Dokument seiner Überzeugung ist das Gedicht „Ruf eines Deutschen an die Freiheit", das vor der Ankunft der Franzosen entstand.

In dem revolutionären Gedicht bittet er die Freiheit, die er direkt anspricht, sich nicht nur den Franzosen, sondern auch den Deutschen zuzuwenden:

„Sieh das Elend deiner Kinder
Freiheit! deutsche Mutter an!
Stürze die gekrönten Sünder!
Strafe ihren eitlen Wahn!
(...)
Komm, o komm in unsre Haine!
Gute Mutter! komm zurück!
Nicht allein dem Strand der Seine
Lächle nur Dein Mutterblick."

In einem weiteren Vers befindet sich ein Hinweis auf den Zeitpunkt, zu dem das Gedicht verfasst wurde: „Bringe deine Franken-

Söhne / Uns zum Bruderkusse mit!" Der Krieg musste demnach schon ausgebrochen sein, möglicherweise ist das Gedicht erst nach der Kanonade von Valmy (20. September 1792) geschrieben worden, auf jeden Fall aber im Verlauf des Jahres 1792.

In einer Nachbemerkung zu dem Gedicht schreibt Lehne etwas über das Umfeld, in dem es entstand: „Dieses Gedicht ist noch der Rest jener gefährlichen Arbeiten, die ich vor Ankunft der Franken in Mainz für den verschwiegenen Zirkel meiner Vertrauten verfertigt hatte. Ich rücke es hier als Denkmal unserer damaligen Empfindungen ein."

Da Lehne von mehreren „gefährlichen Arbeiten" berichtet, ist es wahrscheinlich, dass er und die anderen Mitglieder „seines" Zirkels noch weitere revolutionäre Gedichte verfasst haben. Ein weiterer Teil des „Restes" von Lehnes Arbeiten in dieser Zeit befindet sich in seinem Nachlass. Es handelt sich um ein ironisch-politisches „Gespräch" über den schwarzen und roten preußischen Adlerorden. Der Schwarze Adlerorden war der höchste preußische Orden, der seit 1701 verliehen werden konnte und mit erblichem Adel verbunden war. Der Rote Adlerorden war der zweithöchste Orden (mit 5 Klassen), der erst im Jahr 1792 eingeführt worden war, womit die Datierung des Textes nicht schwer fällt:

„A: Welch[er] ist der echte Adlerorden? Wie! Der schwarze oder rote? Welcher glauben Sie?

B: Schwarz ist der echte Adlerorden. In Frankreich ist er nur vor Schande rot geworden.

A: Ich staune! Bravo! Sie sind ein Patriot!

B: Bist du es nicht, so werde selbst vor Schande rot! Und ist dein Herz recht schwarz geworden, dann hast du beide Adlerorden."

Der Sprecher „B" ist hier der „Patriot", der die Frage nach dem neu eingeführten Roten Adlerorden zum Anlass nimmt, sich über die Niederlage der Preußen bei Valmy (die „Schande") gegen die Revolutionstruppen zu belustigen. Wenn Lehne wusste, dass die Verleihung des Schwarzen Adlerordens mit der Nobilitierung verbunden war, ist das „Gespräch" auch als eine Spitze gegen den Adel oder zumindest dessen Anhänger zu verstehen.

In den folgenden Jahren schrieb Lehne weitere politische Gedichte, wovon eines dem Mainzer Kurfürsten gewidmet war. Es trägt den Titel „Provisorische Grabschrift Friedrich Karl Erthals des so genannten Kurfürsten von Mainz" und endet mit folgender zynischer Bitte:

„Nimm Gott! ihn ja nicht in den Himmel ein!
Sonst glaubt er auch ein Gott zu sein;
Schick' ihn zur Höll', und er wird ohne Zweifel
Erzkanzler von dem Reich der Teufel."

Zu dem Zirkel um Lehne und Weitzel gehörte auch der Student Friedrich Joseph Emerich. Er studierte von 1790 bis zum April 1792 in Mainz Jura, wechselte dann an die Marburger Universität und trat 1793 eine Praktikantenstelle beim Wetzlarer Reichskammergericht an. Emerich verarbeitete seine Mainzer Eindrücke in zwei auf das Jahr 1792 datierten Gedichten.

In dem Gedicht „An Brandt" übte Emerich deutlich Kritik an Monarchen und hohen Geistlichen:

„Gekrönten Lastern huldigt ein Sklavenvolk.
Den Priesterfrevel heiligt die Frömmlerwelt.
Doch, weh dir, Schurkenherz in Purpur!
Jetzt, jetzt ergreift es die innre Vehme."

Das „Schurkenherz in Purpur" ist zweifelsohne der Mainzer Kurfürst. Die Farbe Purpur spielt auf Friedrich Karls erzbischöfliche Tracht an, zu der ein violettseidener Talar gehörte.

Auch in dem anderen Gedicht „Die Rheinfahrt" bezieht sich Emerich in einer Zeile kritisch auf den hohen geistlichen Herrn: „Um diese Trümmer muss dem Abt der Deutsche pflügen". Das Gedicht behandelt eine abendliche Kahnfahrt mehrerer prorevolutionärer Freunde auf dem Rhein, die sich die Freiheit herbeiwünschen:

„Hier soll, wenn Freiheit einst mit starkem Arm
den alten Wahn nach Thules Eis verwiesen.
(Wie schlägt dies Herz beim großen Wunsch so warm)
Die kleine Linie meines Lebens schön verfließen."

Wie Lehne wünscht sich auch Emerich die „Freiheit" herbei,
damit das Ende des Ancien régime beschleunigt werde.
Der Mainzer Freundeskreis hatte Emerich nachhaltig beeinflusst. Ob er während der von ihm sicher begrüßten Mainzer
Republik vorübergehend Marburg oder Wetzlar verließ, um in
Mainz das Geschehen zu verfolgen, wissen wir nicht. Das Ende
der Mainzer Republik beklagt er lyrisch. Die folgende Strophe
eines seiner Gedichte, das den Titel „Vernichtung" trägt und auf
das Jahr 1793 datiert ist, gibt seine Empfindungen bei der
Rückeroberung von Mainz durch die Preußen wider:

„Unter Gräbern, wo der bange Flieder
Melancholisch seine Blüten streut,
Weh'n des Deutschen wehmutsvolle Lieder,
Packt mich knirschend die Vergangenheit."

Emerich gab Mainz allerdings nicht verloren. Er beteiligte sich
1795 an einer überregionalen Verschwörung von Studenten und
Hofmeistern und forderte in seinem politischen Aufruf „An die
teutschen Jünglinge" zur Sammlung eines revolutionären studentischen Freikorps in Mainz auf, um gemeinsam mit fran-
zösischen Truppen die deutschen Tyrannen zu bekämpfen.
Anders als Lehne und Weitzel kommt er mit den politischen
Enttäuschungen im Verlauf der Revolution nicht klar. Während
Lehne und Weitzel noch im Vormärz als liberale Stimmen zu vernehmen sind, verzweifelt Emerich an der Entwicklung des
revolutionären Frankreich zum Kaiserreich von Napoleons
Gnaden. Aufgrund seiner Betätigung an der Verschwörung erhält
Emerich Berufsverbot in den Staaten Kurmainz und Hessen-
Darmstadt. Und auch im Departement Donnersberg will man um
die Jahrhundertwende von deutschen Jakobinern nichts mehr

wissen. Zerrüttet im Geist stirbt Emerich bereits im Jahr 1802. Wie wir nun wissen, versammelten sich Mainzer Studenten in privaten Zirkeln, unbemerkt von der Öffentlichkeit. Diese Anonymität war ihnen 1792 nicht mehr genug. Wenige Monate vor Ankunft der Franzosen in Mainz reichte eine Gruppe von Studenten den Entwurf für die Gründung eines akademischen Lesezirkels an die Universität ein. Die 30 Studenten nannten in dem Entwurf ihren Lesezirkel nach seinem „einstweiligen Direktor", dem Studenten Carl Peter Anton Zumbach. Der Direktor war ein überzeugter Revolutionsanhänger: Zumbach studierte 1788 bis 1792 in Mainz, Erfurt und Jena Rechtswissenschaften. Am 11. November 1792 trat er in den Mainzer Jakobinerklub ein. Nach dem Ende der Mainzer Republik ging er auf Reisen. Später ließ er sich als Advokat in Mainz nieder und war seit 1798 Präsident des Tribunals correctionel des Arrondissement de Cleve. Im Jahr 1798/99 verfasste er einige politische Gedichte und ein politisches Theaterstück.

Mit ihrem Gründungsgesuch wandten sich die Studenten an den Prorektor der Universität, der es mit einer Denkschrift versah und an den Kurfürsten weiterleitete. Die Gründungsmitglieder des Zirkels waren nicht nur an der Möglichkeit interessiert, preisgünstig in den Genuss der neuesten Literatur zu kommen. Der Werdegang eines Teils der Mitglieder und der Inhalt des Entwurfs belegen, dass die Studenten mit der Gründung die Voraussetzungen für einen politischen Kreis mit äußerlich „offiziellem Gepräge" schaffen wollten. Von den 30 Gründungsmitgliedern schrieben sich später mindestens zehn Studenten und ein Sprachlehrer in die Mitgliederliste des Mainzer Jakobinerklubs ein. Das waren die Studenten Braun, Falciola, Lehne, Marx, Reussing, Seiler, Steppes, Theyer, Wolf und Zumbach sowie der Sprachlehrer Dimanche.

Die Studenten waren nicht mehr gewillt, das Diskussionsfeld den Mitgliedern der Mainzer Lesegesellschaft und den Professoren zu überlassen. Ihnen war dieses Forum verschlossen, da zumindest der Rang eines Lizentiaten für die Mitgliedschaft vorausgesetzt wurde.

Mit der Denkschrift traten die Studenten aus der Anonymität eines verschwiegenen Studentenkreises an die Öffentlichkeit. Bemerkenswert ist die Forderung nach Autonomie, da sie davon ausgehen konnten, dass die Regierung einen studentischen Zirkel diesen Umfangs – wenn überhaupt – nicht ohne Kontrollinstanzen genehmigen würde. Als Garantie für die Redlichkeit ihres Unternehmens versprachen sie lediglich, „auf die Moralität des Charakters der Neointroduzenten [Neu-Eintretetenden]" zu sehen. Von einer Risikobereitschaft zeugte darüber hinaus die Liste der ersten angeschafften Bücher. Es musste der Regierung als eine Dreistigkeit erscheinen, dass die Studenten sich bereits Bücher beschafften, ohne die Genehmigung für den Lesezirkel erhalten zu haben.

Von den sieben genannten Büchern zensierte der Prorektor der Universität, Franz Joseph Bodmann, zwei politische Werke. Es waren Girtanners „Geschichte der Revolution in Frankreich" und Ungens „Über das Verhältnis der tätigen und leitenden Kraft im Staat." In einer Denkschrift lehnte Bodmann den Entwurf der Studenten nicht rundweg ab, sondern versuchte die Errichtung eines Lesezirkels unter Kontrolle der Universität zu verteidigen, um entgegen der „jetzigen Zeitkrise zu steuern und eine scheinbar giftige Pflanze in einen nutzbaren Hauptstamm der hiesigen Universität umzuschaffen".

Zu einer Reaktion der Regierung auf den Entwurf der Studenten sowie den Vorschlag des Prorektors kam es wegen der politischen Veränderungen nicht mehr. Für einen autonomen studentischen Lesezirkel, wie er in dem Entwurf gefordert wurde, hätte der Kurfürst wohl kaum seine Zustimmung gegeben. Indessen war der Drang der Studenten zur politischen Vereinigung offensichtlich nicht mehr aufzuhalten.

Politische Zeugen:
Stammbucheinträge Mainzer Studenten

Die Stammbücher Mainzer Studenten belegen das bunte Panorama politischer Meinungen und Ansichten dieser Umbruchzeit. Sogar einige Professoren trugen sich in Stammbücher ein, darunter die später führenden Jakobiner Hofmann, Blau und Dorsch. Hofmann schrieb am 15. September 1786 eine unverfängliche Phrase in das Stammbuch des später bekannten Trierer Richters Johann Peter Job Hermes, der 1785-86 in Mainz studierte. Dorsch und Blau trugen sich am 24. und 25 Mai 1790 mit den unverbindlichen Einträgen „Der Mensch lebt nur einmal in seinem Leben" (Dorsch) und „Freundschaft ist ein festes Band" (Blau) in das Stammbuch von M. Johannes Haas ein, der vor seinem Antritt als Feldprediger in Südafrika Gelehrte an den Universitäten Bonn und Mainz aufsuchte. Haas ergänzt bei den beiden Einträgen später „beide saßen als deutsche Jacobiner 1793 auf [der Festung] Königstein", womit er sich freilich bei dem flüchtenden Dorsch irrte. Es ist verständlich, dass sich die Lehrkräfte bei ihren Einträgen auf unverfängliche Sinnsprüche oder „goldene Lebensregeln" beschränkten. Zu riskant war es für sie, wegen eines politischen Eintrages zur Rechenschaft gezogen zu werden. Die Studenten hingegen verewigten ihre Weltanschauungen. Ihre Einträge spiegeln die Präsenz politischer Themen innerhalb der Studentenschaft wider.

Die meisten Stammbucheinträge der Mainzer Studenten vor 1789 waren allerdings noch unpolitisch. In das Stammbuch des Studenten der Arzneiwissenschaft Jakob Fidelis Ackermann trug sich zum Beispiel der Medizinstudent Fritz Luis Kissel im März 1787 zu einem unpolitischen Text mit folgender Zweierformel ein: „Freiheit und Schwarzbrot". Diese Formel ist nur scheinbar politisch, da im Jahr 1787 mit dem Begriff „Freiheit" in diesem Zusammenhang meist die Sonderrechte der Studenten, die akademischen Freiheiten, gemeint waren. Die Formel verwendet am 20. März 1789 auch Jurastudent Mich[ael] Müsig. Sie stammt ursprünglich von einem Studentenlied. Nach der Französischen Revolution wurde sie teilweise umkodiert, wobei dann „Schwarzbrot" für ein spartanisch-einfaches, republikanisches Leben und „Freiheit" nicht mehr für ein ungezügeltes studentisches Dasein, sondern politische Freiheit stand. Der Wandel von der privilegierten zur politischen Freiheit markiert den Umschwung der Mentalitäten ins Politische.

Die beiden folgenden Einträge verdeutlichen den Stellenwert gesellschaftlicher Freiheit. So idealisiert der Jurastudent Wilhelm Anton Tölle aus Paderborn am 29. Juli 1788 durch die Parole „Freiheit und Liebe" die beiden Zustände als einzig wünschenswert. Sein Kommilitone, der Jurastudent Joh. Val[entin] Kuf, stellt die Freiheit hingegen als von allen Menschen erstrebtes Gut dar: „Der Mensch ist frei, / Weil er es wünscht".

Die zwei folgenden Einträge im Stammbuch Ackermann weisen nach, dass es nicht erst der Französischen Revolution bedurfte, um zu einer kritischen politischen Haltung zu gelangen. Der Medizinstudent Gerh[ard] Schwarz zum Beispiel wünschte sich ein Leben ohne einen Monarchen. Er überschreibt seinen Eintrag vom 31. März 1787 mit einem Zitat aus Voltaires „Candide": „Dreimal glücklich der Mann, der fern von seinem Monarchen seine Tage verlebt!" Schwarz ließ in seinem Eintrag zudem eine „Gesellschaft" hochleben, der auch Ackermann angehörte. Da der Eintrag die Orte Mainz und Rüdesheim nennt, war eine Gesellschaft von Studenten ins benachbarte Rüdesheim gezogen, das nach weiteren Einträgen zu schließen ein beliebtes Ausflugsziel der Mainzer Studenten war.

Der Medizinstudent G. L. Gladbach hatte ebenfalls eine freiheitliche Gesinnung. Im März 1788 gibt er seinem Wunsch nach Freiheit Ausdruck: „Freiheit ist das Leben der Menschen, Zwang ihr Tod!" Hier ist die „Freiheit" (im Gegensatz zur vorrevolutionären Verwendung der Formel „Freiheit und Schwarzbrot") politisch gemeint, da sie als Voraussetzung aller Menschen angesehen wird. Gladbach wiederholte diesen Eintrag, als ihm ein halbes Jahr später bei einem Heimatbesuch in Frankfurt erneut ein Stammbuch vorgelegt wurde.

Der folgende Eintrag des Jurastudenten Peilnetz aus der Pfalz vom Herbst 1786 spielt scherzhaft auf die verschiedenen Formen der Unfreiheit an, wobei er dem angesprochenen Stammbuchbesitzer nur die Freundschaftsbande wünscht:

„Fluch für alle Ketten, sie seien von Stahl oder von Seide;
Nur das himmlische Band der Freundschaft kette dich".

Auch wenn der Eintrag nicht zwingend politisch zu verstehen ist, werden doch die obrigkeitlichen Einengungen neben denen der Ehe als reale Erscheinungsformen unterdrückter Freiheit empfunden. Mit Ausbruch der Revolution tauchte erstmals eine kosmopolitische Haltung auf. Wenn der Student der Rechtswissenschaften F. J. Faber aus Mainz im November 1789 als Symbolum „Vivat Patria" wählt, bezieht sich das noch auf seine Heimat, den Mainzer Kurstaat. Anders ist der Eintrag des Studenten J. W. Hörtig vom 27. Januar [1792] zu verstehen, der als Symbolum „Es leben die Rheinfranken" schreibt und damit nicht etwa eine überterritoriale landsmannschaftliche Einheit meint, denn diese gibt er durch seine Herkunft „aus dem Pfälzischen" bereits an. Stattdessen drückt er seine Orientierung an der politisch-geistigen Haltung der Franzosen aus, die seit der Revolution auch als Neu- oder Westfranken bezeichnet werden.

Seit 1789 riefen die Studenten lauter nach der politischen Freiheit. Während der Magister Hammel sich am 4. April 1791 mit der nun politisch gemeinten Formel „Freiheit und Schwarzbrot" in ein Stammbuch einträgt, lässt der Student Wuth in seinem Eintrag „Freiheit und XXX" vom Juni 1790 offen, wen oder was er sich außer der Freiheit noch wünschte. Der Student F. Brockhausen aus Münster wählte am 5. April 1791 als Symbolum „Libertas & Concordia". Gleichzeitig bekannte er durch das Zeichen eines ineinander verschränkten „V" und „W" (Vivat Westphalia) seine Zugehörigkeit zu einer offenbar in Mainz beheimateten westfälischen Landsmannschaft.

Der Doktor der Medizin Matthias Joseph Hagen verewigt sich am 2. April 1791 in einem studentischen Stammbuch mit dem Recht des Menschen auf Freiheit:

„Die Freiheit ist ein Gut dem Menschen angeboren,
Er scherzt, wenn er sie hat und weint, wenn sie verloren."

Hagen folgte später politisch seinem Mentor, dem Medizinprofessor Wedekind, und wollte die Freiheit auch politisch durchgesetzt wissen: 1792/93 trat er in den Mainzer Jakobinerklub ein und wurde Mitglied des Wohltätigkeitsausschusses.

Neben den Freiheitsbezeugungen gab es noch eindeutigere politische Einträge. So ist etwa ein Stammbuchblatt nach dem Revolutionskalender datiert. Der Student Kauschinger bekennt sich durch die Datierung „Mainz 10. August im 2ten Jahr der F[ranzösischen] Freiheit 1791" deutlich zu revolutionären Prinzipien. In Frankreich wurde seit dem 14. Juli 1790 nach Jahren der Freiheit gezählt; mit Ausrufung der Republik am 22. September 1792 rechnete man dann nur noch nach Jahren der Republik.

Kauschinger war keine Ausnahme. Der spätere österreichische Staatskanzler Metternich, der wie erwähnt in Mainz bis zum Sommer 1792 studiert hatte, berichtete in seinen Memoiren: „Mich umgaben Studierende, welche die Lektionen nach dem republikanischen Kalender aufzeichneten." Auch dem höchsten Mainzer Beamten, dem Hofkanzler Albini, blieb nicht verborgen, dass die Studenten ihre Einträge nach dem Revolutionskalender datierten. Im August 1791 berichtete ihm ein Zuträger, „die Akademiker führten Stammbücher, worin sich alle gute[n] Freunde mit Versen einschrieben, er habe eines gesehen, worin es geheißen [habe] im 2ten Jahr der fränkischen Freiheit." Damals war es üblich, die Studenten als Akademiker zu bezeichnen. Ein „Student" war im damaligen Sprachgebrauch ein Gymnasiast.

In dem Stammbuch des Mainzer Studenten Ernst Daniel Glaubregg befinden sich mehrere politische Einträge. Der gebürtige Ochsenfurter besuchte seit 1786 die philosophische Klasse und ab 1789/90 Vorlesungen der Rechtswissenschaft. Er studierte bis zum Einzug der Franzosen in Mainz, trat dann aber trotz seines offenbar revolutionär gesinnten Bekanntenkreises nicht in den Jakobinerklub ein.

Glaubregg ergänzte bei einigen Einträgen, was aus den Studenten in der Zeit der Mainzer Republik und danach wurde, weshalb das Stammbuch eine Fülle von zusätzlichen Informationen bietet.

Die Einträge des Studenten Gerhard Reussing vom 13. Juli 1791 und des Kaufmannslehrlings Becker vom April 1791 überschrieb Glaubregg zum Beispiel später wie folgt: „Gottes guter Engel wache über beider jungen braven Männer Schicksal – 1793 da beide als Klubisten gefanglich eingezogen werden."

Nicht jeder Student, der sich in der Mainzer Republik politisch engagierte, schrieb bereits in den Jahren davor politische Sprüche in sein Stammbuch. Der Student Reussing trug sich mit einem unpolitischen Spruch in das Stammbuch Glaubreggs ein, obwohl er 1792 politisch aktiv wurde. Reussing trat in der Mainzer Republik in den Jakobinerklub ein, weshalb er – wie Glaubregg dokumentierte – nach der Rückeroberung von Mainz eine Festungshaft verbüßte. Er hatte seinen Eintrag bewusst neben den seines Freundes Becker gesetzt und diesem den Gruß „Grüß euch Gott! Becker" gewidmet. Obwohl Becker nicht studierte, war er außer mit Reussing und Glaubregg auch mit dem Studenten und späteren Jakobiner Franz Falciola bekannt. Diese Freundschaft zwischen einem Kaufmannslehrling und den Studenten war damals unüblich. In der Regel blieben die Studenten unter ihresgleichen.

Johann Aloys Becker, neben dessen Eintrag sich der Student Reussing verewigte, war ein Kaufmannslehrling, der während der Mainzer Republik in der französischen Administration und im Jakobinerklub aktiv war. Dennoch hatte sich Becker für ein unpolitisches Zitat aus dem utopischen Staatsroman „Dya-Na-Sore" entschieden. Becker schreibt: „Wer die Glückseligkeit nicht in einem Augenblicke findet, für den ist ein Leben zu kurz, sie zu suchen. Die Natur hat in weniges viel gelegt, und wohl dem, der sie versteht. Dya-Na-Sore".

Becker ergänzte 1796 nach einem Besuch Glaubreggs in Kusel seinen alten Eintrag auf dem Stammbuchblatt: „Erneuert bei unserer Zusammenkunft zu Kusel im Monat Pluviose im 5. Jahr der Republik." Die Zusammenkunft fand in der Zeit zwischen dem 20. Januar und dem 18. Februar 1796 statt. Becker wurde noch im selben Jahr französischer Armeebeauftragter in Kusel an der Glan. Nach der Datierung des Stammbucheintrags war er bereits vor dem März 1796 wieder aus dem Pariser Exil in das von Frankreich besetzte Gebiet gekommen.

Ein Student namens Stadtmüller ließ in seinem Eintrag im Stammbuch Glaubregg vom 4. April 1791 die Freiheit gleich zweimal hochleben. Er bediente sich dabei eines Zitats aus Goethes „Götz von Berlichingen":

> „Götz v. Berlichingen: Und wenn unser Blut anfängt, auf die Neige zu gehen, wie der Wein in dieser Flasche erst schwach, dann tropfenweise rinnt, was soll unser letztes Wort sein?
> Georg: Es lebe die Freiheit!
> Götz v. Berlichingen: Es lebe die Freiheit!"

Stadtmüller meinte damit die politische Freiheit. Glaubregg kommentierte das Zitat seines Kommilitonen: „Unglücklich warst du Bruder!" Dies weist auf ein späteres politisches Engagement Stadtmüllers mit unglücklichem Ausgang hin, da Glaubregg fast nur das Schicksal der politisch aktiven Studenten kommentierte. Der literarische Kontext des Eintrags lässt eine politische Deutung zu: Götz von Berlichingen hatte sich gegen Kaiser Maximilian gewandt und stand als Beispiel für den Versuch des Menschen, sein Naturrecht auf Freiheit im Denken und Handeln zu behaupten. Dem Stammbuchbesitzer Glaubregg gefiel das Goethe-Zitat so gut, dass er sich wenige Tage später, am 15. April 1791, selbst damit in ein Stammbuch eintrug. Ein knappes Jahr später, am 3. Mai 1792, wählte Stadtmüller einen politisch eindeutigeren Spruch, indem er sich ebenfalls auf das unter Studenten bekannte Werk „Dya-Na-Sore" bezog und sich für die Zukunft „nach Dya-Na-Sore" wünschte. Der Bezug ist klar. Er wünschte sich in das Land der Freiheit, das – wie wir durch Nikolaus Müllers Aufzeichnungen wissen – als Synonym für das revolutionäre Frankreich stand.

In einem geistlichen Staat war natürlich auch die Religion ein Thema. Kritik an politischer Gewalt und religiösem Zwang übte der Student Hans Peter Wolf im April 1791, indem er das Beispiel der von Karl dem Großen gewaltvoll missionierten

Sachsen bemüht: „Kaiser Domitian schlug Fliegen tot, darüber lacht die ganze Welt. Aber dass Kaiser Carl Menschen tot schlug wie Fliegen, weil sie nicht beten wollten, darüber lacht niemand, und es ist doch [–] bei Gott! [–] sehr lächerlich."

Ein wichtiger Eintrag in Glaubreggs Stammbuch stammt von dem späteren Jakobiner Franz Falciola. Der Eintrag ist auf den 12. Februar 1792 datiert, mehr als acht Monate, bevor die Franzosen in Mainz einzogen. In dem Eintrag deutete Falciola an, was sich kurze Zeit später im Jakobinerklub, in der „Gesellschaft der Freunde der Freiheit" manifestierte, nämlich der Zusammenschluss Gleichgesinnter mit dem Ziel, eine Massenbewegung für die französischen Ideale zu gewinnen:

„Symb[olum]: Freiheit besteht im Bewusstsein und Genuss seiner Vorrechte.

Freund! Wie vieles ließe sich tun.– Wenn einer will und nur zwei von der Möglichkeit seiner Absichten überzeugt, wenn jeder sich verdoppelt und so von Zahl zu Zahl den Kreis seiner Freunde mehrt, so lässt sich berechnen, zu welcher Summe von Einverstandenen sich fortschreiten, zu welcher Ausführung sich Kräfte sammeln lassen. – Noch nie hat der Mut seine Rechte verloren, nur das Lächeln der Torheit hat ihn zuweilen um seine Fassung gebracht."

Falciola tat, was er schrieb. Neben Franz Joseph Falciola traten sowohl dessen Vater Georg Karl Falciola als auch sein Onkel Johann Karl Falciola in den Jakobinerklub ein. Alle drei übten die Funktion von Subkommissaren aus. Franz schloss sich als erstes Familienmitglied kurz nach Übergabe der Stadt am 23. Oktober 1792 dem Jakobinerklub an. Georg und Karl folgten ihm fünf Tage später nach, offenbar imponierte ihnen die Entscheidung des Filius.

Falciola bezog sich mit seinem „Symbolum" auf die Vorrechte jedes Menschen, nicht auf die Privilegien der Studenten; dafür spricht schon, dass er, wie übrigens viele seiner Mainzer

Kommilitonen, nur seinen Namen und – was sonst eher unüblich war – nicht sein Studienfach beziehungsweise seinen
Studentenstatus nannte. Der auf das Symbolum folgende Text
ist ein literarisches Zitat. Es handelt sich um den Schluss des im
Vorjahr (1791) erschienen dritten Bandes von „Dya-Na-Sore".
Wer von den Studenten den Eintrag Falciolas las, konnte das
Zitat dem offenbar populären Roman zuordnen. Für den Leser
hatte der Text trotz des Scheiterns der revolutionären Roman-
protagonisten einen appellierenden Charakter. Es lag für den
zeitgenössischen Leser aber auf der Hand, von welchen „Absichten" weitere Menschen überzeugt werden sollten. In seinem
Eintrag fordert Falciola dazu auf, möglichst viele Menschen
von ihren „Vorrechten" – damit sind die Menschenrechte gemeint – zu überzeugen, da erst eine Massenbewegung in der
Lage sein könne, diese Rechte einzufordern.

Falciola hatte seinen Eintrag neben denjenigen seines
Freundes Karl gesetzt, wie er durch einen Gruß über beide
Seiten vermerkt. Der Jurastudent Karl Schmalenberger verewigte sich am 3. April mit einem Eintrag, der auf den
Nepotismus des Kurmainzer Hofs anspielt: „Willst du baldigst
ein einträgliches Dienstchen haben, so verkrieche dich unter
einem Reifrock bei Hof." Der „Reifrock" spielte unmissverständlich auf die einflussreichen Frauen am Hof des Kurfürsten
an.

Dank Glaubreggs Vorliebe zum Kommentieren ist das Ver-
bleiben weiterer, teilweise bisher unbekannter revolutionärer
Mainzer Studenten überliefert.

Den Eintrag des Jurastudenten und späteren Jakobiners
Friedrich Gottfried Wolf vom 6. April 1791 ergänzte er später
damit, dass Wolf 1793 „mit den Franken aus Mainz" gezogen
sei. Zum Eintrag des Priesterseminaristen Michael Valentin
Müller, der sich am 14. Juli 1791 ironisch als „des erzb[ischöf-
lichen] Generalsemin[ars] Ehrenmitglied" titulierte, schrieb
Glaubregg folgende biographische Ergänzung: „Wurde zu
Straßburg 1793 Priester – Gott erhalte dich in deinen Grundsätzen 1793". Tatsächlich ging Müller, nachdem er am 16.

Februar 1793 im besetzten Mainz den Eid auf die Konstitution geschworen hatte, mit mehreren Seminaristen nach Straßburg, wo sie der konstitutionelle Bischof Brendel zu Priestern weihte. Nach den Weihen kamen die Seminaristen nach Mainz zurück und versahen nun als „Konstitutionelle" die Stellen der eidverweigernden Priester, die Mainz verlassen mussten. Auch Müller kehrte als konstitutioneller Priester wieder nach Mainz zurück und wurde Klubmitglied, wofür er nach der Rückeroberung von Mainz mit Haft büßen musste. Erst 1795 ließ man ihn frei und er wanderte nach Frankreich aus.

Der Student Johann Daum war bereits früher als Müller aus politischen Gründen nach Straßburg emigriert. Daum trug sich am 18. April 1791 mit einem Zitat aus Kants „Kritik der praktischen Vernunft" (1788) in das Stammbuch ein: „Vor einem Vornehmen bücke ich mich, aber mein Geist bückt sich nicht." Auf seine Einstellung gegenüber „Vornehmen" bezog sich sein beigefügtes Symbolum: „Ich nehm's mit Schurken nicht auf". Als ein Anhänger der Revolution nahm Daum seinen Eintrag offenbar sehr ernst, denn acht Monate später verließ er Mainz. Glaubregg notierte pflichtschuldig zu Daums Eintrag: „Ging am 9. Dezember 1791 auf Straßburg ins Seminar und schwor den Bürgereid."

Daum hatte sich das Kant-Zitat vermutlich im Rahmen der Vorlesungen Professor Dorschs notiert. Auch für den Studenten war die politische Situation in Mainz im Jahr 1791 nicht mehr zu ertragen, so dass er kurze Zeit nach Dorschs Weggang diesem ans Straßburger Priesterseminar folgte und einen Eid auf die neue französische Verfassung schwor. Kurz darauf trat Daum in den Straßburger Jakobinerklub ein. In der Folgezeit war er als konstitutioneller Priester und Lehrer tätig. Im November 1793 schwor er dem Priestertum ab und arbeitete in der Straßburger Distriktverwaltung und im Überwachungskomitee. In dieser Funktion kümmerte er sich beispielsweise um die Verschiebung der Viehbestände in der elsässischen Gemeinde Altorf. Daum, der zum engsten Umfeld Eulogius Schneiders gehörte, geriet wie dieser am 25. Dezember 1793 in

Haft, konnte aber einer Hinrichtung entgehen. Seit 1793 war er dann in Kaiserslautern als Gerichtsschreiber und Assessor tätig.

Im Jahr 1792 häuften sich die politischen Einträge der Studenten. Der spätere Jakobiner Carl Anton Zumbach trug sich am 20. März 1792 mit einem Montesquieu-Zitat in ein Stammbuch ein: „Es gibt irgendwo ein[en] Zauberer, der macht die Leute glauben, dass 3 nur 2 ist, und dass das Brot, welches man isst, kein Brot sei etc." Wies der Eintrag schon auf eine kritische Haltung hin, so war die für das Symbolum genommene Revolutionsparole „Freedom or Death!" eindeutig, wobei die englische Schreibung statt der deutschen oder französischen unüblich war.

Gegen gesellschaftlichen oder staatlichen Zwang wendet sich der Priesterseminarist B. Burckard am 8. Mai 1792 in seinem Eintrag:

„Alle Natur, wenn sie groß u[nd] herrlich werden soll, muss freie Luft haben. So denke ich, und mein Freund wird auch so mit mir denken."

Im Zug der Französischen Revolution kamen auch Forderungen nach rechtlichen Regelungen auf, die despotische Willkür verhindern sollten. Die Idealisierung des „Rechts" findet sich auch bei den Studenten, etwa bei G. Weber, der in seinem undatierten Eintrag (vermutlich vom März 1792) als Symbolum „Wahrheit und Recht" fordert. Ironische Kritik an der Rechtsprechung übt hingegen der Jurastudent Karl Baumann am 31. Januar 1792, indem er die symbolische Darstellung der Justitia, der römischen Göttin der Gerechtigkeit, die als Zeichen der Unparteilichkeit mit verbundenen Augen dargestellt wurde, als Ausgangspunkt wählt:

„Wenn man den Krämer wüsste, bei dem man gesunden Menschenverstand haben könnte, und den Schneider, der Ihr [Justitia] ein Domino daraus verfertigte, dann wäre nichts leichter –

Indes gebe man ihr ein Corpus Juris in die Hand, binde ihr die Augen zu und schreibe daneben, das ist die Gerechtigkeit, was gilt's, man halt's für eine Statue."

Baumann übt Kritik daran, dass die Rechtsprechung statisch und ohne „gesunden Menschenverstand" agiere, die Augen – um im Bild zu bleiben – vor den Realitäten verschließe und somit nicht gerecht sein könne. Da sich an diesem Zustand nichts ändere, so kritisiert Baumann, könne die Rechtsprechung nicht als Regulativ sozialer Ungerechtigkeit dienen. Der Student mit dem ausgeprägten Gerechtigkeitssinn erlebte den Einzug der Franzosen nicht mehr. Nach dem Kommentar des Stammbuchbesitzers starb er bereits am 13. September 1792.

Ein anderer Student stieß sich an den Äußerlichkeiten, der Kleidung, die das Trennende zwischen den Gesellschaftsschichten verdeutlichte. Der Medizinstudent Vitz trug sich am 3. September 1792 mit folgendem Reim in das Stammbuch ein:

„Aller Kleider Herrlichkeit
Mag sich auch ein Geck verschaffen
Man erkennt im bunten Kleid
Dennoch den geputzten Affen."

Vitz schrieb dem Reim folgendes ergänzende Symbol an die Seite: „Mundus vult decipi. Ergo—" [„Die Welt will getäuscht werden. Folglich—".] Der ironische Reim und das Symbol können politisch verstanden werden. Vor allem Vitz' Haltung in der knapp sieben Wochen später beginnenden Mainzer Republik weist darauf hin, dass er mit den „geputzten Affen" den Mainzer Adel meinte, dessen „Verkleidung" ihm unter anderem seine Privilegien ermögliche. Vielleicht hatte ja Vitz noch den Mainzer Fürstenkongress vom Juli 1792 im Hinterkopf, als er diesen Reim aufschrieb, denn zu dieser Zeit waren viele bunt gekleidete Adlige in der Residenzstadt zu sehen. Zum Eintrag von Vitz vermerkte Glaubregg: „Zog mit den Franken 1793 bei der Übergabe von Mainz mit nach Frankreich als Volontär und wurde Schiffsapotheker". Nach dem Kommentar zu schließen, war der Student Vitz ein Anhänger der Franzosen. Sein Name steht allerdings nicht in den Mitgliederlisten des Jakobinerklubs.

Die Studenten waren nicht die Einzigen, die sich wenige Monate vor dem Einzug der Franzosen in Mainz politische Sprüche ins Stammbuch schrieben. Der kurfürstliche Beamte Christoph Rittmeier bemerkte am 22. Juli 1792 kritisch in einem Stammbuch: „Legibus regitur orbis, nec Principem legibus solutum dices." [„Die Welt wird durch Gesetze regiert, und man soll nicht den Fürsten als von den Gesetzen losgelöst nennen."] Rittmeier erinnerte in seinem Eintrag daran, dass der Kurfürst sich an Recht und Gesetz zu halten habe. Dem Eintrag ist insofern der Einfluss der Französischen Revolution anzumerken, als durch die Erklärung der Menschenrechte vom August 1789 in Frankreich die Rechtsgleichheit für alle Menschen gefordert worden war.

Inwieweit änderte sich nun der Charakter der Einträge durch die politischen Veränderungen der Mainzer Republik? Kurz gesagt: Sie wurden direkter, drohten doch nun keine Sanktionen im Falle politischer Bekenntnisse. Durch glückliche Umstände haben sich einige Stammbücher mit Mainzer Einträgen erhalten. Diese datieren vom Oktober 1792 bis zum April 1793, und mit den Einträgen von Studenten und einiger Nichtstudenten lassen sich die politischen Veränderungen während der Mainzer Republik nachvollziehen.

Der Stammbuchbesitzer T. M. Eberwein war nach den übrigen und wechselnden Eintragungsorten zu schließen kein Student, dennoch hatte er in Mainz mit einigen Studenten und Bürgern Bekanntschaft geschlossen, die sich wiederum in seinem Stammbuch verewigten, als Ende Januar 1793 seine Abreise nahte.

Die meisten der Mainzer Einträge in diesem Stammbuch waren politischer Natur, einige davon stammten gar von Mitgliedern des Jakobinerklubs. Dennoch waren sie nicht etwa radikaler als vor dem Einzug der Franzosen in Mainz.

Der Jurastudent Stephan Nenninger datierte wie schon Studenten vor ihm seinen ansonsten unpolitischen Eintrag in Französisch und nach dem republikanischen Kalender: „Mayence l'an premier de la Republia [1792] 23me jour [du] Novembre". Ein anderer Reisender, mit dem Eberwein in Mainz zusammenkam, schrieb am 21. Januar 1793 als Symbolum „Die Welt ist mein Vaterland" und unterschrieb sich als „Heinrich Thomas, ein Neufranke, bei meiner Reise durch Mainz". Thomas verewigte sich zwei Monate später im Stammbuch eines Jenaer Studenten mit einem ebenfalls politischen Eintrag und einer Zeichnung: Im Stammbuch des H. L. Foertsch bezeichnete er sich am 31. März 1793 ebenfalls als „ein Neufranke" und malte einen Freiheitsaltar mit der Aufschrift „vive la Liberté" daneben.

Am Tag vor seiner Abreise, am 29. Januar 1793, trug sich Eberweins „Haus- und Kostwirt" in dessen Stammbuch ein und unterschrieb sich „Zech Laufbinder war Mainzischer Clubist". Laufbinders Name findet sich nicht in den einschlägigen Listen des Klubs, die jedoch nicht vollständig sind. Möglicherweise war er auch nur Zuschauer bei den Sitzungen des Klubs. Ein identifizierbares Mitglied des Mainzer Jakobinerklubs trug sich am 30. Januar, dem Tag der Abreise Eberweins aus Mainz, ein. Joseph Waschmann schrieb in das Stammbuch: „Ehre und verteidige allzeit die Menschenrechte".

Im Stammbuch des Gerhard de Bruyn ist ein weiterer Eintrag eines Mainzer Studenten und Mitglied des Jakobinerklubs überliefert. Der von der protestantischen preußischen Universität Duisburg kommende Medizinstudent de Bruyn besuchte im November 1792 das besetzte Mainz, um sich die dortigen Vorgänge mit eigenen Augen anzusehen. Wahrscheinlich gehörte der „Revolutionstourist" Bruyn zu einer Gruppe von Revolutionssympathisanten an der Duisburger Universität und wollte sich nun von den politischen Veränderungen in Mainz überzeugen. Auch in Duisburg gärte es unter den Studenten: Es gab eine Gruppe von Studenten, die „Libertiner", die der Französischen Revolution „verfallen waren". Der preußische

König Friedrich Wilhelm II. verordnete am 5. Februar 1793 „die in Verbindungen sich befindenden Studenten sofort anzuzeigen."

Kontakt hatte Bruyn in Mainz mit einem der elf Studenten unter den 20 Gründungsmitgliedern des Mainzer Jakobinerklubs, dem Medizinstudenten Anton Plöger aus Münster, der in Bruyns Stammbuch am 8. November 1792 „Es leben alle guten Patrioten!" notierte und damit seinen Freund und Gleichgesinnten Bruyn miteinschloss. Im Jakobinerklub fiel Plöger durch häufige und deutliche Wortmeldungen auf. Ein Gegner der Jakobiner charakterisierte ihn deshalb als „unverschämtesten Schreier im ganzen Klub."

Gemäßigt ist der Eintrag des Studenten Joh. Fr. Eunike vom 26. März 1793 im Stammbuch seines Kommilitonen, des Jurastudenten Blenkner: „Laster auf dem Throne sei uns so verhasst, wie das Laster des Leibeigenen. Tugend uns heilig, wo wir sie finden."

Tugend ist hier der wichtigste Maßstab. Die gesellschaftlichen Zustände wie Leibeigenschaft und Monarchie werden kritisch gesehen, wenn auch nicht zwingend in Frage gestellt. Es entsteht die Vorstellung, dass auch Herrscher den Gesetzen der Tugend unterworfen sind. Damit knüpft Eunike an Vorstellungen der Aufklärung an, die bürgerliche Tugendideale der lasterhaften Obrigkeit zur Stärkung des eigenen Selbstbewusstseins gegenüberstellten.

Nur wenige Stammbucheinträge existieren aus der Zeit nach der Einschließung und Belagerung von Mainz durch verbündete deutsche Truppen (10./14. April 1793). In dem nichtstudentischen Stammbuch des Gottlob Ernst Graf erhielten die Datierungen Zusätze, welche die politische Situation und die militärische Lage wiedergaben. So datierte ein Mainzer seinen Eintrag „Mainz am 27. April 1793 zu Freiheitszeiten" und bekannte sich damit zur Mainzer Republik. Für andere war hingegen die Belagerung erwähnenswert, wie die Zusätze „Mainz im Belagerungszustand am 29. April 1793" und „Mainz am 28. April 93 zu Belagerungszeiten" belegen.

Was haben wir aus den Stammbucheinträgen erfahren? So viel lässt sich festhalten: Es sind bereits vor 1789 in einzelnen Einträgen Forderungen nach gesellschaftlicher Freiheit zu finden, die auf ein frühes kritisches Bewusstsein schließen lassen. Unter dem Einfluss der Französischen Revolution drückte sich ein verstärktes Bedürfnis nach gesellschaftlicher Freiheit, rechtlicher Sicherheit und politischen Veränderungen aus. Die Datierungen nach dem Revolutionskalender weisen darauf hin, dass die Studenten die Französische Revolution positiv aufnahmen.

Häufig zitierten die Studenten aus Sicherheitsgründen andere Autoritäten, um ihrer Haltung Ausdruck zu geben. Diese Absicherung geschah nicht grundlos. Bei der seit 1789 in Mainz herrschenden restaurativen kurfürstlichen Politik war es für die Studenten auch noch gewagt, sich hinter einem Zitat zu verbergen.

Auffällig ist die Häufung kritischer Einträge im Jahr 1791 und besonders 1792. Sie waren eine Reaktion auf die innenpolitische Krise der Mainzer Regierung und sind Ausdruck einer Politisierung der Studenten, wie sie sich auch in den Zirkeln, im Theater oder gegenüber den adligen Emigranten zeigte.

Durch die biographischen Kommentierungen, wie die des Stammbuchbesitzers Glaubregg, ist erwiesen, dass nicht alle Anhänger der Revolution später Mitglieder im Mainzer Jakobinerklub oder der neuen Administration waren. Manche wanderten demnach schon früher nach Frankreich aus oder waren während der Mainzer Republik – zumindest nach den überlieferten Mitgliederlisten – nicht im Jakobinerklub. Anders als man vielleicht vermuten könnte, ändert sich der politische Gehalt der Einträge durch die Mainzer Republik nicht mehr wesentlich. Das belegt einmal mehr, dass nicht durch den Einzug der Franzosen eine plötzliche Politisierung stattfand, sondern diese vielmehr schon mehrere Jahre dauerte.

Die Studenten unmittelbar vor Ankunft der Franzosen

Am 20. April erklärt Frankreich Österreich den Krieg. Auf dem Mainzer Kongress vom 19. bis 21. Juli 1792 beschließen die deutschen Fürsten, durch militärisches Eingreifen das französische Königtum zu retten. Doch die Monarchie war nicht mehr zu erhalten: Am 10. August stürzte Ludwig XVI., seit dem 21. September war Frankreich eine Republik. Und auch militärisch lief es für die Deutschen alles andere als erfolgreich. Die berühmt gewordene Kanonade von Valmy am 20. September leitete das Scheitern der monarchischen Intervention in Frankreich ein. Jetzt kamen dafür die französischen Revolutionstruppen ins linksrheinische Deutschland. Am 30. September gelang den Franzosen unter General Custine ein Überraschungsangriff auf Speyer. Der Mainzer Kurfürst musste nun befürchten, die politische Antwort auf seine eindeutige Parteinahme zugunsten der gegenrevolutionären Allianz und der französischen Emigranten zu bekommen. Die Mainzer Revolutionsfreunde indessen wünschten sich, dass die Revolutionstruppen und damit die Freiheit auch zu ihnen kommen möge. Im Oktober schien sich der Wunsch durch den Kriegsverlauf zu erfüllen.

Als sich Anfang Oktober die Nachrichten vom Anrücken französischer Truppen mehrten, verließen viele Adlige, der Kurfürst und die französischen Emigranten zum Teil fluchtartig die Stadt. Forster schrieb am 5. Oktober 1792 süffisant: „Alle Emigrierten sind gestern geflüchtet, nebst unzähligen Einwohnern der Stadt auch der Kurfürst selbst, der noch um halb zehn Uhr nachts in der Stille fortging und die Wappen von seinem Wagen abkratzen ließ."

Nach vier Tagen erst ebbte die Fluchtwelle ab, gleichzeitig machte sich das Fehlen der Flüchtlinge im Stadtbild bemerkbar: „In unserer ganzen Straße ist nur noch ein Haus außer dem meinigen, wo nicht alles fortgelaufen wäre." Auch Studenten und Professoren flohen aus der Stadt oder blieben ihr fern, so dass bereits im Oktober abzusehen war, dass der Universitätsbetrieb nicht mehr vollständig in Gang kommen würde.

Die Kriegssituation schien die Abenteuerlust einiger Studenten zu beflügeln. 158 Studenten meldeten sich freiwillig zu einer akademischen Legion, um die Stadt gegen die Franzosen zu verteidigen. Von den in Mainz geborenen Studenten, die sich in die Liste der Legion eintrugen, konnte über Kirchenbücher nachgewiesen werden, dass es sich dabei zum großen Teil um Söhne besser gestellter Familien handelte; meist waren es Söhne von Adligen oder Mitgliedern des Hofstaates. Es stellte sich aber bald heraus, dass bei den meisten unter ihnen kein Interesse bestand, sich ernsthaft an der Verteidigung der Stadt zu beteiligen, sondern vielmehr die Lust am „Kriegsspiel" die treibende Kraft war.

Das spätere Klubmitglied Aloys Becker charakterisierte ironisch die Teilnehmer an der akademischen Legion als Komödianten: „Die Akademiker [Studenten] erboten sich als Volontairs zum Jägerkorps und bezogen alle Abend den sehr gefährlichen Posten in dem Bierhaus zu den 3 Mohren auf der Augustinergasse." Als zwischenzeitlich Mainz die Meldung vom Rückzug der Franzosen erreichte, also keine unmittelbare Gefahr drohte, verließen die Studenten ihr Bierhaus und besetzten eine Schanze.

Die Harmlosigkeit dieser bewaffneten Studenten bestätigen weitere Berichte: „Die meisten überließen sich der Schwelgerei und boten aller Orte Gewehre zum Verkauf an." Auch der Student Weitzel konnte wenig Ehrenvolles über die akademischen Verteidiger von Mainz berichten: „Ein Landsmann von mir zog mit seinen Kameraden, die Mainz hatten verteidigen sollen, aus der Festung und rief mir, da er mich erkannte, lachend zu: Wir haben die Stadt verspielt."

Die 158 Studenten zählende akademische Legion kann deshalb nicht als Nachweis für die Existenz einer großen revolutionsfeindlichen Gruppe unter den Studenten dienen, die aus politischen Motiven die Stadt gegen die Franzosen verteidigt hätte. Nach der Flucht des Kurfürsten fehlte ohnehin unter den Mainzern, ja sogar unter dem Militär die Motivation für eine ernsthafte Verteidigung der Stadt.

Immerhin verteidigte sich der Philosophiestudent Ferdinand Weiler, der zu Unrecht nach der Mainzer Republik als Mitglied im Jakobinerklub und Anhänger der Franzosen denunziert worden war, mit seinem Einsatz zur „Verteidigung" der Stadt:

„Ferner kann ich mich wohl darauf berufen, dass ich, als die französischen Truppen gegen unsere Festung standen, freiwillig zur Verteidigung der Stadt auf die Festung ging und gegen die Franzosen die Waffen führte, aber nie für sie weder Waffen noch Feder führte."

Als die Franzosen näher rückten, versuchten die beiden vom Kurfürsten eingesetzten Statthalter Georg Karl von Fechenbach und Franz Joseph von Albini zu verhindern, dass einige Revolutionsanhänger den Franzosen Informationen über den erbärmlichen militärischen Zustand der Festung übermittelten. Als Präventivmaßnahme ließ die Regierung verschiedene Mainzer unter dem Vorwurf der Spionagetätigkeit festnehmen. Doch sie war dabei nur teilweise erfolgreich: Medizinprofessor Georg Christian Wedekind gelang es, kurz vor der Einschließung der Stadt mit den Franzosen Kontakt aufzunehmen und sie über die Verhältnisse zu unterrichten. Weniger Glück als Wedekind hatte ein Student, der ebenfalls spionierte: Am 16. Oktober sperrte die Polizei den Jurastudenten Georg Adam Ogg als Landesverräter ein, weil sie in seinem zur Abreise gepackten Koffer Grundrisszeichnungen der Festung fanden. Der Student fiel dadurch auf, dass er „durch seine Reden sich als ein eifriger Demokrat bekannt gemacht hatte und durch sein übertriebenes Schelten auf die monarchistische Regierungsverfassungen äußerst verdächtig wurde".

Ogg saß nicht lange im Gefängnis ein. Als die Stadt am 21. Oktober an Custine übergeben wurde, endete seine Haft. Während der Mainzer Republik arbeitete Ogg als Journalist und war gleichzeitig Magazinaufseher und Subkommissar für die Franzosen. Als Subkommissar versuchte er unter anderem gemeinsam mit Wedekind, die Wörrstadter Bürger dazu zu bewegen, auf die französische Konstitution zu schwören. Als Klubmitglied verbüßte Ogg nach der Rückeroberung von Mainz eine Festungshaft und emigrierte schließlich nach Frankreich.

Die Risikobereitschaft Oggs und Wedekinds für ihre politische Überzeugung war beträchtlich. Ogg hätte bereits wegen Landesverrats eine längere Strafe verbüßt, wenn die Franzosen nicht in Mainz eingezogen wären.

Den Revolutionsanhängern fiel es schwer, die Ankunft der Franzosen zu erwarten. Anfang Oktober 1792 zeigten einige Mainzer Studenten und ein Professor unverhohlen ihre Freude über die bevorstehende Ankunft französischer Truppen in Mainz. Der Mathematikprofessor Mathias Metternich war am 5. Oktober einer der ersten, der öffentlich die blau-weiß-rote Kokarde trug. Einige Studenten wagten noch am selben Tag offen ihre Sympathien für die Revolution zu zeigen:

„Die Freude, die bisher nur im Verborgenen über die Fortschritte der Republikaner glühen durfte, brach an manchen Orten laut hervor; die Krämer (...) fingen an, dreifarbige Kokarden zu machen und zu verkaufen, und die Studierenden fingen an, sie zu tragen."

Am nächsten Morgen reagierte die Statthalterschaft auf diese Sympathiekundgebungen und ließ etliche Studenten festnehmen.

Als schließlich die „Neufranken" – wie man sie auch nannte – vor den Toren der Stadt erschienen, erwarteten einige junge Mainzer enthusiastisch die Übergabe der Stadt. Der Kaufmannslehrling Aloys Becker beschreibt in einem Brief, wie sich er und der Student Nikolaus Müller am Morgen des 20. Oktober 1792 darüber ärgern, dass die Franzosen noch nicht in Mainz eingezogen sind. Als die Stadt einen Tag später kapituliert, hält Becker nichts mehr. Gemeinsam mit zwei Freunden, darunter dem Studenten Franz Falciola, marschiert er in das Lager der Franzosen:

„Den Franken gefiel unser Besuch außerordentlich, sie reichten uns alle die Hände, wir hießen sie willkommen und riefen ,Vive la

nation!'. Sie klatschten uns zu, und das ganze Lager ertönte von
‚Vive la nation!'; eine solche Empfindung haben wir in unserem
Leben noch nicht gehabt."

Das zivilisierte Auftreten der Franzosen hinterließ selbst bei den
Geistlichen einen guten Eindruck. So berichtete der geistliche
Rat Johann Valentin Schumann in einem Brief vom 27. Oktober
1792 dem Würzburger Professor Franz Oberthür, wie freudig
überrascht er über das gute Benehmen der französischen Besatzung unter General Custine sei: „Ich habe meinen Posten nicht
einen Augenblick verlassen, weder aus meiner Kirche, noch aus
meinem Hause das Mindeste flüchten lassen und fühle mich gut
dabei. Die Offiziere sind die besten Menschen, unglaublich
moralisch gut." Diesem Lob auf die Besatzer legte Schumann
noch ein Exemplar der „Mainzer Zeitung" vom 25. Oktober bei,
worin sich ein Bericht der am 23. Oktober stattgefundenen
ersten Sitzung des Mainzer Jakobinerklubs befand. Schumann
selbst trat am 9. November 1792 in den Klub ein.

Die Begeisterung, mit der viele Studenten und Gelehrte die
Franzosen in Mainz begrüßten, schlug sich auch in deren reger
Beteiligung im Jakobinerklub nieder.

Für den Reiseschriftsteller Schreiber, der selbst einige Zeit in
Mainz gelebt hatte, war die große Anhängerschaft der Franzosen nicht verwunderlich:

„Es war vorauszusehen, dass – wenn die Neufranken irgendwo in
Deutschland Anhänger ihrer Lehre finden würden, dies in Mainz
geschehen müsste, dessen Bewohner ebenso leichtsinnig und
neuerungslustig wie ihre Nachbarn sind, und wo schon lange eine
Art stiller Gärung herrschte, vielleicht, weil man die mit der
Grundverfassung eines geistlichen Staats verbundenen Mängel
nirgend[s] so lebhaft fühlte als hier."

Schreiber geht auf Distanz zu den Revolutionsanhängern, kann
sich aber ihr Verhalten erklären: Der Kurfürst und sein Re-
giment hatten den Boden bereitet.

Für die Revolutionsanhänger aus Nah und Fern war die französisch besetzte Stadt und die Aussicht, dass neue politische Verhältnisse auf deutschem Grund und Boden herrschen würden, sensationell. Eine Art Revolutionstourismus setzte ein. Ausländische Studenten, die sich zur Zeit der Übergabe in Mainz aufhielten, blieben freiwillig in der Stadt, um den politischen Veränderungen beizuwohnen. Der Göttinger Professor Johann Stephan Pütter berichtet darüber in seinen Memoiren:

> „Unglücklicher, aber sehr zufälliger Weise musste es sich fügen, dass gerade damals zu gleicher Zeit etliche Personen aus Göttingen sich zu Mainz aufhielten, die von den aus Frankreich verbreiteten Freiheits- und Gleichheitsgrundsätzen sich hatten blenden lassen, um selbst (...) in Klubs und Reden und Schriften hilfreich Hand mit anzulegen."

Pütter kann damit nur Studenten gemeint haben, denn wer, wenn nicht die Studenten, war damals so ungebunden, um von Göttingen nach Mainz zu reisen und dort zu verweilen? Einige Göttinger Studenten reagierten wie die genannten Mainzer auf die Aussicht, dass die Franzosen in ihrer Stadt einziehen würden, mit Begeisterung und Enthusiasmus. Bereits am 29. Oktober 1792 statteten sich mehrere Göttinger Studenten mit französischen Nationalkokarden aus und ritten über Kassel den herannahenden französischen Heeren entgegen. Gerüchten zufolge sollten die Franzosen Ende Oktober Kassel eingenommen haben – in Wirklichkeit kamen sie allerdings nur bis Nauheim. Die hannoversche Regierung war dennoch alarmiert und ließ Truppen an der Grenze nach Münden aufziehen.

Der Ritt nach Kassel glich einer politischen Demonstration. Die Regierung in Hannover ordnete eine Untersuchung an, um die Käufer und Verkäufer der französischen Nationalkokarden dingfest zu machen. Weitere Nachforschungen ergaben nur, dass Studenten die Göttinger Handwerker und Kaufleute veranlasst hatten, die Kokarden nach einem Muster herzustellen. Am 8. November erließ dann die Regierung eine allgemeine Verordnung, die das Tragen von Kokarden untersagte.

236

Offenbar hatte auch General Custine erwartet, dass sein Vormarsch nach Deutschland erfolgreicher verlaufen würde und er bis nach Göttingen kommen könnte, denn am 2. November 1792 stellte Custine in Mainz auf Anregung seines Sekretärs Georg Wilhelm Böhmer einen Schutzbrief für die Stadt und Universität Göttingen aus. Böhmer schickte die Urkunde mit Begleitschreiben an die Universität, dessen Prorektor das Schreiben am 5. November erhielt. Der Senat der Universität behielt den Schutzbrief für alle Fälle – schließlich wollte man auf keinen Fall die Franzosen brüskieren.

Da die Franzosen nicht nach Göttingen kamen, reisten einige Göttinger nach Mainz. Einer dieser revolutionsbegeisterten Göttinger Studenten wollte sich den Revolutionsschauplatz mit eigenen Augen ansehen: Johann Nikolaus Becker. Bereits um die Jahreswende 1791/92 hatte er einmal eine Reise nach Mainz unternommen und 1792 einen anonymen Reisebericht darüber veröffentlicht. In diesem übte er Kritik am Mainzer Adel und Klerus, der kurfürstlichen Emigrantenpolitik sowie der Post- und Redezensur.

Becker befand sich zwar nach der Stadtübergabe an die Franzosen in Mainz, sein Name taucht aber in keiner der Listen des Jakobinerklubs auf. Er studierte während der Mainzer Republik in Mainz weiter und promovierte in den Rechtswissenschaften. Das war möglich, obwohl der Universitätsbetrieb während der Mainzer Republik weitgehend zum Erliegen kam, denn Promotionen nahmen die zurückgebliebenen Professoren noch ab.

Vor der Belagerung der Stadt durch die verbündeten deutschen Truppen floh Becker aus Mainz und immatrikulierte sich am 22. April 1793 wieder an der Universität Göttingen. Doch die Monate in Mainz hatten ihn geprägt. Becker blieb ein glühender Anhänger der Französischen Revolution und bezeichnete auch noch im Jahr 1799 die Mainzer Republik und den Jakobinerklub als Erfolg.

Auch andernorts versuchten Revolutionssympathisanten Kontakt mit den Mainzer Jakobinern aufzunehmen. Der Gießener

Privatdozent Johann Ludwig Justus Greineisen etwa gehörte einer Gesellschaft von Gelehrten an, die Kontakt zu dem Mainzer Kollegen hielt und in ihrem Kreis revolutionäre Schriften verlas. Greineisen nahm Kontakt zu den Jakobinern Böhmer und Dorsch auf, um durch deren Vermittlung eine Stelle in Frankreich zu erhalten. Doch die Behörden erfuhren von den politischen Ambitionen des Dozenten. Die Folge: Greineisen geriet als Anhänger der „Mainzer Revolution" für über ein Jahr in Haft und musste nach dem Prozess die Universität Gießen verlassen. Gleichzeitig gingen die Behörden auch gegen Studentenverbindungen in Marburg und Gießen vor, die Kontakt zu dem Privatdozenten hatten.

10. Die Jakobiner in der Mainzer Republik

Der Mainzer Jakobinerklub war nicht der erste Klub dieser Art im Deutschen Reich, doch er war der erste, der nicht im Geheimen agieren musste. Anders als die konservativen oder liberalen Gruppierungen war in Deutschland die politische Opposition zum Ancien régime meist im Geheimen organisiert, hatte dafür aber eine festere Organisationsstruktur. Dennoch ist es mehr oder weniger ein Glücksfall oder der Tüchtigkeit der absolutistischen Behörden zu verdanken, wenn sich bis in die heutige Zeit Quellen erhalten haben, die über diese Strukturen und die politischen Inhalte Auskunft geben.

Die ersten Jakobinerklubs in Deutschland entstanden bereits kurz nach der Revolution im Jahr 1790, eine gewiss immer noch unvollständige Liste weist für die Zeit bis 1793 bereits dreißig solcher Klubs nach. Die deutschen Jakobinerklubs, die auch Volksgesellschaften hießen, lehnten sich teilweise nicht nur in der Namensgebung eng an die französischen Vorbilder an. Der Mainzer Klub (1792-93) benannte sich nach dem mit ihm verschwisterten in Straßburg „Gesellschaft der Freunde der Freiheit und Gleichheit" und übernahm auch dessen Statuten. Soweit nachweisbar, war die Organisationsstruktur der Klubs demokratisch. Ihnen saßen ein monatlich neu zu wählender Präsident, Vizepräsident und Sekretäre vor. Diese hatten keine Vorrechte, sondern waren dem Willen der Mitglieder unterworfen. In Mainz traf sich der Klub fast täglich, die Sitzungen waren öffentlich, auch Nichtmitglieder durften daran teilnehmen. Sie waren meist so aufgebaut, dass ein Mitglied einleitend eine Rede hielt, anschließend folgte eine Diskussion oder das Verlesen von Petitionen.

Der Mainzer Klub versuchte während der Besatzungszeit zwischen der Militärverwaltung, der Administration und der Bevölkerung zu vermitteln. Teilweise blieben heftige Auseinandersetzungen nicht aus. Besonders der Präsident Andreas

Joseph Hofmann scheute nicht vor Konflikten zurück und betrachtete sich als Anwalt der Mainzer Bevölkerung.

Mit den ihnen zur Verfügung stehenden Mitteln versuchten die Jakobiner, über die Ziele der Revolution aufzuklären und die mentale Voraussetzung für einen demokratischen Wandel zu schaffen. Hierfür zogen sie auch aufs Land, um die Bevölkerung vor Ort zu erreichen. Dass sie mit ihren Bestrebungen ganz auf Einsicht und Vernunft setzten, ist für den aufgeklärten Stil der Mainzer Jakobiner bezeichnend. Sie agierten demnach nicht als Vertreter einer Partei, sondern als „Volksaufklärer".

Anders als in Frankreich waren die Jakobiner in Deutschland nur während der Mainzer Republik an der politischen „Macht" beteiligt. Der Sonderfall „Mainzer Republik" hat eine Fülle von historischen Darstellungen hervorgebracht, die zum großen Teil nicht frei von politischer Wertung waren, wobei sich bis 1989 das politische Spektrum zwischen den Polen konservativer Mainzer Lokalhistoriker und der marxistischen Historiographie der DDR bewegte.

Die Mainzer Jakobiner waren ihren französischen Pendants ebenbürtig. Bereits der Titel „Freunde der Freiheit und Gleichheit" belegt ihre starke Orientierung an den französischen „Sociétés populaires". Jakobinisch war daran das Programm, das radikal mit dem kurfürstlichen Absolutismus brach und eine auf konsequenter Rechtsgleichheit beruhende Demokratie forderte. Für sie hatte die Revolution die Aufgabe, eine kollektive sittliche Vervollkommnung der Bevölkerung zu erlangen und damit die Ideen der Aufklärung zu verwirklichen. Konkret zeichnete sich dies in einer Fülle idealistischer und lehrhafter Propaganda aus, welche die noch passiven Bevölkerungsteile aufklären sollte. Die Beziehung zu den unteren Volksschichten beruhte auf Aufklärungsarbeit durch Reden, neue Zeitungen, Flugschriften und Gedichte, in denen die Jakobiner eine freiheitliche Interpretation der Menschenrechte bekannt machten. Die Mainzer Jakobiner verbreiteten eine physiokratische Weltanschauung, in der die menschlichen Fähigkeiten und Talente eine wesentliche Funktion hatten. Jegliche Privilegien wie das Zunftsystem und die Zollschranken sollten abgeschafft und dafür die freiheitliche Entfaltung der menschlichen Talente befördert, Fortschritt und Wohlstand der Gesellschaft erreicht werden.

Anders als bei den französischen Jakobinern kam es unter den Mainzern zu keiner Spaltung in Girondisten und Montagnards. Die Mainzer Jakobiner sahen ihre politische Zukunft nur in einem Anschluss an Frankreich und nicht in einer eigenständigen Republik, da diese politisch nicht lebensfähig gewesen wäre.

Obwohl die französischen Besatzer erst den politischen Wandel ermöglicht hatten, kann nicht die Rede davon sein, dass die deutschen Jakobiner sich und ihre Ziele unterordneten. Der spätere Präsident des Rheinisch-deutschen Nationalkonvents Andreas Joseph Hofmann prangerte zum Beispiel in der Sitzung des Jakobinerklubs vom 10./11. Januar 1793 unerschrocken die Räubereien der Kriegskommissare an.

Die Gelehrten und die Studenten, die schon lange vor dem Einzug der Franzosen für den politischen Wandel eintraten, hatten einen überproportionalen Anteil im Mainzer Jakobinerklub und auch im späteren Nationalkonvent. In den kommenden Wochen und Monaten setzten sie sich verstärkt publizistisch und propagandistisch für ihre Ziele ein. Sie waren die Avantgarde, stellten im Klub etwa ein Fünftel der Mitglieder. Die Tatsache, dass viele der Mainzer Jakobiner sich bereits in früheren Sozietäten wie den Lesegesellschaften, den Illuminaten oder Freimaurern, Studentenverbindungen und anderen Zusammenschlüssen politisiert und organisiert hatten, erklärt den raschen Beginn politischer und propagandistischer Aktivitäten nach dem Einzug der Franzosen im Oktober 1792. Der Wille zum politischen Wandel sprach aus den Reden, Gedichten und Liedern und den schnell entstehenden politischen Zeitungen, die alle das Ziel hatten, das alte System (auch moralisch) zu diskreditieren und die „Revolutionierung" voranzutreiben. Die Jakobiner erläuterten dem Bürger didaktisch geschickt politische Grundsatzfragen und zeigten ihm dadurch die politischen Möglichkeiten auf.

11. Studenten und Gelehrte während der Mainzer Republik

Die Besetzung von Mainz durch die Franzosen brachte das städtische Leben durcheinander, davon war auch die Hochschule betroffen. Schon wenige Tage nach dem Einzug der Franzosen (21. Oktober 1792) kam der Universitätsbetrieb fast völlig zum Erliegen. Einige Professoren und Studenten flüchteten aus Mainz. Die Franzosen besetzten mit ihren Truppen das Universitätsgebäude, Vorlesungen waren nicht mehr möglich. Selbst das Wohnheim der Studenten war vorübergehend besetzt. Promotionen wurden noch vereinzelt abgenommen. In einem Fall machten sich thematisch sogar die politischen Veränderungen bemerkbar, indem die positiven Folgen einer republikanischen Staatsform zum Gegenstand der Prüfung wurden.

Der Dekan der philosophischen Fakultät, Joseph Bergmann, notierte in das Fakultätsprotokoll, dass sich nach Verschiebung des Semesterbeginns vom 2. auf den 26. November nur wenige Kandidaten zurückmeldeten. Da die Universitätsgebäude besetzt waren, versuchte man auf Räume im Gymnasium auszuweichen. Dass trotz aller Bemühungen der Universitätsbetrieb nicht mehr richtig in Gang kam, dokumentiert der Eintrag im Fakultätsprotokoll:

„Indessen haben sich die meisten Kandidaten von hier entfernt. Mit dem 3. Januar 1793 haben die philosophischen Kurse wieder angefangen, und sich aber auch bald wieder d.[en] 22ten Febr.[ruar] wegen Abgang der Kandidaten, zum Teil auch der Professoren geendigt."

Zudem schrumpfte das Lehrpersonal: In der philosophischen Fakultät emigrierte Professor Engel freiwillig, die Professoren Ladrone, Appel und Dekan Bergmann wurden wegen Verweigerung des französischen Konstitutionseides im März 1793

242

aus Mainz ausgewiesen. Nicht alle Studenten, die nicht mehr in die Seminare und Kurse kamen, hatten auch die Stadt verlassen. Dennoch wechselten einige an andere Universitäten, wobei die katholische Universität Würzburg wegen ihres guten Rufs und ihrer Entfernung zum Kriegsgeschehen für viele Mainzer Studenten eine Alternative war. So befanden sich im ersten philosophischen Kurs im Wintersemester 1792/93 in Würzburg unter 24 „Ausländern" innerhalb der insgesamt 124 Kursteilnehmer allein neun aus der Stadt Mainz. Ohnehin hatte die Universität Würzburg durch die Kriegsverläufe im Linksrheinischen deutliche Zunahmen an Studenten aus diesen Gebieten zu verzeichnen.

Von den zurückgebliebenen Studenten beteiligten sich mehrere an den politischen Aktivitäten. Am 23. Oktober 1792 versammelte sich eine Gruppe Mainzer, um den Jakobinerklub, die „Gesellschaft der Freunde der Freiheit und Gleichheit", zu gründen. Anfangs hatte der Klub verschiedene Namen. So etwa nach einem Bericht der „Straßburgischen Zeitung" vom 27. Oktober 1792 auch „Gesellschaft französischer Constitutionsfreunde". Unter den 20 Personen, die sich im Mainzer Schloss zusammenfanden, waren elf Studenten, drei Professoren und ein an der Universität tätiger Sprachlehrer.

Nach Angaben des Kameralistikprofessors Bernhard Sebastian Nau waren es besonders die „junge[n] Leute", die sich beim ersten öffentlichen Auftritt des französischen Generals Custine im Stadthaus „als schon erklärte Anhänger der Franzosen" einfanden.

Das studentische Gründungsmitglied Johann Dominik Meuth erklärte sich den großen Anteil der Studenten mit dem Enthusiasmus, der sie ohne langes Abwägen zur Teilnahme trieb. In einem persönlichen Brief an seinen Bruder äußerte sich Meuth später dazu: Dem Jakobinerklub

„schloss sich ein Häufchen enthusiastischer Jünglinge an, unter denen auch ich mich befand. Ich träumte nicht im Geringsten, von diesem Schritt einen Vorteil zu ziehen. Ich wollte nicht müßiger Zuschauer bleiben, und das höchste Glück, das für mich zu denken fähig war, bestand in dem mir zu erwerbenden Bewusstsein, der guten Sache, wie man sich ausdrückte, Proselyten gemacht zu haben".

Für Friedrich Lehne hingegen war seine politische Entscheidung für den Klubbeitritt und die politische Umgestaltung eine logische Folge seiner früheren philosophisch-politischen Haltung: „Ich studierte noch, als 1792 die Franzosen Mainz erreichten. Ich erklärte mich sofort für die Sache der Freiheit, denn die Philosophie hat mich gelehrt, sie höher zu schätzen als meine Privatinteressen." Lehne formuliert hier sein Ziel in Anlehnung an Rousseau als Zurückgewinnung der „Freiheit", die gelingen soll, indem er seine Partikularinteressen zurückstellt. Aus Lehnes privaten Aufzeichnungen hat sich zudem ein Bekenntnis von ihm erhalten, das er unmittelbar vor seinem Eintritt in den Jakobinerklub, am 29. November 1792, niederschreibt: „Wir wollen doch sehen, ob die Verzweiflung des Lasters mehr Kraft verleiht als die Begeisterung der Tugend? – Der Kampf hat begonnen; nehmt mich auf in eure Reihen, ihr Kämpfer für Recht und Tugend." Aus diesen Worten klingt noch heute die Euphorie des jungen Revolutionsanhängers.

Innerhalb des Jakobinerklubs sympathisierten die Studenten besonders mit den Positionen Professor Hofmanns. In seinen volkstümlichen Reden orientierte dieser sich an dem Vorbild der antiken Römischen Republik und deren „unbestechlicher virtus". Er näherte sich rigorosen jakobinischen Positionen, griff alle Gegner oder Abweichler dieses Kurses im Klub oder der Administration an und schreckte auch nicht davor zurück, Missgriffe der französischen Besatzer bloßzustellen. Der ehemalige Student Josef Schlemmer beschreibt in einem Brief an Professor Vogt vom 11. Januar 1793 die positive Wirkung von Hofmanns unbestechlichem Wesen und seiner Redekunst auf ihn und andere Klubmitglieder:

„Sie können sich ihre Wirkung [der Rede Hofmanns] vorstellen, deren Resultat sich in den allgemeinen Ausdruck des Publikums und selbst der meisten Mitglieder packte: Seit heute erst fühlen wir, dass wir Republikaner sind, sein können und müssen!"

Jeder, der in den Jakobinerklub eintrat, musste den feierlichen Eid ablegen, „frei zu leben oder zu sterben." Dieser verpflichtende Schwur hielt manchen Mainzer davon ab, der Konstituierung des Klubs beizuwohnen. Forster etwa besuchte am 23. Oktober wegen der Verbindlichkeit des Eides den Klub noch nicht, obwohl er sich bereits dafür interessierte. Für die Einheimischen kam der Eintritt in den Klub meist erst nach reiflichem Abwägen in Frage. Die Angst vor den Folgen bei einer Rückeroberung oder auch Bedenken gegen die neuen Machthaber waren wohl entscheidende Aspekte gegen einen Klubeintritt. Auch Konsequenzen im privaten Umfeld konnten Folge dieser politischen Entscheidung sein. Als sich zum Beispiel der Student der Rechtswissenschaft Peter Nikolaus Theyer Anfang November 1792 für den Eintritt entschied, kam es zu einer heftigen Auseinandersetzung zwischen ihm und seinem Vater, dem Hoforganisten Peter Theyer, einem entschiedenen Gegner der Revolution. Theyers Vater berichtete darüber später:

„Mein Sohn ist zwar in den Klub gegangen, allein bei Gott!! ich hatte nicht nur allein keinen Anteil an seinem Vergehen, sondern im Gegenteil war ich von dem Tage an, als ich diese höchst traurige Nachricht von demselben hören musste, Tag und Nacht untröstlich darüber. Ich weinte, nahm ihn deshalb mit der rausten väterlichen Strenge vor, drohte ihm mit Schlägen, allein als diese väterlichen Äußerungen nichts bei ihm fruchten wollten, stieß ich ihn aus dem Hause und ließ ihn von der Stunde an nicht mehr vor meine Augen kommen".

Der junge Theyer siedelte nach dem Bruch in ein Gasthaus über und nahm den Vornamen Hermann an, um sich dadurch von seinem Vater zu distanzieren. Auch andere litten wegen ihrer Gesinnung. Wie bereits erwähnt, folgten dem Klubeintritt des Rechtspraktikanten Josef Schlemmer Konsequenzen: Er musste seine Verlobung lösen.

Die Dominanz von Professoren und Studenten bei der Gründung des Jakobinerklubs spiegelt deren kompromisslose Entscheidung für den politischen Wandel wider. Die Intellektuellen beeinflussten auch in den folgenden Wochen und Monaten mit ihren Vorträgen und Wortmeldungen den Klub, obwohl sich die soziale Zusammensetzung mit der Zunahme der Mitglieder zugunsten des bürgerlichen Mittelstandes verschob: Die zahlenmäßig größte Gruppe der zeitweise knapp 500 Mitglieder stellte das Zunftbürgertum (Handwerksmeister und -gesellen, kleine Kaufleute) mit 45 Prozent. Die Gruppe der Intellektuellen im weitesten Sinne (Geistliche, Professoren, Sprachmeister, Ärzte, Juristen und Studenten) waren mit 21 Prozent die zweitgrößte Gruppe, gefolgt von den Beamten, die etwa ein Zehntel stellten. Damit war die Gruppe der Intellektuellen überrepräsentiert, da ihr Bevölkerungsanteil bei unter vier Prozent lag.

Die Anzahl der beteiligten Studenten im Klub ist nur schätzbar, denn je nachdem, welche überlieferten Namenslisten den Untersuchungen zugrunde liegen, werden 43, aber auch 74 studentische Mitglieder genannt. Diese Zahlen relativieren sich dadurch, dass ständig Mitglieder eintraten, austraten oder aber ihr Studentenstatus in den Listen nicht angegeben wurde. Selbst die niedrigeren Angaben über studentische Mitglieder dokumentieren allerdings noch deren verhältnismäßig großen Anteil im Jakobinerklub.

Dass sich einige der 1792/93 politisch engagierten Studenten jedoch nicht in den Namenslisten des Jakobinerklubs befinden, ist möglicherweise auch eine Folge des Beschlusses vom 7. November 1792, wonach die bisherige Altersgrenze für eine „votierende" Mitgliedschaft mit Stimmrecht von 18 auf 24 Jahre heraufgesetzt wurde. Mitglieder, die unter 24 Jahre waren, erhielten die Möglichkeit einer „korrespondierenden Mitgliedschaft", das heißt, sie hatten kein Stimmrecht, durften aber Reden halten oder mitdiskutieren. Die bis dahin eingetretenen jungen Mitglieder, die unter diese Altersgrenze fielen, konnten nach Protesten ihren Status behalten. Wie bereits in der

Lesegesellschaft versuchte man hier die Studenten aus-
zugrenzen beziehungsweise ihre Rechte einzuschränken. Das
Motiv liegt auf der Hand. Durch die Zurücksetzung junger, un-
erfahrener und nicht etablierter Männer wurde sicherlich der
Versuch unternommen, mehr ältere und gesellschaftlich angesehene Männer zum Beitritt in den Klub zu bewegen. Die
Studenten hatten noch keinen Beruf, keinen Status in der bürgerlichen Welt, das machte sie sicher einem Teil der Mitglieder
suspekt. Ohnehin wollte eine beträchtliche Anzahl der Jakobiner den Besitzlosen nicht dieselben Rechte einräumen wie
den etablierten Bürgern. Somit war für die meisten Studenten
nach dem 7. November die „votierende" Mitgliedschaft nicht
mehr möglich, da für die damalige Zeit 24 Jahre ein fort-
geschrittenes Alter für einen Studenten war.

Die Mainzer Republik bot nun den politischen Agitatoren ein
reiches Betätigungsfeld. Fortan wurden politische Texte nicht
mehr im Geheimen geschrieben und verbreitet, sondern öffentlich dargestellt. Die Reden, Gedichte und Lieder, die bereits in
den ersten Tagen und Wochen der werdenden Mainzer Republik im Klub vorgetragen und teilweise veröffentlicht wurden, weisen darauf hin, dass schon früher revolutionäres
Gedankengut in geheimen Zirkeln besprochen und schriftlich
fixiert worden war. Besonders Professor Wedekind muss schon
lange vor dem Einmarsch der Franzosen seine Gedanken
schriftlich festgehalten und Material gegen den Kurfürsten und
seine Regierung gesammelt haben; die Fülle des Materials
seiner Reden vom 27., 28., und 29. Oktober 1792 im Mainzer
Klub lässt keinen anderen Schluss zu.

Das gilt auch für die verschiedenen demokratischen
Zeitungen, die nun in Mainz erschienen und als propagandis-
tisches Instrument für die Revolution warben, politische
Grundsatzfragen besprachen oder aktuelle Vorgänge erklärten.
Die Besatzungsmacht und die Mainzer Revolutionsanhänger
arbeiteten eng zusammen, um die alte Staats- und Gesellschaftsordnung zugunsten des französischen Vorbilds zu beseitigen. Anstelle einer nicht vorhandenen Revolution sollte

eine anhaltende und planmäßige Beeinflussung der Bevölkerung die politische Umgestaltung vorbereiten. Gemeinsame Zielsetzung aller Zeitungen war die „politisch-moralische Disqualifizierung" des alten Systems und die Überzeugung der Mainzer für die Ziele der Revolution. An den politischen Zeitungen hatten mehrere Professoren und ehemalige Studenten, allesamt Mitglieder des Jakobinerklubs, als Publizisten und Autoren Anteil. Mathias Metternich gab bereits vier Tage nach Einzug der Franzosen die Zeitschrift „Der Bürgerfreund" heraus. Georg Wedekind folgte ihm Mitte November mit der Zeitschrift „Der Patriot". Am 16. November 1792 publizierten Hofgerichtsrat Kaspar Hartmann und der Jurastudent Dominik Meuth erstmals den „Fränkischen Republikaner". Der ehemalige Jurastudent und Kameralpraktikant Anton Fuchs brachte am 1. Januar 1793 den „Kosmopolitischen Beobachter" heraus. Auch Georg Forster bereicherte ab dem 1. Januar 1793 mit der „Neuen Mainzer Zeitung", die den Untertitel „der Volksfreund" trug, den Meinungsmarkt. In der ersten Nummer war eingangs zu lesen:

„Die Pressefreiheit herrscht endlich innerhalb dieser Mauern, wo die Buchdruckerpresse erfunden ward. Täglich erscheinen hier neue Beiträge zur Bekehrung eines guten Volkes, dem aber die Binde erst so kürzlich von den Augen fiel, dass es noch blinzelnd in die Sonne der Wahrheit sieht, und sich allmählich an ihr wohltätiges Licht gewöhnen muss."

Die Studenten nutzten schnell das neugeschaffene Forum, um auf verschiedene Weise ihrer Haltung Ausdruck zu geben. Der politisch aktive Medizinstudent Martin Staudinger verlas am 8. November ein Freiheitsgedicht, das eine Parodie auf ein bekanntes Rheinweinlied war. Die neue politische Situation wurde unter anderem in folgender Strophe festgehalten: „Jetzt herrscht überall, ihr Herren Zecher! / Das Jakobinertum." Staudinger trat auch am 13. Januar 1793 bei einem Festzug zur Errichtung eines Freiheitsbaumes in Mainz hervor, als er eine französische Nationaluniform und eine rote Jakobinermütze trug. Das Bild muss sich eingeprägt haben: An „Staudinger mit dem Freiheitskäppchen" erinnerte noch ein Jahr später, am 12. Januar 1794, ein Stammbucheintrag.

Der Student Friedrich Lehne veröffentlichte 1793 ein revolutionäres Lied, das nach der Melodie der Marseillaise zu singen war. Er widmete das Lied den Wöllsteinern, da um die Jahreswende zahlreiche Mitglieder dieser Gemeinde in den Klub eingetreten waren. Auch seine Rede im Jakobinerklub vom 23. Dezember 1792 über die Frage nach einer Möglichkeit gewaltloser Revolutionen wurde in der Zeitung „Der Patriot" veröffentlicht. Lehne hielt demnach prinzipiell eine gewaltlose Revolution für unmöglich, nur im Mainzer Fall sei sie durch die Franzosen als einmalige historische Gelegenheit möglich geworden, weshalb er die Mainzer auffordert, diese zu ergreifen. Selbst als die Stadt belagert wurde und unter Beschuss stand, griff Lehne zur Feder um Strophen des Durchhaltens zu dichten. In seinem „Gesang beim Bombardement der Stadt" dichtet er:

„Ha! sieh uns deiner Flammen spotten,
Du Drache der Despotenwut!
Spott deinen feilen Sklavenrotten!
Mordbrennersucht ist eurer Mut.
Was soll uns dieser Kugelregen?
Er ehret uns, und schändet euch;
Nie wird der Freiheit Krieger feig,
Flammt auch der Abgrund ihm entgegen.
Gerecht ist unser Krieg,
Drum kämpfen wir ihn gern;
Weh euch! Der Sieg
Der Menschheit ist, Tyrannen! nicht mehr fern."

Auch das Theater nutzten die Studenten für ihre revolutionäre Propaganda. Der Student Niklas Müller schrieb 1793 mehrere Stücke, die er in dem Liebhaber-Theater, das der Student

Theyer gegründet hatte, zur Aufführung brachte. Theyer selbst hielt am 19. Januar 1793 eine viel beachtete Rede über die Errichtung eines Mainzer „National-Bürgertheaters", in welchem er die Mainzerinnen aufforderte, revolutionäre Stücke zu spielen: „So eilen Sie denn und helfen Sie von der Bühne herab jenen Funken der Freiheit und des Republikanismus, der jetzt nur in einigen lodert, bei allen zur hellen Flamme anfachen!" Die Titel der Stücke lassen bereits auf den Inhalt schließen: „Die Patrioten", „Die Aristokraten in der Klemme", „Die Dorftyrannen", „Die Reise der Freiheitskappe". Zur Gründung des Liebhaber-Theaters bejubelte Müller in einem Gedicht dessen politische Funktion:

„Wohltätigkeit! Republikanersinn!
Die stolzen Tugenden, die wir sonst immerhin
Aus diesem Tempel weit entfernten;
Sie führen Euch hierher – O, heiliger Gewinn,
Den wir mit Schweiß auf diesen Brettern ernten!"

Um die neuen politischen Ideen in der Bevölkerung zu verankern, war es auch notwendig, die Geistlichen für die politische Überzeugungsarbeit zu gewinnen. Das Priesterseminar, dessen Lehrbetrieb mit der theologischen Fakultät der Universität verbunden war, blieb daher von den politischen Vorgängen während der Mainzer Republik nicht unberührt. Doch die Seminaristen waren schon früher in Kontakt mit den politischen Strömungen gekommen. An der Universität wurden die Priesterseminaristen ebenso wie auch die anderen Studenten von den dortigen Strömungen beeinflusst, zudem existierten Freundschaften zwischen Seminaristen und Studenten anderer Fakultäten, wie vereinzelt Stammbucheinträge belegen. Da sich auch unter den Seminaristen „der Geist der Freiheit und zuweilen der Aufsässigkeit" bemerkbar machte, hatte die geistliche Obrigkeit noch im Januar 1792 versucht, diesem Phänomen entgegenzuwirken. Sie regte an, die theologischen Kollegien nur noch innerhalb des Seminars abzuhalten, da bislang die Seminaristen in den Kollegien mit den Theologiestudenten Kontakt hatten und oftmals mehrere von ihnen „anstatt die Collegia zu besuchen, andere vielleicht manchmal verdächtige und für sie nachteilige Häuser zu betreten pflegen".

Nach dem Einzug der Franzosen in Mainz blieb das Priesterseminar zunächst von politischen Umgestaltungen unbehelligt. Am 2. Januar 1793 wurde das Seminar dann jedoch angewiesen, bei Tisch den Alumnen die Verordnungen der Administration vorzulesen, um diese allmählich in den „Geist der fränkischen Constitution" einzuweihen. Es war abzusehen, dass die neue Regierung in Mainz nach französischem Vorbild wie bei den Geistlichen auch den Seminaristen und ihren Professoren einen Konstitutionseid abverlangen, die Eidverweigerer aber aus Mainz ausweisen würde. Als am 26. Februar zwei Kommissare zur Eidabnahme erschienen, verweigerten ihn zwölf Seminaristen. Sie wurden mit Ausnahme des ansonsten profranzösischen Johann Michael Ott ausgewiesen. Die übrigen neun leisteten den Schwur und konnten bleiben.

Vom Lehrpersonal wies man wegen der Eidverweigerung die Theologieprofessoren Jung, Becker und Scheidel aus. An die Stelle des ebenfalls ausgewiesenen Regens des Seminars, Theologieprofessor Hermann Joseph Hober, trat der frühere Mainzer Theologieprofessor und Nackenheimer Pfarrer Melchior Arand. Man versuchte nun das Seminar zu einem „Nationalseminar" umzugestalten, ähnlich dem konstitutionellen Straßburger Priesterseminar. Da durch eidverweigernde Priester ein Mangel an Geistlichen herrschte, schickte man die meisten der eidleistenden Seminaristen nach Straßburg, wo sie der konstitutionelle Bischof Brendel zu Priestern weihte. Am 11. März kamen vier weitere profranzösische Kandidaten ins Mainzer „Nationalseminar", die zuvor Arand und Theologieprofessor Blau als Vertreter der französischen Administration einer Prüfung unterzogen hatten. Aufgrund der Belagerung war es allerdings schwierig, die Versorgung des Seminars aufrechtzuerhalten. Außerdem zeigte Arand Widerstreben gegen allzu revolutionäre Umgestaltungen des Seminars gemäß den Wünschen der Administration und der Jakobiner. Auch die Ausweisung nicht-geschworener Priester ließ ihn protestieren. Sein eher gemäßigtes Verhalten wurde ihm freilich später von der kurfürstlichen Regierung nicht gedankt. Mit dem Einzug der deutschen Truppen in Mainz am 23. Juli 1793 endete die kurze Episode des „Nationalseminars" bereits wieder. Arand erhielt Festungshaft, ebenso einige der in Straßburg geweihten konstitutionellen Priester, manche der Seminaristen verbannte man in ein Kloster. Das wiederum ließen sich nicht alle jungen Geistlichen mehr gefallen. Viele der ehemaligen Seminaristen gaben ihren Priesterstand auf, wanderten nach Frankreich aus oder wurden als Verwaltungsbeamte in einem der vier linksrheinischen Departements tätig.

12. Flucht, Exil, Kerker: Studenten und Gelehrte nach der Rückeroberung

Als die Reichstruppen unter preußischer Führung beginnen, einen Belagerungsring um die Stadt zu ziehen, wissen die Deputierten des Rheinisch-deutschen Nationalkonvents, dass ihre kleine Republik, die zur Keimzelle eines neuen, demokratisch verfassten Reiches werden sollte, allein nicht lebensfähig ist. So beschließen sie, der französischen Mutterrepublik beizutreten. Alles vergebens. Im Juli 1793 kapitulieren die Franzosen und verlassen die Stadt. Während die Revolutionstruppen abziehen, rächen sich die Gegner an den zurückgebliebenen deutschen Republikanern. Wie so oft in der neueren deutschen Geschichte sorgen Preußens Truppen für die Auslöschung allen demokratischen Lebens: Viele Mainzer Freiheitsfreunde werden ausgeplündert, öffentlich gedemütigt, über den Rhein verschleppt und für Jahre auf der Festung Königstein im Taunus interniert.

Die Kapitulationsbedingungen für die Festung Mainz vom 23. Juli 1793 sahen zwar vor, dass die französische Garnison nicht in Kriegsgefangenschaft genommen wurde, doch für die politisch engagierten Mainzer Jakobiner gab es keine Vereinbarung. Ein größerer Teil der Professoren und Studenten war schon geflohen oder zog mit den Franzosen – teilweise als Soldaten verkleidet – aus der Stadt. Die zurückgebliebenen „Klubisten" fielen nun ihren Gegnern zum Opfer, die ihre Wohnungen zerstörten, sie aus den Häusern zerrten und misshandelten. Jeder, den man mit dem Jakobinerklub in Verbindung brachte, musste um sein Leben und Eigentum fürchten. Die zurückgekehrte Regierung unter Albini versuchte die politischen Spuren der „Mainzer Republik" auch mit Hilfe der Kirche zu beseitigen. Beispielsweise wurde der Eid auf Freiheit und Gleichheit von Weihbischof Heimes zu einer schweren Sünde erklärt. Die Anhänger der Franzosen wurden vernommen und auf verschiedene Weise bestraft. An der Universität verloren die betroffenen Professoren ihre Stellen und Einkünfte.

Etwa einhundert Inhaftierte überführte das Militär nach Königstein und Erfurt, ein zeitweise ebenso großer Teil kam in das Mainzer Zuchthaus. Die Studenten und Professoren unter den Inhaftierten saßen zum großen Teil bis zum Februar 1795 außerhalb von Mainz ein und wurden dann im Austausch gegen Geiseln nach Frankreich entlassen.

Eine gute Zeit für die kurfürstliche Justiz. Nun wurde „Recht" über politisch Andersdenkende gesprochen. Die Beamten versuchten die politische Beteiligung der Gefangenen aufzuarbeiten. So klagten sie etwa den Jurastudenten Gerhard Reussing an, da er während der Mainzer Republik im Jakobinerklub gewesen war und als Kommissar die Franzosen bei ihrem Versuch unterstützte, die französische Staatsorganisation einzuführen. Ein Auszug aus dem Protokoll:

„Dem arretierten Gerhard Reussing liegt hernach folgendes zur Last[:]
a) sein Eintritt in den Klub
b) seine Dienstannahme und Anstellung als franz. Polizeikommissar
c) die Abschwörung desselbigen Dienst- und
d) des Bürgereids
e) dessen Gegenwart bei Setzung des Freiheitsbaumes in der Eigenschaft als Beamter
f) die Verteilung von Freiheits-Piecen an die Bürgerschaft und
g) dessen ex confessis mehreren (...) Zureden zur Ablegung des Bürgereids
h) dass derselbe sich als actuarius bei Inventierung des dem Stifter zu St. Mauriz zugehörigen Silbers [hat] gebrauchen lassen."

Zum Motiv seiner Klubmitgliedschaft befragt, gab Reussing an, aus „lauteren und reinen Absichten" beigetreten zu sein. Schließlich sei er im November 1792 nur dem Vorbild seiner Professoren und Kommilitonen gefolgt. Ob es ihm wohl schwer gefallen war, seine Überzeugung so herunterzuspielen? Abschwächend fügte er noch hinzu, keinen politischen Eid ge-

254

schworen und den Klub nur selten besucht zu haben. Immerhin konnte Reussing den ihn verhörenden Hofrat Fugger für sich einnehmen, der zu der milden Empfehlung kam, dass Reussing unter Berücksichtigung seines Alters und der Tatsache, dass seine Handlungen meist dienstlicher Art waren, aus der Haft zu entlassen sei, was die Regierung aber am 6. November 1793 ablehnte.

Auch die anderen inhaftierten Studenten versuchten die Beweggründe für ihre politische Anteilnahme zu verharmlosen. Der Jurastudent Johann Fügen aus Sulzheim war im November 1792 in den Jakobinerklub eingetreten. Er untertrieb nun seine politische Parteinahme im Verhör als Opportunismus:

> „Da er verschiedene schöne Handlungen und Vorschläge des Klubs erfahren habe, man ihm versichert gehabt, dass derjenige, welcher sich in den Mainzer Klub nicht aufnehmen ließe, keine Versorgung zu gewarten habe, sich kurz besonnen und habe sich in dem Monat November dem Klub einschreiben lassen."

Die mehrmalige Teilnahme bei der Errichtung eines Freiheitsbaumes begründete er mit seiner Neugierde.

Recht unglaubwürdig liest sich die Verteidigung des Medizinstudenten Johann Heinrich Terhölen. Dieser hatte im April 1793 versucht, mit Wilhelmine Wedekind, der Frau des Jakobiners und Medizinprofessors, deren beiden kleinen Kindern und der engen Vertrauten Georg Forsters, Caroline Böhmer, über Frankfurt nach Göttingen zu fliehen. Er wurde unterwegs aber mit seiner Begleitung aufgegriffen und auf die Festung Königstein gebracht. Terhölen versuchte in einem Schreiben glaubhaft zu machen, von den politischen Vorgängen in Mainz nichts gewusst zu haben, was zu diesem Zeitpunkt und in Begleitung des weiblichen Anhangs bedeutender Mainzer Jakobiner schwer zu vermitteln war.

Auch diejenigen, denen die Flucht gelang, hatten eine ungewisse Zukunft vor sich. Viele der 1793 entkommenen Mainzer Studenten und einige Professoren begaben sich über

Zwischenstationen im Elsass und in Lothringen nach Paris und gründeten dort zur gegenseitigen Unterstützung die „Société des Refugiés Mayançais". Auch im Exil dominierten die Intellektuellen. Den 29 „patriotes Mayançais" stand als Präsident Andreas Joseph Hofmann vor, Stellvertreter war der ehemalige Jurastudent Anton Fuchs. Der Nationalkonvent gewährte ihnen eine geringe Unterstützung, die kaum das Existenzminimum deckte. Einige von ihnen kämpften mit der Mainzer Garnison gegen Aufständische in der Vendée oder wurden mit diplomatischen Missionen beauftragt. Auch die 1795 gegen Geiseln ausgetauschten inhaftierten Mainzer Jakobiner versuchten sich in Frankreich eine neue Existenz aufzubauen. Trotz der Haft hatten viele ihren politischen Glauben und ihren Idealismus nicht verloren. In Frankreich war inzwischen aber das Direktorium an der Macht, und sie mussten feststellen, dass sich die außen- und innenpolitischen Vorzeichen geändert hatten.

Als am 30. Dezember 1797 Stadt und Festung Mainz aufgrund von Geheimverhandlungen mit Österreich an Frankreich fielen, begann die 17-jährige Zeit des Departements Donnersberg, das dem linken Rheinufer durch die Neuerungen in Verwaltung, Recht und Wirtschaft einen Vorsprung gegenüber dem rechtsrheinischen Deutschland sicherte.

Die meisten ehemaligen Studenten und einige Professoren hatten den Kontakt untereinander aufrecht gehalten. Im Stadtarchiv Mainz befinden sich mehrere Briefe, die dies eindrucksvoll belegen. Nachdem Frankreich Ende 1797 Mainz erneut besetzt hatte und dort 1798 die Zentralverwaltung des Departements Donnersberg ihren Sitz nahm, kehrten viele ehemalige Studenten aus dem französischen Exil nach Mainz zurück. Unter den Verwaltungsbeamten befanden sich viele zurückgekehrte ehemalige Mainzer Jakobiner, dabei ein nicht unbeträchtlicher Teil von der Universität Mainz. In der neuen Departementshauptstadt übernahmen sie Verwaltungsaufgaben oder wurden literarisch und publizistisch tätig. Der Student Lehne veröffentlichte 1799 zusammen mit Nikolaus Müller, seinem Weggefährten an der Universität, im Jakobinerklub und im Pariser Exil, in Mainz eine Sammlung „Republikanischer Gedichte".

Müller blieb in späteren Jahren auch mit anderen Weggefährten aus der Zeit der Mainzer Republik in Verbindung. Aus dem Subskribentenverzeichnis einer Gedichtsammlung Nikolaus Müllers aus dem Jahr 1810 geht hervor, dass weiterhin viele ehemalige Studenten und Professoren, die 1792/93 im Mainzer Klub gewesen waren, mit Müller in Kontakt standen. 16 ehemalige Studenten oder Professoren stehen darin: Jacob Fidelis Ackermann, Bartholomäus Bittong, Braun, Caprano, Johann Eickemeyer, Franz Falciola, Friedrich Lehne, Mathias Metternich, Retzer, Josef Schlemmer, Seiler, Karl Steinem, Peter Nikolaus Theyer, Georg Christian Wedekind, Johannes Weitzel und Carl Peter Anton Zumbach.

Müller widmete sein dichterisches Werk im Vorwort seinen Freunden. In einigen Gedichten bezog er sich auf die Mainzer Republik; unter anderem schrieb er je eines für die beiden Gesandten des Rheinisch-deutschen Nationalkonvents: Georg Forster und Adam Lux.

13. Eine Idee lebt weiter: Auswirkungen der Mainzer Republik auf andere Universitäten

Auch nach ihrem Ende bestand die Mainzer Republik als Idee unter den Studenten fort. Viele Studenten aus Mainz wechselten an andere Universitäten und verbreiteten dort ihre Weltanschauung. In Würzburg existierte ein studentischer Jakobinerklub, der im Juni 1793 in der Stadt für Furore sorgte. Die Klubmitglieder, die sich ebenfalls „Freunde der Freiheit und Gleichheit" nannten, hingen am 19. und am 22. Juni nachts Propagandazettel an ein Universitätstor, die zum Widerstand gegen die absolutistisch-klerikale Obrigkeit aufriefen.

In der ersten Schrift wendet sich der Klub direkt an die Kommilitionen und fordert sie auf, aus der Philosophie praktisches Handeln abzuleiten. Hier ein Auszug:

„Mit Wehmut betrachte ich seit langem euren Zustand, wie ihr zwar die Lehren einer gesunden Philosophie erlernet, und das Kleinod, eure natürliche vernünftige Freiheit kennet, aber entweder zu dumm oder zu weichlich, um sie zu benutzen seid, oder von Vorurteilen, die elende Pfaffen, da ihr Weisheit dürstend zu ihnen kommt, euch statt reiner Jesusreligion einpflanzten, euch blenden lasset und demütig noch unter dem Joche der Dummheit schmachtet.

Hört also! was ein freier deutscher Mann nicht aus Parteisucht, sondern aus Begierde, die Rechte der Vernunft zu retten, euch zuruft, hört, welche Mittel ihr gegen den Druck des Despotism[us] zu ergreifen habt!

I. Holet Gesetze zur Einrichtung eurer Handlungen nicht aus den trüben hitzigen Quellen eurer römisch-katholischen Pfaffen, das heißt den Narren der ersten Größe her, sondern aus eurem eigenen vernünftigen Selbstbewusstsein, welches ihr aber durch Lesung eines Voltaires, Rousseaus, Reinholds, Kants und anderen mehr, richtig zu leiten suchen müsst. Eure Pfaffen sind mehr als Pharisäer, mehr als übertünchte Gräber, sie können weder durch ihre Reden noch durch ihre Handlungen die rechte Schnur eines Lebens werden.

II. Bedienet euch eurer natürlichen Denkfreiheit und verachtet den dummen Mönchskopf, der eure Vernunft in die Fesseln des blinden Glaubens schmieden will, lest das reine unverfälschte Evangelium, es wird euch zur Entdeckung manches Pfaffengeistes dienen und auch wahre Jesusreligion lehren, das heißt euch zu glücklichen Menschen bilden.

III. Folgt keinem positiven Gesetze, sondern dem vernünftigen Grunde oder Ungrunde desselben, den euch reifes Nachdenken darüber leicht entdecken wird, wenn es einen hat.

IV. Schmeichelt keinem, der mächtiger ist als ihr, aus keinem Grund. Schmeichelung gegen niederträchtige Geschöpfe ist das schändlichste Laster eines deutschen Mannes, sagt jedem die trockene Wahrheit, ihr Gewicht wird ihn zurückschrecken, und sein Gesicht mehr als Hagertisch entstellen. Und werdet ihr Märtyrer der Wahrheit, so wird man euch zwar nicht bonisieren, auch wäre es Schande für euch, neben Ignazen, Franzisken und Dominikisten zu stehen, aber man wird ewig an euch denken, euch zwar keine Hochämter und Vespern zu Ehren halten, aber man wird euch trauen, opfern, und jeder Vernünftige wird euch glücklich schätzen.

V. Sucht dem schlechten Heuchler, dem Volksbetrüger die täuschende Larve abzureißen, und das Ungeheuer euren Brüdern zu zeigen, entwindet dem Gefassten die Knutpeitsche der Inquisition, und

VI. Verachtet das minderträchtige Herz, auch wenn goldene Ketten darüber weghängen. Ziehet dem Redlichen im Bettlerrock den Hut ab und speit den Dummkopf, der das Mark seiner Brüder verzehrt an, wenn er sich auch hinter dem Pfarrrocke oder der Tiara versteckt. Ein schlechtes Herz adelt auch die reichste Kette, auch der glänzendste Orden nicht. Laßt euch nicht durch den Titel von Gottes Willen blenden, er will nichts, als was eure Vernunft will.“

Diesen Text formulierte ein Anhänger der aufklärerischen philosophischen Strömungen, vielleicht ein Kantianer. Grundlegend ist die Kritik an der bestehenden Hierarchie und den gesellschaftlichen Zuständen. Das Herrschaftssystem funktionierte seiner Ansicht nach nur deshalb, weil es geduldet oder unterstützt werde.

Der zweite Text vom 22. Juni 1792 ist allgemeiner, kürzer und volkstümlicher. Schließlich soll ihn das einfache Volk verstehen, wenn es morgens auf dem Weg zum Markt das Tor passiert. Markige Worte zeichnen den politischen Text aus:

„An alle, welche Kreuze, Sterne, Ordensbänder, schwarze, bunte und graue Robe[n], Perücken, ganz oder halb geschorene Köpfe haben, d[as] i[st:]
An adeliche und geistliche Schufte von den Freunden der Freiheit und Gleichheit zu Würzburg.

Der Priester, der ein Esel ist
Und täglich am Brevier
Als seiner Kirchenkrippe frißt,
Ist ein verworfnes Tier.

Ihr! die ihr seit langem im Besitze von Rechten seid, die Vernunft und, wenn ihr wisst, was es heißt, Religion missbilligen, die ihr wie die Bären den Honig, das Blut eurer Mitmenschen leibt! Eure Herrschaft geht zu Ende! Und wehe! wehe! wehe! euch!

I. Ihr habt uns statt reiner Jesusreligion Unsinn und die Auswürfe eurer Politik gepredigt, und [uns] statt zur Weisheit, zur Dummheit geführt. Ihr habt unser Fett geschmauset, und euch im Wohlleben und Nichtstun von Opferpfennigen gemästet.

II. Ihr habt die Rechte der Menschheit unterdrückt, Leibeigene gehabt, und unsere Lebensmittel entrissen und auf Böden aufgeschobert. und [um] euren Mitmenschen den letzten Pfenning zu einreißen.

III. Ihr verhauset und verhandelt eure Mitmenschen wie Mastvieh! Ihr habt die Menschheit tief erniedrigt! drum Wehe! Wehe! Wehe! euch.“

Wie in der ersten Schrift steht auch hier die „reine Jesus-religion" kontrastiv zum schlechten Klerus. Auch die im Text integrierte Gedichtstrophe des radikale Jakobiners Eulogius Schneider ist mit Bedacht gewählt. Es ist aus dem Gedichtsband von 1790 und trägt den Titel „Der böse Priester". Die „Freunde der Freiheit und Gleichheit" waren keine Atheisten, sie riefen lediglich gegen die Kirchenherrschaft auf. Damit unterscheiden sie sich von dem atheistischen Teil innerhalb der französischen Jakobiner.

Als Mitglieder dieses Klubs kommen mehrere revolutionsbegeisterte Studenten in Frage, viele davon aus Mainz oder der linksrheinischen Pfalz stammend. So etwa Georg Adam Düring aus Mainz, der sich am 26. November 1792 in Würzburg immatrikulierte. Er hatte noch den Einzug der Franzosen in Mainz und die Gründung des dortigen Jakobinerklubs Ende Oktober 1792 miterlebt und war ein glühender Anhänger der Revolution. Später schrieb er einmal in das Stammbuch eines Kommilitonen:

„Liberté, Egalité, Fraternité
allons enfants de la patrie.
[Symbolum:] Männerstolz vor Königsthrone[n].
Freund, Bruder und Landsmann G. A. Düring aus Mainz, der Hauptstadt d[es] Departements Donnersberg."

Weitere Mitglieder des Klubs waren vermutlich Augustin Joseph Damm, Georg Holzmeister und Aloys Popp. Damm hatte bis 1791 in seiner Heimatstadt Würzburg Jura studiert. Danach ging er als Rechtspraktikant nach Kirrweiler, das zum Fürstbistum Speyer gehörte, und kam dort mit dem gleichgesinnten Georg Holzmeister zusammen. Der Rechtspraktikant Holzmeister stammte aus dem kurmainzischen Aschaffenburg und hatte in den Jahren 1782-83 in Mainz seine philosophischen Grundstudien absolviert. Nach dem Einzug der Franzosen im Oktober 1792 leisteten die beiden den Eid auf die französische Konstitution und versuchten, politisch Gleichgesinnte in Kirrweiler und Umgebung zu gewinnen. Während ihrer politischen Amtstätigkeiten in der französischen Besatzungszeit lernten Damm und Holzmeister auch Mainzer Jakobiner wie Dorsch kennen. Erst nach der Rückeroberung von Mainz durch preußische Truppen und dem Rückzug der Franzosen aus linksrheinischem Gebiet begaben sich Damm und Holzmeister nach Wetzlar, um dort durch den Antritt von Hofmeisterstellen ihren Lebensunterhalt zu sichern.

Davor hatte sich Damm in der zweiten Hälfte des Jahres 1793 in seiner Heimatstadt Würzburg aufgehalten, wobei ihn Holzmeister vermutlich begleitete. Zusammen mit dem Medizinstudenten Popp aus dem bayerischen Hirschau versuchten sie bis Ende des Jahres 1793, politisch Gleichgesinnte an der Universität zu einem Bund zu sammeln. Dass die beiden politischen Anschläge aus diesem Umfeld stammen, ist deshalb anzunehmen. Damm ging dann mit Holzmeister nach Wetzlar, hielt aber weiter Kontakt mit Popp, der wiederum in Würzburg Ende 1794 einen studentischen „Menschheitsbund" ins Leben rief. Die Bundesmitglieder identifizierten sich mit den Idealen der Französischen Revolution und standen im Kontakt mit Studenten weiterer Universitäten sowie mehreren Hofmeistern und Rechtspraktikanten. Ihr gemeinsames Ziel: sich im wieder französisch gewordenen Mainz zu sammeln und zu bewaffnen, um zusammen mit den französischen Truppen gegen die Söldnertruppen der deutschen Despoten zu kämpfen. Die Verschwörung kann insofern als jakobinisch bezeichnet werden, als sie auf einen Umsturz der bestehenden Verhältnisse abzielt. Auch wenn sie die von Robespierre ausgeübte Diktatur ablehnten, befanden sie sich im Einklang mit den Positionen der überwiegend republikanisch denkenden Mehrheit der französischen Jakobiner. So gipfelt eines ihrer Flugblatter in den Worten „Aber wir Jünglinge, wir sind frei – wir können ausziehen, um mit den Waffen in der Hand, in Verbrüderung mit republikanischen Heeren wiederzukommen und Freiheit mitzubringen für die schönen Gefilde unseres Vaterlandes."

Ein weiterer Verschwörer mit Mainzer Wurzeln war Ludwig Traupel. Der Aschaffenburger hatte zuerst in Mainz bis 1792 studiert und das dortige politische Klima an der Universität kennen gelernt. Den Beginn der Mainzer Republik bekam er noch mit, denn in Würzburg immatrikulierte er sich erst am 26. November 1792. In Schriften, die Traupel für die Mitglieder des „Menschheitsbundes" verfasste, stellte er Missstände in seiner Kurmainzer Heimat dar. Er kritisierte zu hohe Abgaben für die Bürger, die Willkürherrschaft der Mainzer Regierung, die frühere emigrantenfreundliche Politik des Kurmainzer Hofs und die Schutzgelder für Juden. Die Kritik an den Schutzgeldern ist von der französischen Revolution beeinflusst, die erstmals die Benachteiligungen der Juden gänzlich abschaffte. Auch die Vertraute des Mainzer Kurfürsten, die Gräfin von Coudenhoven, nahm Traupel wegen ihres Engagements für emigrierte französische Adlige ins Visier. Traupel polemisierte außerdem gegen das politische Potenzial der Bevölkerung in dem geistlichen Hochstift Würzburg, deren Religiosität nach seiner Auffassung eine Politisierung gegen das geistliche Regime behindert. In seinem Aufsatz „Was ist echte Religion?" kritisiert Traupel, dass noch ein großer Teil des Volkes anstatt „unbefangen zu denken (...) mit sklavischem Nachbeten an seinen Priestern" hängt, anstatt sich an wahrer Religion, Philosophie und Künsten zu orientieren, die „aus allen Völkern des Erdbodens (...) eine brüderliche Nation aus Menschen (...) machen".

Zu den Verschwörern zählte auch der Wetzlarer Rechtspraktikant Friedrich Joseph Emerich, den wir schon als Mainzer Studenten kennen gelernt haben. Er hatte in Mainz mit Kommilitonen einen politischen Zirkel geführt und über diese Zeit politische Gedichte geschrieben. 1793 kam er als Praktikant ans Reichskammergericht nach Wetzlar und trat dort in den Bund um Damm ein. Emerich übte auf die Bundesmitglieder großen Einfluss aus. Ende Februar 1795 schrieb er das politische Flugblatt „An die teutschen Jünglinge". Darin steckte er radikale Ziele und forderte eine bürgerliche deutsche Republik. Das Flugblatt rief die Studenten aller Universitäten, überhaupt alle jungen Männer zum bewaffneten Kampf gegen den Despotismus auf:

„Brüder! – Wer ihr auch seid – auf Universitäten, in Städten oder Dörfern, hört die Stimme meines Bruders. So gewiss der Tag, der Ostern heißt, kommen wird, so gewiss wird Mainz bald in Republikanerhänden sein. Ha, deutsche Jünglinge, dann hat unsere Stunde geschlagen! Dann ruft uns das Vaterland zu seinem Dienst auf, dann ruft uns die Liebe zur Freiheit an den Rhein. Freiheit! Freiheit! dem bedrängten deutschen Vaterlande, Freiheit, Freiheit – komme, wer sie gegen die 300 deutschen Sultane verfechten helfen will –. (...) Zu Mainz weht die Fahne für die deutschen Republikaner, auf Brüder – lasst uns hineilen und schwören zu siegen – oder zu sterben. (...) Auf denn nach Mainz! Es fehlt uns ja nicht an Gefühl für Freiheit. Auf denn nach Mainz! Da sei unser Sammelplatz, Brot und Waffen werden wir finden, um unsere Tyrannen zu bekämpfen."

Wie realistisch war das hier Formulierte? Die militärischen Erfolge Frankreichs, die Einkreisung der Festung Mainz, brachten es mit sich, dass die deutschen Revolutionsanhänger an eine Wiedereinnahme von Mainz und des gesamten deutschen linksrheinischen Gebiets denken konnten. Seit November 1794 war Mainz links- und dann auch rechtsrheinisch von französischen Truppen eingeschlossen. Hinzu kommt, dass Mainz durch die Mainzer Republik und die Existenz eines Rheinisch-deutschen Nationalkonvents im Jahr 1793 symbolträchtig war. Das ganze linksrheinische Deutschland galt als „freies Land". In Ingolstadt sangen beispielsweise die Studenten „Vom Rhein, da rufen edle Brüder: Die Freiheit lebet hoch."

Bevor Emerichs Aufruf wirken konnte, verriet ein Spitzel die Verschwörung. Die Beteiligten in Würzburg und Wetzlar wurden verhaftet, verhört, bestraft. Doch Mainz als „Festung der Freiheit" behielt für lange Zeit seine symbolische Bedeutung. Mainz bleibt bis heute der Ort des ersten gewählten Parlaments auf deutschem Boden. Die Mainzer selbst bewiesen durch ihr überdurchschnittliches Engagement noch im Vormärz und in der Revolution 1848, dass sie verstanden hatten, was die Urväter ihnen vermittelten: Ein Volk muss seine Freiheit selbst erkämpfen und sich den Weg aus der selbst verschuldeten Unmündigkeit suchen.

14. Schlussbetrachtung

Die Mainzer Republik kann nicht losgelöst von der davor liegenden Entwicklung an der Mainzer Universität und dem Umfeld des Hofes betrachten werden. Die Reform der Universität durch den Kurfürsten Friedrich Karl von Erthal von 1782-84 zog aufgeklärte Gelehrte wie Georg Forster nach Mainz, wodurch die Universität über das katholische Deutschland hinaus Bekanntheit erlangte. Alle Professoren, die sich später in der Mainzer Republik politisch engagierten, waren kurz vor oder nach der Reform an die Hochschule gekommen.

Die kritische Haltung aufgeklärter Gelehrter in Mainz machte sich nicht nur in der Gründung und dem Wachstum von Sozietäten bemerkbar, sondern auch im politischen Klima an der Universität. Dort kam es noch vor Ausbruch der Revolution in Frankreich zu Spannungen zwischen den Aufklärern und der Mainzer Obrigkeit, die ihre eigene Vorstellung von „Aufklärung" hatte. Die wachsende Kritik an geistlicher und weltlicher Herrschaftsform setzte nicht erst mit dem Ausbruch der Revolution 1789 ein, sondern bereits in den davor liegenden „Reformjahren".

Die Lebensläufe Mainzer Gelehrter belegen die fast parallelen Entwicklungen seit der Reform: Ihrem Antritt an der Universität folgte bald die Erkenntnis, dass ihre radikalaufklärerischen Ideen nicht erwünscht waren. Mit der „Gelehrten Lesegesellschaft" und den Mainzer Illuminaten bestanden früh zwei Sozietäten, in denen unzufriedene Gelehrte zusammentreffen und sich austauschen konnten.

Nicht allein die Revolution in Frankreich, sondern auch die Hinwendung des Kurfürsten zu einer restaurativen Innenpolitik, sein antirevolutionäres Engagement und seine Emigrantenpolitik weckten in der Mainzer Bildungselite das Bedürfnis nach gesellschaftlichen Veränderungen.

Auf die Politisierung der Gelehrten seit 1789 reagierte die Regierung mit Zensur und Überwachung, so dass die Betroffenen ihren Glauben an Reformen von oben verloren und sich verstärkt den Idealen der Französischen Revolution zuwandten.

Mit Beginn der Französischen Revolution versammelten sich die oppositionellen Gelehrten nicht nur in der „Gelehrten Lesegesellschaft", sondern auch in privaten Zirkeln.

Am Beispiel der geplanten Mainzer „Akademie" wird deutlich, dass es unter den Mainzer Gelehrten Bestrebungen gab, konkrete Maßnahmen gegen die drohende Restauration zu ergreifen. Die geplante „Akademie" zeigt auch, dass die politisch ambitionierten Illuminaten nach ihrem Verbot 1785 noch im Geheimen wirkten.

Im Gegensatz zu den Gelehrten, die während und nach der Universitätsreform schon als Radikalaufklärer an die Universität kamen, setzte eine kritische Haltung der Studenten im Wesentlichen erst mit dem Jahr 1789 ein. Unmittelbar nach Ausbruch der Französischen Revolution war der Kurfürst bereits gezwungen, gegen „unruhige" Studenten vorzugehen. Die meisten der Studenten, die sich in der Mainzer Republik 1792/93 oder danach politisch engagierten, begannen ihr Studium mit dem Ausbruch der Revolution. Ihre zunehmende Revolutionsbegeisterung wurde zum Teil an der Universität durch Professoren gefördert, entwickelte sich aber vor allem innerhalb der Studentenzirkel.

Seit 1789 und verstärkt ab 1791 traten die Studenten auch als Gruppe deutlicher aus der Verschwiegenheit ihrer geheimen Verbindungen hervor. Beispiele dafür sind deren Unmutsäußerungen im Theater im November 1791 oder das Gründungsgesuch für den politischen Lesezirkel im Jahr 1792. Die Stammbucheinträge belegen seit dem Jahr 1791 eine verstärkte Politisierung der Studenten. Ihre letzte Zurückhaltung legten die Studenten ab, als sich die Franzosen Mainz näherten, und die Regierung zu keinen Sanktionen mehr fähig war. Dann zeigten sie ihre politische Gesinnung ganz offen, indem sie sich zum Beispiel die französischen Revolutionskokarden ansteckten. Die Mainzer Regierung erkannte das politische Potential innerhalb der Studenten letztlich erst während deren Engagement in der Mainzer Republik.

Mit dem Einzug der Franzosen in Mainz und der Gründung des Jakobinerklubs, der „Gesellschaft der Freunde der Freiheit und Gleichheit", fanden Professoren und Studenten ein gemeinsames Forum zur Verwirklichung ihrer politischen Absichten und waren gemessen an der Bevölkerung überproportional an den politischen Prozessen beteiligt. Sowohl im Klub als auch bei den Bemühungen um die Revolutionierung übernahmen die Professoren meist die Führungspositionen, die Studenten engagierten sich im zweiten Glied.

Die Energie, mit der die Intellektuellen nun ihre Weltanschauung verbreiteten und politische Umgestaltungen vornahmen, lässt sich nicht allein aus der neuen Situation verstehen, sondern erklärt sich durch die Vorgeschichte der Mainzer Republik. Politische Partizipation fand nicht nur im Jakobinerklub statt. Ohnehin waren viele Studenten durch die (im Nachhinein eingeführte) Altersbegrenzung von einer gleichberechtigten Mitgliedschaft im Jakobinerklub ausgeschlossen. Auch die Ablegung des Bürgereides und die Beteiligung an den Wahlen sowie die Übernahme einer zu beeidenden konstitutionellen Priesterstelle waren ein Bekenntnis zum politischen Wandel. Ohne die frühere Rezeption der Französischen Revolution an der Mainzer Universität wäre die Resonanz zur politischen Umgestaltung geringer gewesen.

Die Mainzer Ereignisse waren auch für die politische Studentenbewegung dieser Zeit ein einschneidendes Ereignis. Die Universität Mainz war in den Jahren 1791 bis 1793 die erste Hochburg der profranzösischen Studentenbewegung, da das aufgeladene politische Klima an der Universität und unter den Professoren, die Haltung des Kurfürsten sowie die Nähe zu Frankreich die Politisierung vorantrieben. Unter den Professoren und den Studenten bildeten sich Gruppen, die Wegbereiter des späteren Jakobinerklubs waren. Das Ereignis „Mainzer Republik 1792/93" diente als Vorbild für die revolutionären Studenten, auch wenn an der Universität selbst nach der Rückeroberung 1793 durch preußische Truppen kein politisches Potenzial mehr existierte. Viele Studenten aus Mainz engagierten sich andernorts für ihre politischen Ziele, wie die politischen Toranschläge des studentischen Jakobinerklubs in Würzburg 1793 oder die überregionale Verschwörung zur gemeinsamen Bewaffnung in Mainz 1795 belegen. An Studenten wie Joseph Emerich oder Friedrich Lehne manifestiert sich die tiefe politische Prägung, die insbesondere junge Menschen durch die Mainzer Erfahrungen vor und während der Revolution erhalten haben.

15. Literatur (Auswahl)

Dumont, Franz: Die Mainzer Republik von 1792/93. Studien zur Revolutionierung in Rheinhessen und der Pfalz. (Alzeyer Geschichtsblätter, Sonderheft 9) Alzey 1993 (2., erw. Aufl.).

Dumont, Franz / Scherf, Ferdinand / Schütz, Friedrich (Hg.): Mainz. Die Geschichte der Stadt. Hg. im Auftrag der Stadt Mainz. Mainz 1998.

Fechner, Jörg-Ulrich (Hg.): Stammbücher als kulturhistorische Quellen. (Wolfenbütteler Forschungen, Bd.11) München 1981.

Grab, Walter: Eroberung oder Befreiung? Deutsche Jakobiner und die Franzosenherrschaft im Rheinland 1792-99. (Schriften aus dem Karl-Marx-Haus Trier, 4) Trier 1971.

Haasis, Hellmut G.: Morgenröte der Republik. Die linksrheinischen deutschen Demokraten 1789-1849. Frankfurt/Main 1984.

Hammerstein, Notker (Hg.): Universitäten und Aufklärung. (Das achtzehnte Jahrhundert. Supplementa. Bd. 3) Göttingen 1995.

Hardtwig, Wolfgang: Krise der Universität, studentische Reformbewegung (1750-1819) und die Sozialisation der jugendlichen Bildungsschicht. Aufriß eines Forschungsproblems. In: Geschichte und Gesellschaft 11 (1985), S. 155-176.

Kuhn, Axel: Die Französische Revolution. Stuttgart 2003 (2. Aufl.).

Kuhn, Axel / Schweigard, Jörg: „Freiheit oder Tod!" Die deutsche Studentenbewegung zur Zeit der Französischen Revolution. (Stuttgarter Historische Forschungen, 2) Köln, Weimar, Wien 2005.

Lamprecht, Oliver: Das Streben nach Demokratie, Volkssouveränität und Menschenrechten in Deutschland am Ende des 18. Jahrhunderts. (Schriften zur Verfassungsgeschichte, Bd. 63) Berlin 2001.

Mathy, Helmut: Die Universität Mainz 1477/1977. Mainz 1977.

Rödel, Walter G.: Mainz und seine Bevölkerung im 17. und 18. Jahrhundert. Demographische Entwicklung, Lebensverhältnisse und soziale Strukturen in einer geistlichen Residenzstadt. (Geschichtliche Landeskunde, Bd. 28) Stuttgart 1985.

Scheel, Heinrich: Die Mainzer Republik III. Die erste bürgerlich-demokratische Republik auf deutschem Boden. (Akademie der Wissenschaften der DDR. Schriften des Zentralinstituts für Geschichte, Bd. 44) Berlin 1989.

Schweigard, Jörg: Aufklärung und Revolutionsbegeisterung. Die katholischen Universitäten in Mainz, Heidelberg und Würzburg im Zeitalter der Französischen Revolution (1789-1792/93-1803). (Schriftenreihe der Internationalen Forschungsstelle ´Demokratische Bewegungen in Mitteleuropa 1770-1850´, Bd. 29) Frankfurt/Main u.a. 2000.

Schweigard, Jörg: „Sansculotten auf deutschem Grund und Boden". Politische Symbolik deutscher Studenten zur Zeit der Französischen Revolution (1789-1800). In: Aufklärung – Vormärz – Revolution. Jahrbuch der „Internationalen Forschungsstelle Demokratische Bewegungen in Mitteleuropa von 1770-1850" an der Universität Innsbruck, Bd. 21 (2001), S. 27-49.

Träger, Claus (Hg.): Mainz zwischen Rot und Schwarz. Die Mainzer Revolution 1792-1793 in Schriften, Reden und Briefen. Berlin 1963.

Vezin, Liselotte: Die Politik des Mainzer Kurfürsten Friedrich Karl von Erthal vom Beginn der französischen Revolution bis zum Falle von Mainz 1789-1792. Diss. phil. Bonn 1932.

Weber, Martin: Georg Christian Gottlieb Wedekind 1761-1831. Werdegang und Schicksal eines Arztes im Zeitalter der Französischen Revolution. (Soemmering Forschungen, Bd. IV) Stuttgart, New York 1988.

Personenregister

Ortsregister

Jürgen Mirow

Geschichte des deutschen Volkes

Von den Anfängen bis zur Gegenwart

3. Auflage 2004
4 Bände, zusammen 1512 Seiten
zahlreiche Grafiken und Karten, Zeittafel, Register

ISBN (Gesamtwerk): 3-938047-04-6

Band 1
Die Deutschen im Mittelalter
278 S.
ISBN: 3-938047-00-3

Band 2
Bürger und Fürsten
410 S.
ISBN 3-938047-01-1

Band 3
Durchbruch zu Industrialismus
und Massengesellschaft
413 S.
ISBN 3-938047-02-X

Band 4
Die Deutschen
seit dem Zweiten Weltkrieg
411 S.
ISBN 3-938047-03-8

Casimir Katz Verlag

Bleichstr. 20-22 · D-76593 Gernsbach
Tel. 07224/9397-151 · Fax 07224/9397-905
http://www.casimir-katz-verlag.de